생각을 요리하라!
아이디어 쿠킹

• 조성기 지음 •

Idea Cooking
생각을 요리하라!
아이디어 쿠킹

21세기북스

생각을 요리하라!
아이디어 쿠킹

contents

4부 상상 아이디어 레서피

5부 이해 아이디어 레서피

6부 함께 요리하기

7부 아이디어 요리 'I'

8부 오류 점검 툴 키트

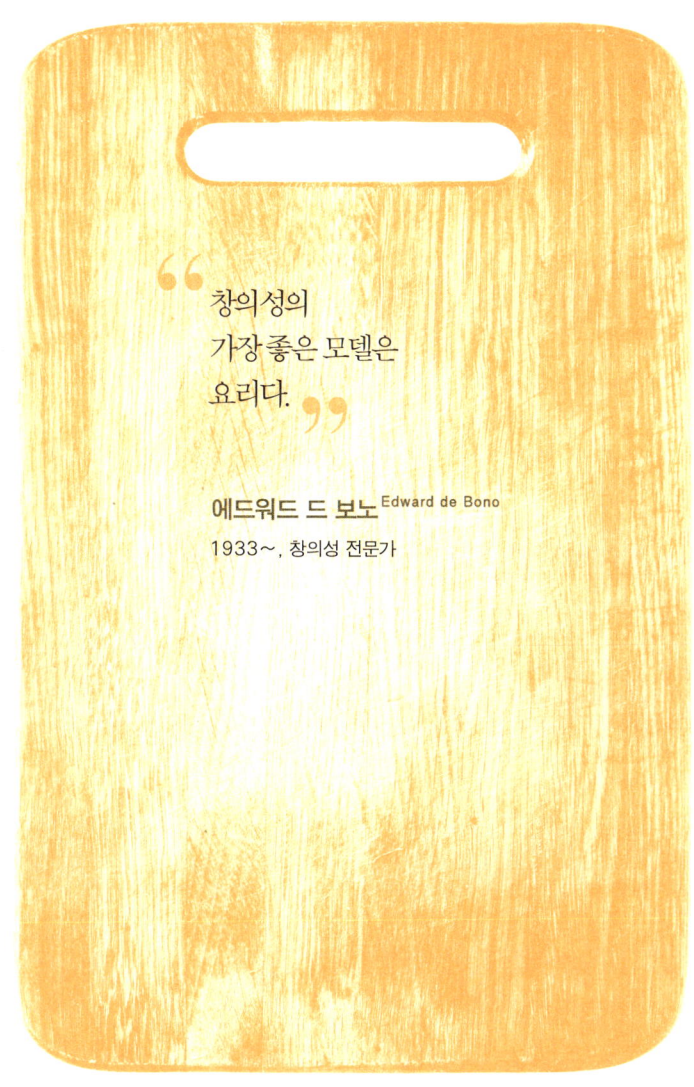

창의성의
가장 좋은 모델은
요리다.

에드워드 드 보노 Edward de Bono
1933~, 창의성 전문가

애피타이저

인생은 우리가 온종일 생각하는 것으로 이루어져 있다.

랄프 왈도 에머슨 Ralph Waldo Emerson 1803~1882, 미국의 철학자

지구에서
달까지

•

1865년 쥘 베른Jules Verne은 소설 『지구에서 달까지』에서 인간이 로켓을 타고 달에 도착한다는 이야기를 선보였다. 이 소설은 무기상들의 협회인 '대포 클럽' 회장 바비케인이 남북 전쟁 후 판매처를 찾기 위해 달까지 도달할 수 있는 대포를 만들자는 제안을 하면서 이야기가 시작된다. 바비케인 회장의 제안은 협회를 흥분시켰을 뿐 아니라 전 세계인의 주목을 받는다. 각국에서 이 계획을 지지하며 자발적으로 모금에 참여했다. 이러한 분위기 속에서 대포 클럽은 포신의 길이가 300미터에 이르는 거대한 대포의 제작을 착착 진행한다.

바비케인 회장이 바쁘게 대포 제작에 열중하던 중 한 통의 전보가 도착한다. 프랑스 청년 미셸 아르당이 자신이 달로 발사되는 포탄 안에 들어가 달나라 여행을 떠나고 싶다는 내용의 전보를 보낸 것이다. 예상치 못한 소식에 전 세계는 다시 한 번 열광했다. 곧바로 배를 타고 미국에 도착한 미셸 아르

당은 미국 국민의 열렬한 환영을 받으며 연설을 한다. 『지구에서 달까지』 속 미셸 아르당의 연설 내용은 이렇다.

"……탈것은 끊임없이 진보합니다. 미래의 탈것은 무엇일까요? 바로 포탄입니다…… 우리는 지금 달에 가려고 합니다. 언젠가는 뉴욕에서 리버풀에 가듯이 쉽고 빠르게 다른 별들도 여행할 수 있게 될 것입니다."

소설은 기껏해야 증기기관차가 달리던 시절에 발표됐다. 로켓은 상상조차 할 수 없었던 시절이다. 하지만 작가 쥘 베른은 미셸 아르당의 연설을 통해 미래 세계의 모습을 상상 이상의 구체성을 가지고 정확히 그려내고 있다.

소설에 등장하는 대포는 실제 탄도학에 기초한 예측 궤도를 그리며 달에 도달했다. 미셸 아르당이 탑승했던 대포의 무게와 크기는 현대 유인 우주선의 무게와 크기가 유사했다. 대포의 탑승 칸을 원뿔형으로 고안한 것도 이후 유인 우주선의 탑승 칸과 같았다. 소설 속에서 조종사가 탑승하는 캡슐 안의 산소 문제도 꼼꼼히 고려했다. 인간 탑승 이전에 먼저 신중하게 동물 탑승 실험을 진행한 점도 실제 유인 우주선 개발 과정에 적용된 구체적인 아이디어들이었다. 실험용 동물이 고양이가 아니라 개였다는 것 정도가 다르다고나 할까?

『지구에서 달까지』의 후속작 『달에서 지구까지』에서는 지구로 귀환하는 우주선의 충격을 줄이기 위해 바다에 착륙하는 해상 착수着水라는 방법을 생각해냈다는 점도 그렇다. 우리나라에서 출간된 『지구에서 달까지』에는 1969년 아폴로 8호의 선장이었던 우주 비행사 프랭크 보먼Frank Borman이 베른의 손자에게 보낸 편지가 실려 있다. 그는 이 소설의 과학성에 대해 이렇게 설명했다.

애피타이저

"우리 우주선은 바비케인의 우주선과 마찬가지로 플로리다에서 발사되어 …… 태평양의 착수 지점은 소설에 나온 지점에서 불과 3킬로미터 밖에 떨어지지 않은 곳이었습니다."

쥘 베른이 생각한 '달 여행'이라는 아이디어가 이후 현실 세계 속에서 하나의 상상을 넘어서 실제 인류의 달 정복을 이끌었듯이, 아이디어는 새로운 영역에 대한 도전을 위한 구체적인 나침반 역할을 한다. 이러한 아이디어의 특별한 능력은 어원을 보면 알 수 있다. '아이디어'는 비전 vision의 어원인 그리스어 Weid의 변형 Wid-es-ya에서 발전한 단어로 '사물의 원형을 보았다'는 뜻이었다. 아이디어는 고정관념을 뛰어넘는 새로운 생각을 보여준다. 아이디어는 단순히 기존의 성과에 근거한 작업이 아닌 '사물의 원형'이라는 특별한 생각이기 때문이다.

아이디어가 실패하는 이유

·

모든 아이디어가 현실 속에서 성공을 보장받는 것은 아니다. 대박 아이디어라고 평가받던 아이디어조차 막상 현실화되었을 때에는 예상과 달리 실망스런 결과로 끝나는 경우를 종종 볼 수 있다.

영화 「7광구」가 그렇다. 최고의 흥행 감각을 자랑하던 영화 「해운대」의 윤제균 감독이 기획과 제작을 담당한 「7광구」는 동해안 제7광구에 떠 있는 석

유시추선에서 시추 대원들이 '에일리언' 같은 괴물과 목숨을 건 사투를 벌인다는 줄거리로 할리우드 SF 영화에서나 보던 화려한 특수 효과와 함께 3D 실사 영화로 기획되어 기획 초기부터 화제가 되었던 작품이다. 제임스 캐머런James Cameron 감독의 3D 입체 영화 「아바타」가 영화 역사상 최고의 흥행 성공을 거두면서, 매스컴에서는 「7광구」가 한국의 「에일리언」으로 화려하게 비상하며 우리나라에서 3D영화 붐을 일으킬 것으로 예측하기도 했다.

국내 영화산업의 '큰 손'인 CJ E&M 영화사업부문이 투자와 배급을 맡았다. 국민 배우 안성기와 한국의 안젤리나 졸리로 불리던 최고 여배우 하지원 주연이었다. 거기다 TV 드라마 「추노」로 상한가를 친 조각 미남 오지호, 코믹한 이미지의 떠오르는 신예 송새벽, 충무로의 감초 박철민이 조연을 맡는 등 스타 라인업이 화려했다. 더불어 동해안의 외딴 시추선을 표현하기 위해 20억 원의 세트 비와 컴퓨터 그래픽이 동원되면서 영화 「7광구」의 기획은 완벽 그 자체라는 기대를 모았다.

시사회가 시작되자 이 작품에 문제가 크다는 소문이 돌기 시작했다. 배급사는 900개가 넘는 스크린에 영화를 거는 물량공세를 펼치며 영화를 띄워보려 안간힘을 썼지만 이미 영화를 본 관객늘의 혹평이 입소문으로 퍼지면서 개봉 일주일 만에 관객 수가 급격히 줄어들기 시작했다. 영화 속의 썰렁한 유머는 국민배우들을 초라하게 만들었고, 최신 기술이 도입된 괴물과의 합성은 기술만 돋보인 어색함의 극치였다.

할리우드식 소재, 화려한 스타 군단, 국내 최대 배급사의 참여, 첨단 기술과 화려한 컴퓨터 그래픽이라는 기획에도 참담한 실패를 맞이하게 된 원인은 무엇이었을까? 순간, 질문 하나가 머리를 스치고 지나갔다.

애피타이저

멋진 아이디어보다 더 중요한 것은 아이디어를 현실화하는 방법이 아닐까? 그렇다면 아이디어를 현실화하는 성공 모델은 무엇일까? 그 롤모델은 뜻밖에도 우리 생활과 가까운 곳에 있었다.

이 책은 아이디어에 대한 원론적인 접근이나 사변적인 생각들이 아니라 현실에서 닥치는 문제들을 해결할 수 있는 아이디어 해결 도구로 활용할 수 있도록 구성되었다. 따라서 이 책을 읽어나가다 보면 여러분의 아이디어 역량도 강화되는 것을 발견할 수 있을 것이다. 여러분이 예상하는 것보다 훨씬 더 크고 소중한 변화를 삶에 가져다줄 것이다.

그럼 이제 아이디어가 어떤 과정을 거쳐 현실화되는지 살펴보면서 아이디어의 본질과 아이디어가 만들어지는 과정 속으로 함께 여행을 떠나보자.

1부

아이디어와
요리

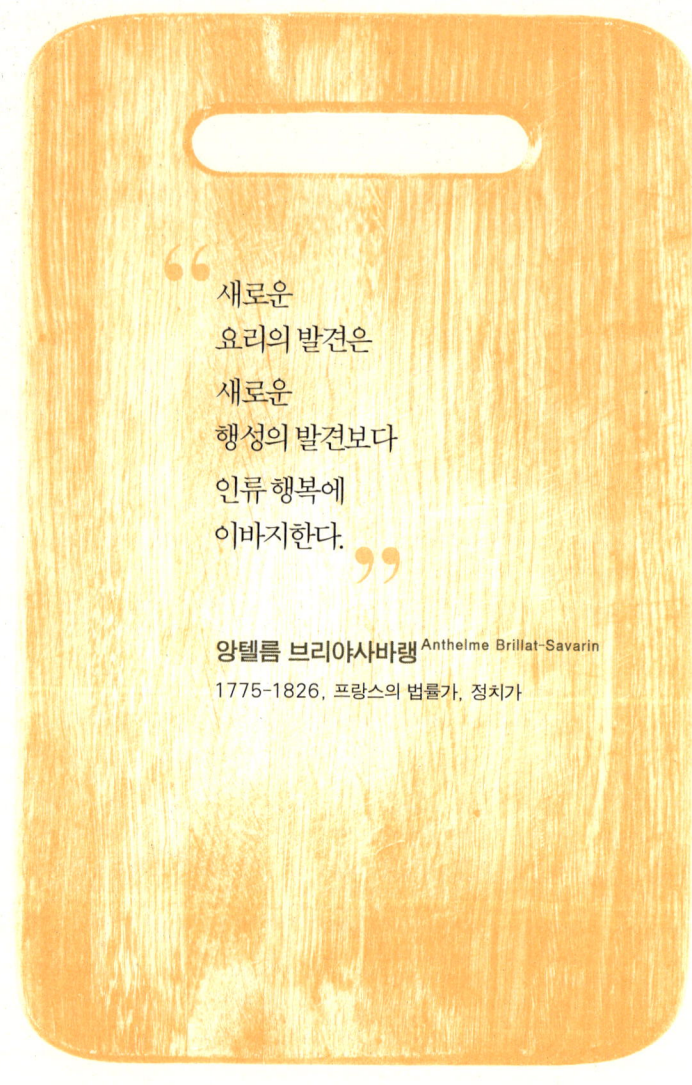

새로운
요리의 발견은
새로운
행성의 발견보다
인류 행복에
이바지한다.

앙텔름 브리야사바랭 Anthelme Brillat-Savarin
1775-1826, 프랑스의 법률가, 정치가

생각을 요리하라! 아이디어 쿠킹

아이디어 요리의 의미

"편집장의 작업은 요리하는 작업과 닮아 있다고 생각해요. 저는 요리를 못하는 편집부 후배들에게는 취미로 요리를 해보라고 권하곤 합니다."

학습 만화 『메이플 스토리』를 기획한 서울문화사 최원영 편집장에게 요리에 대해 물어보자 이렇게 말했다. 창조적인 분야에서 일하고 있는 사람들과 요리 이야기를 해보면 많은 사람이 요리에 친근감을 드러낸다.

광고 기획자 박서원은 『생각하는 미친놈』에서 '크리에이티브는 요리다' 제목으로 챕터를 만들었다. 그는 이 챕터에서 요리를 만들 때 음식을 먹을 사람을 생각하며 요리를 구상하고 재료를 찾아 적합하게 요리하는 과정이 아이디어를 만드는 과정과 닮았고 실제로 자신도 거의 부업 수준으로 요리하는 것을 좋아한다고 설명한 바 있다. 창

1부 아이디어와 요리

조직인 사람들이 요리를 좋아하는 것은 우연의 일치일까?

익히지 않은 아이디어

우수한 아이디어를 가지고 시작되었던 영화 「7광구」는 왜 실패한 것일까? 영화 「7광구」가 모티프를 얻은 할리우드 영화 「에일리언」를 만든 SF의 거장 리들리 스콧Ridley Scott 감독은 2012년 5월 31일 자 동아일보에 실린 SF '프로메테우스' 리들리 스콧 감독 런던 회견에서 SF 영화감독으로서 성공 비결을 묻는 질문에 다음과 같이 대답했다.

"SF는 이야기가 중요한데 대부분 영화가 독창성이 부족하다. 멋진 대본이 가장 어려운 문제다."

설령 흥행의 신이 최고의 아이디어를 준다고 하더라도 그 아이디어를 완성도 있는 스토리로 발전시키지 못한다면 성공적으로 작품을 완성할 수 없다는 이야기다.

아이디어는 최초의 발상이 아니라 어떻게 아이디어를 잘 발전시켜서 마무리할 것인가에 성공 여부가 달려 있다. 아무리 좋은 아이디어도 완성하기까지의 과정을 충실하게 발전시켜 나가지 않으면 안 된다. 현실 속에서 대재앙으로 돌아올 것이다. 1986년 우주 왕복선 챌린저호 발사 과정에서 대형 폭발 사고를 맞이하게 된 것도 그런 예다. 폭발의 원인은 접합부를 밀폐시키는 작은 부품이 기온 저하 시 기능을 상실하게 된다는 점을 고려하지 못했던 데 있었다.

서울 올림픽 개막식이 최악의 개막식으로 꼽힌 이유도 아이디어 과정의 문제점 때문이었다. 시사 주간지 『타임』이 런던 올림픽 개막식 직후 지난 올림픽을 돌아보면서 최악의 개막식으로 1988년 서울 올림픽 개막식을 꼽았다. 그 이유는 아이디어를 구체화하는 과정의 불성실함 때문이었다. 2012년 7월 27일 자『동아일보』'서울 올림픽 개막식이 최악, 타임스지 악평'이라는 제목의 기사에서 다음과 같이 썼다.

"비둘기떼를 경기장에 푼 것은 책상머리에서는 괜찮은 아이디어였을지 모르나 현실은 소름이 끼칠 만큼 섬뜩했다. 성화대에 불을 붙인 순간 비둘기들은 지구촌이 보는 앞에서 불에 타버렸다."

심혈을 기울여 준비한 올림픽 개막식 행사에서 성화 점화 순간에 비둘기들이 타 죽는 참혹한 모습을 생생하게 보여주었다. 분명 어처구니없는 상황이다. 만약 성화 점화로 비둘기가 탈 수도 있다는 가능성을 고려했다면 평화의 상징인 비둘기를 날려 보내자는 아이디어는 당연히 배제되었을 것이다. 설령 채택되었다 하더라도 비둘기가 날아가는 동선이나 타이밍을 조정해서 성화 점화 상황에서 비둘기가 대학살 당하는 이미지는 피할 수 있었을지 모른다. 이런 어처구니없는 실수는 서울 올림픽만의 실수는 아니다.

다국적 기업들조차 종종 이런 실수를 피할 수 없다. 코닥은 가장 먼저 디지털카메라라는 아이디어를 생각하고도 시장 진입을 미루다가 몰락하고 말았다. 제록스는 가장 먼저 PC 제품에 대한 아이디어를 생각했지만 적극적인 사업화 의지를 갖추지 못하다가 후발 주자였던 애플과 마이크로소프트에 PC 사업을 빼앗겼다. 노키아는 스마트폰이라는 아이디어를 가장 먼저 떠올렸지만 기존 시장에 연연하며 적극

1부 아이디어와 요리

적으로 신규 시장에 진입하지 못하다 애플과 삼성에 밀려나면서 회사 전체가 침체 일로를 걸었다. 모두 좋은 아이디어를 먼저 가지고 있었지만 그 아이디어를 현실화시키지 못한 사례들이다.

혹자는 이런 사례를 주변 환경이 성숙하지 못했기 때문이라는 '선발자의 불이익First mover's Disadvantage'으로 이해할지도 모르겠다. 하지만 그보다 중요한 원인은 좋은 아이디어를 제대로 현실화할 수 있게 발전시키지 못한 아이디어 구체화 과정의 불성실함이 아니었을까?

아이디어와 현실 사이

주변 환경의 미성숙도 아이디어 실패의 원인이 될 수 있겠지만 그보다는 아이디어를 구체화하려는 의지가 더 중요시되어야 한다. 아이디어는 아이디어일 뿐 현실화하려면 현실의 조건을 고려한 아이디어 구체화 노력이 필요하다. 구체화 노력이 없는 아이디어는 불꽃놀이에 실탄을 사용하는 것처럼 무모한 행위다. 쥘 베른의 『지구에서 달까지』의 아이디어도 누군가 그 아이디어를 구체화하려고 노력하지 않았다면 인류의 우주 정복은 요원한 일이 되었을지 모른다.

하지만 당시 한 사람만이 달 여행을 꿈이 아닌 현실로 만들 수 있다는 확신이 있었다. 그는 미국 로켓 과학의 아버지라 불리는 로버트 허친스 고다드Robert Hutchins Goddard였다. 어린 시절 고다드는 타고난 허약체질로 침대에 누워 공상하는 시간이 많은 소년이었다. 16세 때 아버지가 사준 허버트 조지 웰스Herbert George Wells의 『우주전쟁』

을 읽고 우주에 관심을 갖게 되었고 이듬해인 1899년 10월 19일 뒤뜰에 있는 체리 나무의 죽은 나뭇가지를 자르러 나무 위에 올라갔다가 이날 앞으로의 삶을 우주 로켓 개발을 위해 살겠다는 다짐을 한다.

고다드는 대학에서 물리학과 공학을 전공한 후 스미스소니언협회의 지원을 받아 로켓 연구를 진행했다. 그는 고체 연료로는 로켓을 우주로 띄워 보내는 데 충분한 추진력을 얻을 수 없다는 점을 인식하고 액체 연료 로켓을 개발하기 시작했다.

1919년 로켓이 달까지 비행 가능하다는 논문을 발표하고 1926년 3월 16일 매사추세츠 주 어번에서 액체 연료 로켓 발사로 높이 56미터에 도달하는 기록을 세운다. 그 기록은 지구에서 달까지의 거리인 38만킬로미터에 턱없이 못 미쳤다. 하지만 이 발사로 그는 우주 로켓 시대를 연 장본인이라는 평가를 받았다.

그가 만든 로켓 기술은 미국에서는 인정을 받지 못했지만, 나치 독일의 과학자들이 그의 기술을 복제해서 개발한 로켓 기술이 런던을 폭격하고 2차 세계대전 후에는 미국과 소련이 경쟁적으로 그 기술을 발전시키면서 점차 세상의 인정을 받기 시작했다. 소련은 1961년 4월 12일 무게 4.75톤의 보스토크 1호에 우주비행사 유리 가가린Yuri Gagarin을 태우고 우주로 날아오르는 데 성공했고 보스토크 1호의 성공에 충격을 받은 미국은 달 탐사 계획을 세워 1969년 7월 21일 아폴로 우주선을 달에 착륙시켰다. 이때 닐 암스트롱Neil Armstrong은 달에 역사적인 첫 발자국을 딛으며 다음과 같은 명언을 남겼다.

"한 개인에게는 작은 발자국이지만 인류에게는 위대한 도약의 발

1부 아이디어와 요리

걸음을 내디뎠다."

허무맹랑하게만 보였던 쥘 베른의 달 탐험 아이디어는 고다드의 로켓 기술을 통해서 현실로 이뤄질 수 있었다. 소설 『지구에서 달까지』가 나온 지 104년 만에 인간은 달에 발을 디뎠다. 로켓이라는 아이디어를 구체화하려는 고다드의 노력이 없었다면 쥘 베른의 달로 쏘아 올리는 대포 아이디어는 한갓 공상으로 그치고 말았을 것이다.

아이디어 구체화의 모델

아이디어를 현실화하기 위해서는 초기 아이디어를 발전시켜야 하는데, 흔히 이 과정을 가리켜 '쿠킹Cooking'이라고 부른다. 쿠킹이라는 말은 단어 뜻 그대로 아이디어를 잘 요리해서 발전시키는 것을 의미한다. 일단 아이디어가 떠올랐다면 그다음에는 아이디어를 '쿠킹'해야 한다. 재료 자체가 요리가 아닌 것처럼 아이디어 자체도 완성된 결과물이 아니며 적절한 조리 과정과 시간을 거쳐야만 초기의 어설픈 아이디어가 멋진 결과물로 완성된다.

요리와 아이디어는 누군가의 입맛을 만족시키기 위해서는 완전히 성숙시켜야만 한다는 공통점이 있다. 모든 요리는 결국 누군가에게 구체적인 맛으로 기억되는 것이야말로 자기소임을 다하는 것이기 때문이다. 완전히 요리되지 않은 상태의 아이디어는 누구도 이해할 수 없는 난수표에 그칠 것이고, 아무리 그럴듯해 보이는 요리를 만든다고 해도 먹는 사람이 맛없다고 느낀다면 그 요리는 실패한 요리가 된다.

머릿속에 반짝 떠오른 아이디어 자체는 빙산의 일각처럼 극히 부분적인 생각의 파편에 불과할지도 모른다. 쿠킹하지 않은 아이디어는 말 그대로 불완전한 아이디어일 뿐이다. 흔히 '생각이 짧았다'고 후회하는 것이 바로 불완전한 아이디어의 결과다. 『디자인에 집중하라』에서 글로벌 디자인 컨설팅 기업인 IDEO의 CEO 팀 브라운Tim Brown은 유명 호텔 총주방장의 초대를 받아 정성 어린 식사를 했던 경험을 통해 아이디어에 대한 철학을 이렇게 설명한다.

"……샐러드가 시들시들하거나 요리가 고무 씹는 맛이 나거나 와인 따개가 어디 있는지를 영영 찾지 못하는 상황이 발생하면 모든 게 허사가 되기 때문이다. 아이디어를 현실의 체험으로 탈바꿈시키기 위해서는 맨 처음 발상을 품었을 때처럼 각별하게 신경을 써서 계획을 추진해야 한다."

요리사들의 말에 따르면 요리를 만들기 위해서 가장 먼저 하는 일은 머릿속에서 미감을 떠올리는 일이라고 한다. 그리고 미감이 요리로 바뀌기 위해서는 처음에 떠오른 미감을 바탕으로 그에 맞는 재료를 투입하고 일정한 요리의 과정을 거쳐야만 완성된 상태의 요리로 만들어진다. 아이디어도 마찬가지다. 맨 처음 떠올린 아이디어는 끝이 아니라 시작일 뿐이다.

불완전한 아이디어가 성숙한 아이디어로 발전하는 과정을 이해하고 아이디어를 구체화하는 과정의 중요성을 소중하게 생각해야 한다. 이를 통해 아이디어를 만드는 과정마다 특징을 떠올려보고 어떤 오류들에 빠질 수 있는지 미리 점검함으로써 아이디어가 잘못될 가능성을 사전에 예방하거나 발생한 문제점을 조기에 진단할 수 있는 롤모델을 세울 수 있다.

덜 된 요리가 손님에게 나갔을 때의 위험성을 생각해보자. 설익은 요리를 내놓는 것은 독이 든 성배를 마시는 것과 같이 위험한 상황을 초래하기도 한다. 단순히 맛이 없는 것을 넘어서서 내장이 제대로 제거되지 않은 복어 요리처럼 치명적인 독을 손님에게 대접할 수도 있는 것이다. 아이디어를 제대로 요리하지 않는다면 그 아이디어는 독이 든 성배로 손님에게 돌아갈 수도 있다.

요리 과정의 핵심 가치와 아이디어가 추구해야 할 핵심 가치는 서로 닮아 있다. 요리를 만드는 과정으로 아이디어를 이해하게 된다면 지금보다 훨씬 창의적이고 쉽게 아이디어를 구체화할 수 있을 것이다. 그런 시각을 방법론화한 것이 '아이디어 요리법Idea Cooking Method'이다.

아이디어 요리법

고대 그리스인들은 '이데아Idea'를 신의 세계에 있다고 전해지는 '사물의 원형'이라고 생각했다. 하지만 이데아라는 단어는 근대에 들어오면서 원래의 '신성한' 의미가 퇴색되고 '반짝 아이디어'와 같은 값싼 이미지로 추락했다. 하지만 여전히 아이디어는 이데아라는 뿌리를 가진 의미심장한 말이다. 다만 처음 떠오른 아이디어는 단지 이데아로서의 본모습이 충분히 밝혀지지 않았을 뿐이다.

우리가 아이디어를 요리하듯 발전시킨다면 최초의 불완전한 아이디어를 이데아로서의 자기 모습을 찾을 수 있도록 발전시킬 수 있을 것이다. 아이디어 요리법은 초기의 불완전한 아이디어를 완성된 아이디어로 발전시켜 나가는 모델을 요리 과정에 비유한 아이디어 구체화 프로세스의 모델이다. 요리와 아이디어는 각각의 목표를 실현하기 위해 '구체화'라는 공통의 핵심 프로세스를 거쳐야 한다. 이를 통해 날것 상태의 '초기 아이디어'는 불완전한 상태를 벗어나 점차 '완성된 아이디어'로 발전한다. 동시에 이 과정은 이데아의 세계가 현실 속에서 구현되는 과정이다.

모든 창조적 작업은 작은 영감에서 시작된다. 하지만 영감은 아직 불완전한 하나의 힌트에 불과하며 그것을 완전한 아이디어로 바꾸는 데는 의지와 노력이 필요하다. 천재는 1퍼센트의 영감과 99퍼센트의 땀으로 이뤄진다는 에디슨Edison의 말처럼 말이다. 이 과정은 최초의 불완전한 영감이 구체화 과정을 거쳐 완성된 아이디어로 발전한다는 점에서 아이디어 쿠킹과도 같다.

최초의 아이디어와 완성된 아이디어를 구분해서 아이디어 요리과정으로 설명하는 관점은 디자인 컨설팅 기업인 IDEO에서도 즐겨 쓰는 방법이나. IDEO의 CEO인 팀 브라운의 저서 『디자인에 집중하라』에서 IDEO는 자신들의 디자인 프로세스를 3개의 과정으로 설명한다. 최초의 아이디어를 영감, 아이디어를 완성해가는 과정을 아이데이션, 최종적인 과정을 실행이라고 부른다. 이러한 과정을 설명하는 이유는 바로 아이디어 구체화에 있다.

누구나 아이디어를 생각하는 것은 가능하다. 하지만 IDEO가 세계적인 컨설팅 기업으로 성장한 데에는 아이디어 구체화라는 경쟁력을

1부 아이디어와 요리

최초의 아이디어　　아이디어　현실
간극

미완성된 아이디어　　아이디어　현실
간극

완성된 아이디어　　현실 = 이데아

빼놓을 수 없다. 최초의 아이디어가 아니라 아이디어를 발전시켜 나
가는 아이데이션 과정이 중요한 것이다.

　'아이디어 구체화'는 『디테일의 힘』의 메시지와도 일치한다. 중국
의 컨설턴트 왕중추가 쓴 이 책에서는 정교하게 구체화되지 못한 아
이디어의 문제점을 강조한다. 정교함을 강조하는 것은 세부적인 것
만을 꼬집어내는 '마이크로 매니징'과는 다르다. 마이크로 매니징이
모든 세부적인 문제점을 따진다면 아이디어 쿠킹이 강조하는 것은
핵심이 되는 구체화의 중요성이다.

　윌리엄 블레이크William Blake는 행동하지 않는 사람의 생각은 쓰

레기와 같다고 말했다. 혹자는 '이제는 아이디어가 아니라 실천이 필요할 때'라고 역설하기도 한다. 하지만 아이디어가 지닌 문제점은 아이디어가 구체적이지 않다는 것이지 아이디어를 생각하는 자체에 문제가 있는 것은 아니다. 어떻게 아이디어를 발전시켜서 아이디어의 실천력을 높일 것인가가 자신을 발전시키는 더 현명한 방법이 될 것이다.

'아이디어 요리법'은 아이디어와 실천 중 양자택일하는 것이 아니라 아이디어와 실천 사이의 틈을 메우는 방법론이다. '안 되면 되게 하라'는 구호는 정신력만을 의미하지 않는다. 안 되는 것을 될 수 있게 하는 방법을 찾는 것, 그것이 바로 불가능을 현실로 만드는 아이디어 요리법이다.

아이디어 쿠킹과 디자인 씽킹

아이디어 요리법은 최초의 생각을 구체화해야 한다는 입장에서 디자인 업계에서 말하는 '디자인 씽킹'과 닮았다. 디자인 씽킹이란 디자이너가 생각하는 방식의 특징인 '시각화 및 구체화한 사고방식'을 의미한다. 기존 비즈니스의 한계를 뛰어넘는 혁신을 불러일으킬 것으로 평가받는 방법론이다. 그 핵심에 아이디어의 시각화가 있으며 시각화의 의미는 곧 구체화이다. 추상적으로 이야기되는 것을 구체적으로 보여주는 순간, 모호한 것들이 사라지는 동시에 아이디어의 허점을 볼 수 있게 된다. 그 점이 아이디어를 시각적으로 구현해보는 프로토타입Prototype 작업이 디자인에서 갖는 의미이다.

시각화 능력은 디자이너의 전형적인 아이디어 도출 방식이다. 디자이너의 시각화 능력에 대해 『유쾌한 이노베이션』에서 디자인 기업 IDEO의 전 CEO인 톰 켈리Tom Kelly는 격의 없는 브레인스토밍 과정과 프로토타입 능력을 IDEO의 두 가지 중요한 경쟁력이라고 말했다. 프로토타입은 아키타입Archetype을 시각화한 산물이다. 아키타입이 이데아 세계에 있는 사물의 본질이라고 한다면 프로토타입은 아키타입을 인간이 사는 현실세계에 구현해놓은 것이다.

프로토타입, 즉 시제품을 만드는 것은 먼저 아이디어를 어떻게 구현할 것인지 간단한 그림을 그려보며 시작된다. 그림이 구체적일수록 '아, 아직 생각하지 못한 부분이 있는 걸'이라고 느낄 만한 점을 발견할 수 있으며, 아이디어도 구체화하기 쉽다. IDEO에서 일하는 팀원들은 프로토타입 작업을 통해 시각적인 디자인으로 정보를 조직하고 이해하며 행동을 자극하는 데 탁월한 능력을 갖추고 있으며 이를 통해 다양한 디자인 작업에서 혁신적 성과를 만들어냈다고 한다.

『디자인이 반짝하는 순간, 글리머』의 저자 워렌 버거Warren Berger는 디자이너의 시각화 능력은 디자인뿐만 아니라 세상의 모든 문제를 해결하기 위해 사용되어야 한다고 주장한다. 이 책에서 저자는 디자인적 사고의 특징을 이야기하면서 '저 멀리서 깜빡깜빡하듯 희미하게 떠오르는 영감'이라는 의미의 글리머Glimmer를 언급했다. 디자이너가 이 작은 '글리머' 상태의 아이디어에서 출발해서 스케치와 프로토타입을 통해 아이디어를 구체화하면 추상적인 개념만으로는 풀 수 없었던 많은 문제를 풀 수 있다는 점에서, 디자인 씽킹은 아이디어 쿠킹과 같은 철학을 가지고 있다.

창의력 전문가 마이클 미칼코Michael Michalko는 저서 『아무도 생각하지 못하는 것 생각하기』에서 아인슈타인Einstein, 레오나르도 다빈치Leonardo da Vinci, 찰스 다윈Charles Darwin, 에디슨의 노트를 보면 공통점이 있다고 한다. 생각을 다이어그램과 지도로 시각화해서 아이디어를 구체화한다는 점이다.

인간의 좌뇌는 논리와 같은 문자적 사고를 담당하고, 우뇌는 이미지와 같은 시각적 사고를 담당하므로 직관은 쉽게 언어로 만들어지지 않는다. 그래서 시각화가 필요하다. 글자를 읽으면 지식이 확장되지만 이미지를 그리면 지식이 창조되기 때문이다.

레오나르도 다빈치는 천재였지만 그가 남긴 육필 원고에는 철자를 잘 틀리고 단어를 혼동한 실수가 남아 있다. 아인슈타인 역시 난독증이 있었고 산수에 약했다고 한다. 그는 말했다.

"나는 백과사전적 지식으로 머릿속을 채워놓지 않습니다."

아이디어를 만들기 위해서 시각적 사고는 좋은 재료 손질방법이다.

비글호를 타고 5년의 항해를 끝낸 뒤 영국으로 돌아온 다윈은 1837년 '노트북 B'라는 제목을 붙인 공책에 유명한 나뭇가지 그림을 그린다. 생물 종이란 원래 영원불변의 존재가 아니라 변이가 생기면서 가지가 뻗어 나가듯 분화한다는 그의 생각을 표현한 그림이었다. 이 그림을 그린 이듬해 그는 진화론의 주요 문제를 해결한 것으로 알려졌다.

아이디어 쿠킹과 글쓰기

요리사들은 새로운 요리의 조리법을 개발하게 되면 아이디어 노트에 기록하는 습관을 지니고 있다고 한다. 그런 메모의 과정을 거치면서 새로운 조리법이 개발된다고 한다. 요리에 관심이 많았던 레오나르도 다빈치 역시 요리에 대한 많은 조리법 아이디어를 담은 '코덱스 로마노프'라는 아이디어 노트를 남겼다. 이 노트에는 정교한 요리 조리법과 주방도구에 대한 글과 그림이 126장에 걸쳐 담겨 있다고 한다.

요리사가 아니더라도 글쓰기는 아이디어를 발전시킬 수 있는 가장 간단한 방법이다. 글쓰기와 아이디어는 긴밀하게 연결되어 있고, 글쓰기는 생각을 받아 적는 생각의 기록이다. 그래서 생각을 글로 옮겨 적다 보면 아이디어가 발전한다.

최초의 아이디어는 정제된 아이디어가 아니므로 정리될 때까지 계속 다듬으면서 우수한 요소를 걸러내고 논리를 발전시켜야 한다. 자신의 개인적 생각을 정리하기에 메모나 일기의 짧은 글들도 괜찮다. 일단 글을 써보면 자신을 둘러싼 일들을 살펴볼 수 있게 된다. 그렇게 아이디어가 다듬어져서 완성된 아이디어 요리로 발전하는 것이다.

TED 콘퍼런스의 창시자인 리처드 솔 워먼Richard Saul Wurman은 다양한 분야에서 80권의 저서를 출간했는데 그에게 책을 쓰는 이유를 물어보면 그는 '자신이 이미 아는 것을 정리하기 위해서'가 아니라 '자신이 궁금해 하는 것을 이해하기 위해서'라고 대답했다. 글은 완성된 생각을 쓰는 것이 아니라 생각을 발전시켜 완성할 수 있는 도구다. 그것이 아이디어 요리에서 글쓰기가 지닌 의미다.

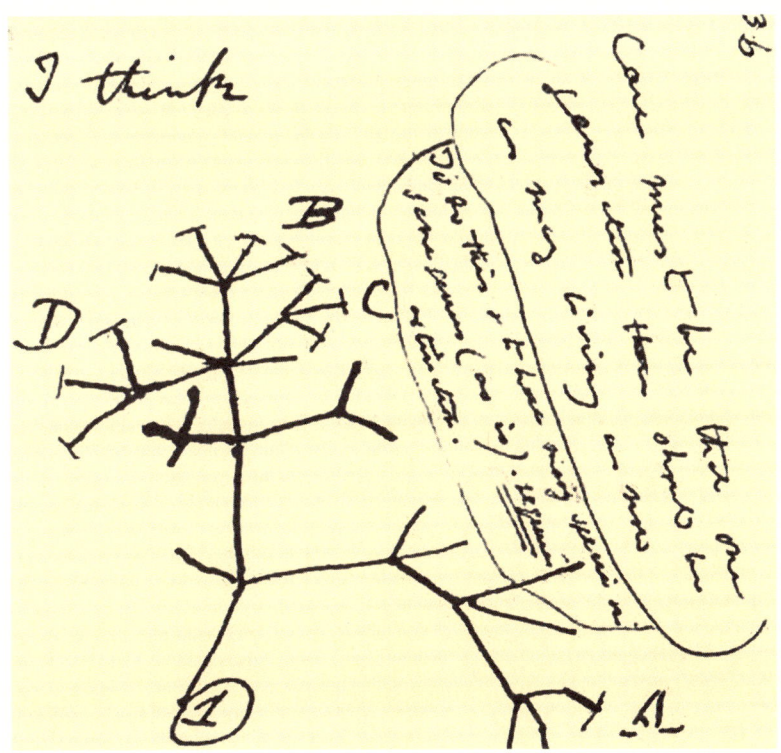

다윈의 노트 속 그림

회사에서 쓰는 보고서 작성도 단순히 누군가에게 보고하기 위해서
가 아니라 자신의 생각을 잘 정리하기 위해 쓰는 것일 뿐이다. 기업
내에서 일을 잘한다고 인정받는 사람들은 일을 맡으면 일단 죽이 되
든 밥이 되든 보고서를 써본다. 그러면 대략 어떤 형태의 줄거리가 담
긴 보고서가 나온다. 그 형식이 보고에 유용하기 때문에 보고서라는
형식을 사용할 뿐이다.

좋은 생각이 날 것 같은데 잘 정리되지 않는다면 일단 어떤 형식으

1부 아이디어와 요리

로든 글을 써보라. 처음에는 정리되지 않던 생각도 책상 앞에 앉아 자판을 두드리다 보면 생각이 정리되는 것을 발견할 것이다.

아이디어 쿠킹과 영화 기획

할리우드는 꿈의 공장이다. 수많은 이야기가 창조되고 전 세계 영화 팬들에게 할리우드는 위대한 영화의 힘을 보여주었다. 철저히 상업 영화를 지향해 온 할리우드에서 수십 년간 꿈의 공장을 돌리는 기획 방법이 있다. 그것은 바로 '하이 콘셉트'라고 불리는 방법이다. 하이 콘셉트 역시 아이디어 쿠킹 방식의 아이데이션 방법이다. 누구보다 하이 콘셉트의 수혜자였던 스티븐 스필버그Steven Spielberg 감독은 하이 콘셉트에 대해 이렇게 설명한다.

"만약 어떤 사람이 스물다섯 개 혹은 그 이하의 단어로 설명할 수 있는 아이디어가 있다면 그 아이디어는 아주 괜찮은 영화로 만들어질 수 있다. 나는 그런 아이디어를 좋아한다. 특히 손에 쥘 수 있듯 아주 간결한 그런 아이디어를 사랑한다."

하이 콘셉트는 최초의 아이디어가 핵심 요약 페이지를 거쳐 시나리오로 발전해 가는 방식이다. 완벽한 시나리오가 탄생할 때까지 점점 더 완성도를 높여가는 방식이라는 점에서 경쟁력을 가진다.

하이 콘셉트에 의한 시나리오는 때로는 10년 넘게 시나리오 작가들의 손을 거치면서 점점 이야기의 약점을 보완하고 성공 확률을 높여 간다. 하이 콘셉트는 영화를 상품으로 보는 관점에서 영화를 기획하는 방법이다. 영화라는 예술적 작업에서 비즈니스적 성공을 보장

받기 위한 목적으로 태어났다. 이를 위해 하이 콘셉트는 최초의 아이디어를 계속 발전시켜가는 과정을 거친다.

첫째, 확실한 흥행 성공을 위해서는 먼저 확실히 인지도가 있는 원작을 기반으로 한다. 그리고 인기 스타의 출연 역시 필요하다. 동시에 하이 콘셉트는 철저히 짜인 마케팅 계획에 따라 대규모로 TV 광고의 지원을 받는다.

이러한 방식은 연출자가 즉흥적으로 대본을 마련하거나 아이디어에서 곧바로 시나리오를 완성하는 감독 중심의 방법과 다르다. 그 때문에 하이 콘셉트 시대에 창작의 권한은 감독이 아니라 스튜디오가 통제하게 되면서 기존에 할리우드를 주름 잡았던 작가주의 감독들은 역사의 뒤안길로 사라지고, 유능한 프로듀서들이 그 자리를 차지하게 되면서 할리우드에 블록버스터 시대가 꽃을 피웠다.

파라마운트의 배리 딜러Barry Diller, 디즈니의 마이클 아이즈너 Michael Eisner, 드림웍스의 제프리 카젠버그Jeffrey Katzenberg, 그리고 「베버리 힐스 캅」 「플래시 댄스」 「탑 건」 「더 록」 등 히트작을 만든 프로듀서 돈 심슨Don Simpson과 제리 브룩하이머Jerry Bruckheimer 모두 하이 콘셉트를 통해 아이디어를 요리한 스타 프로듀서들이다.

오늘 우리는 스타 프로듀서들이 발전시킨 아이디어 요리를 맛보고 즐기는 시대에 살고 있다. 로버트 알트만Robert Altman 같은 작가주의 감독의 퇴장은 안타까운 일이지만 오락 산업으로서 상업 영화를 추구하는 할리우드의 속성을 생각해보면 불가피한 진화가 아니었을까?

1부 아이디어와 요리

아이디어 쿠킹의 법칙

많은 아이디어가 종종 처음의 불완전한 아이디어 상태에서 더 발전하지 못해서 실패한다. 아이디어를 숙성시키는 과정이 스파게티나 된장찌개를 만드는 것처럼 누구나 쉽고 재미있게 만들 수 있는 요리를 만들어가는 과정과 같다고 한다면 그보다 쉽고 재미있게 아이디어를 이해할 수 있는 과정도 없을 것이다. 그 점이 '아이디어 쿠킹'이라는 메타포의 미덕이다. 요리 과정을 통해 아이디어 구체화 프로세스를 이해하는 아이디어 요리의 원리는 다음과 같다.

현실 조건을 고려하라

요리는 창조적이지만 언제나 현실성을 지향한다. 모든 요리는 먹기위해 만들어진다는 점에서 현실성에 목적이 있다고 할 수 있다. 요리는 오직 현실 속에서 요리를 먹는 사람을 위해 존재하는 것이기 때문이다. 아무리 맛있는 요리도 '그림의 떡'이라는 말처럼 내가 먹을 수 없는 요리라면 내게 아무런 의미가 없다. 현실성을 위해서 요리는 무엇보다 음식을 만드는 지역의 현실적 조건을 고려해서 만들어진다.

북유럽의 추운 지방에서는 추위를 이기기 위해 진한 수프를 만든다. 진한 수프는 열량이 높아서 겨우내 체력을 지키고 체온을 유지해야 하는 사람들에게 아주 좋은 반면 남유럽에서는 가볍게 먹을 수 있는 맑은 수프를 만든다.

이탈리안 파스타도 이탈리아 남부지방에서는 여름에 태양이 뜨거워 스파게티 국수가 금세 만들어지지만, 북부 지방에서는 항상 습한 기후에도 잘 자라는 감자를 반죽하여 수제비 형태로 만들어 먹는 '감자 뇨키'를 즐겨 먹는다고 한다. 요리는 때와 장소에 따라 현실적인 모습으로 진화한다.

우리나라에서도 지역에 따라 음식의 맛이 달라진다. 대구처럼 더운 지방에서는 맵고 짠 음식이 발전했다. 염분이 많이 필요하기 때문이다. 남부 지방에서는 된장을 사용하지만 충청 지방에서는 막장을, 강원도에서는 고추장을 주로 사용한다.

재료 면에서도 마찬가지다. 그 지역에서 가장 흔하게 얻을 수 있는 재료가 가장 우수한 재료이다. 이탈리아 남부에 가면 뜨거운 태양 아래 그 지역에서 토마토가 잘 자란다는 것을 알 수 있을 것이다. 지역적 특징이 요리를 만들어낸다.

현실적 조건을 고려하는 것은 요리의 특징일 뿐 아니라 아이디어의 특징이 되어야 한다. 가치 있는 아이디어는 머릿속에 머무르는 아

1부 아이디어와 요리

이디어가 아니라 현실화할 수 있는 아이디어이며, 아이디어 요리법은 머릿속에 있을 때의 부족한 부분을 현실 조건을 고려해서 보완하면서 발전시키는 방법론이다.

이데아라는 어원을 가진 아이디어가 현실적이어야 한다는 말은 일면 모순처럼 들릴 수도 있다. 이데아의 세계에 있는 아이디어는 이상적이지 결코 현실적일 수가 없을 것 같기 때문이다. 하지만 아이디어가 이데아의 세계를 반영하는 완벽한 아이디어라면 이상 자체에 그치지 않고 현실 속에서 가장 정확한 해답이 되어야 한다고도 말할 수 있다.

극과 극은 통한다는 말처럼 현실의 모든 조건을 고려한 가장 현실적인 아이디어는 가장 이데아적인 아이디어이자, 바로 이데아와 현실이 만나는 아이디어의 완성이다.

창조적인 조합을 이용하라

시드니 오페라 하우스를 배경으로 자리한 세계 50대 레스토랑 '키'의 스타 셰프 피터 길모어 Peter Gilmore는 세상에 잘 알려지지 않은 새로운 재료를 찾아내 요리를 만들어내곤 한다. 레스토랑 '키'의 대표 메뉴인 '오징어 콩피'뿐 아니라 '부시리'라는 생선 요리, 구아바와 달걀로 만든 '구아바 스노 에그'와 같은 새로운 요리들을 선보였다. 관행을 깨는 요리의 의외성과 창의성은 바로 아이디어의 특성이기도 하다.

요리의 창의성은 다양한 재료의 조합과 조리법의 다양성에 있다.

유럽연합의 창조성 대사를 역임한 창조성 분야의 세계적인 학자인 에드워드 드 보노 박사는 저서 『생각의 공식』에서 요리야말로 창의성의 가장 좋은 모델이라고 말했다. 그는 요리사 100명에게 달걀과 우유, 기본적인 재료를 던져주면 대부분은 오믈렛을 만들더라도 적어도 그중에 몇 명은 아무도 생각하지 못한 색다른 요리를 만든다고 말한다.

일본 도쿄 롯폰기에 위치한 '류긴'은 『미슐랭 가이드』의 별점 3개를 받은 세계 50대 레스토랑이다. 이곳의 셰프 야마모토 세이지山本征治는 창의적인 요리로 유명하다. 그는 일본 전통 음식재료를 선호하면서도 분자 요리기법과 일식 정찬 요리법을 통해 자신이 원하는 조리방식을 구사한다. 『모닝캄』 2012년 8월호에서 그는 요리의 창의성에 대해 다음과 같이 말했다. "……요리는 단순히 맛있는 음식을 만드는 차원을 넘어 인간의 다양한 감각을 구현하는 작업이에요…… 제가 상상하고 원하는 방식 그대로 요리하는 게 가능하다는 사실을 깨달았다."

인류 역사상 가장 창의적 인물로 손꼽히는 레오나르도 다빈치 역시 요리에서 창의성을 발휘했다. 화가, 발명가로 알려졌으나 실제 그의 정식 직업은 피렌체 스포르차 궁의 '연회 담당자'였다. 그는 이곳에서 20년간 일하면서 많은 요리를 개발했다.

그는 기름진 육식을 선호하던 이탈리아의 관행을 깨고 채식 위주의 담백한 요리들을 개발했다. 과일, 채소, 빵, 곡물, 감자, 콩, 견과류, 씨앗을 다량 섭취하고 올리브유로 불포화지방산을 섭취하며 붉은 고기는 되도록 먹지 않는 건강식으로 개발했다.

레오나르도 다빈치의 요리는 전 세계인의 입맛을 사로잡는 지중해식 요리법으로 남아 있다. 『요리와 사랑에 빠진 천재 레오나르도 다빈치의 세 마리 개구리 깃발 식당』에 따르면 레오나르도 다빈치는 마르코 폴로가 중국에서 가져온 국수를 이용해서 나폴리 사람들이 즐겨 먹는 넓적한 빈대떡 모양의 파스타 반죽을 실처럼 길게 뽑아 적당한 길이로 자르고 삶아서 스파게티를 만들었다. 스파게티를 편하게 먹기 위해 포크까지 개발했다고 한다.

요리는 어린이들의 창의 교육에도 활용된다. 유아 교육가들의 말에 따르면 요리 활동은 직접 재료를 보고 만지고 썰고 끓이고 냄새를 맡으면서 직접적인 조작과 실제적인 경험을 통해 유아의 개념 발달을 돕는 가장 가치 있는 활동이다. 편식하는 아이들도 자기가 직접 만든 음식에는 호기심을 갖고 잘 먹는다.

이러한 교육을 통해 아이들이 좋아하는 햄버거와 피자 사이에 과일과 버섯 같은 건강한 음식재료를 넣어 창의성과 건강이라는 두 마리 토끼를 잡는 것이다. 요리는 어린이들이 다양한 경험을 하게 함으로써 사회 과학적 지식, 측정의 개념, 온도와 변화의 개념, 시간의 개념, 물리, 화학적 개념 등을 학습하게 한다. 즉 요리는 교육활동의 매개로써 충분한 효과를 발휘하는 셈이다.

창조성은 인간의 본능이다. 아이디어 없이 살 수 있는 사람은 없다. 아이디어는 창조적인 세계에서 사는 일부 사람들에게 해당하는 이야기라고 생각할지 모른다. 하지만 아이디어란 상상력이 풍부한 일부 사람들의 능력이 아닌 모든 사람에게 부여된 재능이다.

아이디어는 개인이 세상에서 살아갈 수 있는 가장 소중한 권리인 동시에 기업의 발전을 위해서도 없어서는 안 되는 요소이다. 아이디어가 과학자나 디자이너에 그치지 않고 모든 삶의 현장에서 필요하다는 보편성을 받아들이면 매일 많은 사람이 함께 일하는 산업 현장과 사무실에서도 우리는 창조성을 잃지 않을 것이다.

조직은 필연적으로 개인을 관리하려 하지만 우리가 아이디어의 보편성을 받아들인다면 아이디어는 개인과 조직 모두에게 결코 분리될 수 없는 가치가 되어 서로 묶어주는 매개체 역할을 하게 될 것이다. 세상을 바라보는 시야도 넓어진다.

아이디어는 우리가 어떤 분야에 있는지, 어떤 상황과 맞닥뜨렸는지를 막론하고 우리 모두에게 도움을 줄 수 있는 가장 훌륭한 자산이기 때문이다.

과학적 분석을 이용하라

한식당 최초로 『미슐랭 가이드』로부터 별점 1개를 받은 뉴욕 맨해튼의 한식당 '단지'의 사장이자 셰프인 김훈 씨는 미국 버클리대에서 생물학을 전공하고 코네티컷 의대를 다녔던 독특한 경력을 가지고 있다. 2012년 7월 3일 자 『동아일보』와의 인터뷰에서 그는 '요리도 과학'이라고 말하면서 "과학 공부는 내가 맛있는 음식을 만들게 하는 든든한 무기"라고 말했다. 요리 과정에서는 무수히 많은 화학 반응이 일어난다. 양파는 열을 가하면 왜 부드러워지는지 색깔은 왜 변하고 단

맛이 생기는지를 그는 대학 실험실에서 배웠다고 회상한다.

또 같은 인터뷰에서 그는 다음과 같이 말하기도 했다.

"우리 식당 보쌈고기는 아주 부드러워요. 고기 속엔 질긴 섬유조직과 부드러운 지방이 있는데 열을 가하면 둘 다 점점 없어져요. 섬유조직을 최대한 없애고 지방은 되도록 남기는 정확한 온도와 조리 시간을 알려면 과학 상식이 바탕이 되어야 해요."

『미슐랭 가이드』 별점 3개를 받은 레스토랑 '류긴'을 책임지는 야마모토 세이지는 일본 전통 요리에 스페인에서 배운 분자 요리를 접목해서 끊임없이 연구하고 있다. 그는 음식재료의 기능을 제대로 알기 위해 장어의 내부 구조를 정확히 파악할 수 있는 컴퓨터 단층 촬영을 의뢰한 일화는 이미 유명하다. 그는 『모닝캄』 2012년 8월호에 실린 인터뷰에서 말했다.

"……저는 요즘도 좀 더 나은 요리법이 없는지 매일 자문해요. 저 자신이 성장하기 위해 늘 노력하고 있습니다."

요리는 분석적이고 과학적인 작업이다. 불과 물, 대형 냉장고, 칼과 도마, 다양한 종류의 프라이팬과 그릇을 사용하는 고급 레스토랑의 주방에서 일하려면 실질적인 화학과 물리 지식을 알고 있어야 한다. 『신세대 요리 Modernist cuisine : The Art and Science of Cooking』의 작가 네이튼 미어볼드Nathan Myhrvold는 요리가 진행되는 순간순간의 변화과정을 횡단면으로 찍은 생생한 사진을 소개해 화제가 되기도 했다. 그는 어떻게 요리에 과학이 접목되는지를 보여주기 위해 이 책을 썼다고 했다.

맛있는 요리를 만들기 위해 금속 공예에서 사용하는 버너가 음식 재료를 순식간에 가열시키는 데 쓰이는 모습이 TV 요리 프로그램에서도 가끔 소개되기도 한다. 하지만 아직 주방의 요리 환경은 일반인들에게는 생소한 과학 실험실과 같은 곳이다. 과학과 접목한 요리 방법인 분자 요리의 대표적 요리사 페란 아드리아Ferran Adria는 물리화학자 에르베 티스Herve This의 분자 요리 연구에서 영감을 얻었다. 그의 레스토랑 '엘 불리'의 주방은 과학의 원리를 응용한 요리를 개발하는 과정에서 화학물질을 이용하기 때문에 마치 실험실처럼 보인다. 그는 이제껏 경험하지 못한 색다른 맛과 질감을 가진 새로운 요리를 선보이며 해체주의자라는 별명을 얻었다.

분자 요리가 아니더라도 현대의 요리는 재료와 용법에 대한 과학적인 데이터를 제시한다. 아무리 좋은 요리법도 계량화되지 않는다면 널리 인정될 수 없다. 어떤 요리책은 그림은 화려하지만 계량화된 수치가 나타나지 않아 독자들로부터 무용지물이었다는 불만을 사기도 한다.

다양성을 존중하라

인간은 다양성을 가진 존재다. 어떤 사람은 돈 버는 데 관심이 많고 어떤 사람은 새로운 지식을 익히는 데 관심이 많다. 똑같이 지식을 익히는 데 관심을 둬도 어떤 사람은 역사에 관심이 많고 어떤 사람은 과학에 관심이 많다. 미술을 전공하더라도 한 사람은 정밀화를 선택하고 다른 사람은 추상미술을 선택하며, 음악을 전공하더라도 한 사람은 클래식 음악을, 다른 사람은 대중적인 음악을 선택한다.

생각하는 방식도 이처럼 다양하다. 아이디어를 요리라는 관점에서 보는 또 하나의 이유는 아이디어에는 다양한 종류가 있다는 점 때문이다. 선호하는 맛도 사람마다 다양하다. 그 때문에 요리사 에드워드 권은 요리를 확률의 싸움이라고 말한다.

"저는 요리를 확률의 싸움이라고 말해요. 절대 미각이라는 말엔 동의할 수 없어요. 아무리 세계적으로 명성 있는 요리사라 해도 모든 손님을 만족하게 할 수는 없으니까요. 요리사는 인간의 가장 간사한 부분인 '혀'를 만족시키는 사람이잖아요. 저마다 삶의 패턴과 생활 방식이 다른데 어떻게 절대 불패를 고집하겠어요?"

다양한 사람의 입맛을 만족시켜야 한다는 점에서 요리의 다양성은 필연적이다. 더불어 요리의 창조성 역시 다양성을 바탕으로 나타난다. 어떤 재료를 사용하든 요리하는 사람의 마음대로이고 어떤 요리 방법을 사용하든 상관이 없다. 따라서 재료와 방법의 무한한 조합이 가능하다.

다양한 아이디어를 포괄하는 개념을 찾기 위해서는 광고나 영화와 같은 창작 분야에서 새로운 것을 창조해내는 발상의 역량을 가리키는 말인 '크리에이티브'에 제한되어서는 안 된다. 논리적인 능력 역시 아이디어의 일부다. 흔히 아이디어라고 하면 혁신적 발상만을 떠올리지만 아이디어가 반드시 그런 특이한 생각만을 의미하는 것은 아니다.

새로운 콘텐츠를 기획할 때에는 혁신적 아이디어가 필요하다. 하지만 문제의 본질을 포착하는 분석적인 능력 또한 필요하다. 아이디어를 크리에이티브한 능력과 더불어 '이해 능력'을 포괄하는 개념으로 이해한다면 아이디어는 '새로운 발상을 하는 능력'으로 확대될 것이다. 크리에이티브한 아이디어는 예술 창작과 밀접한 관련이 있는 반면 분석적인 아이디어는 과학적 활동과 관련이 있다.

"비즈니스는 최고의 예술이다."

팝 아티스트 앤디 워홀Andy Warhol이 한 말이다. 그의 말처럼 아이디어는 캔버스 위에 그림을 그리는 크리에이티브 능력뿐 아니라 비즈니스와 같이 다양한 분야에 적용할 수 있는 역량을 아우르는 개념이다. 아이디어를 포괄적인 개념으로 받아들이면 아이디어는 다양한 분야에서 활용할 수 있는 능력으로 확장될 것이다.

유익함을 고려하라

탕은 고기나 뼈 따위를 끓인 국물 음식으로 우리의 외식 메뉴 중에서 역사가 가장 긴 음식이다. 한국 사람들은 피곤하고 기운이 없거나 무더위에 지쳤을 때 탕 음식을 통해 기운을 보충한다. 민어탕은 난백실이 풍부하고 비타민, 칼륨, 인 등 영양소가 고루 들어 있고 신진대사를 활발하게 해주는 핵산 성분도 풍부하고 삼계탕은 인삼의 영양소 파괴 방지를 위해 썰지 않고 통째로 넣어 맛과 건강을 생각하는 대표 음식이 됐다.

프랑스에서도 탕은 인기 있는 건강 요리였다. 오늘날 음식점을 의미하는 레스토랑이라는 말은 원래 양의 발 부위를 끓인 '레스토랑'이라

1부 아이디어와 요리

는 수프에서 유래되었다고 한다. 이 수프는 원기를 회복시켜주는 효과가 있어서 '(체력을) 회복하다'라는 뜻의 프랑스어 동사 '레스토레 restaurer'에서 '레스토랑restaurant'이라는 이름이 나오고 이 음식이 큰 인기를 끌다 보니 아예 식당을 일컫는 일반명사로 굳어진 것이다.

요리는 맛이 있을 뿐 아니라 건강에도 매우 유익하다. 이탈리아 사람들은 파스타를 자기 몸의 일부라고 말할 정도로 음식은 우리 자신을 형성한다. 요리는 인간의 심신에 직접 영향을 준다. 즉, 건강한 요리는 건강한 신체를 만든다. '신토불이身土不二'. 몸과 땅은 둘이 아니듯이 내가 먹는 것과 나는 둘이 아니다. 건강한 음식이 건강한 몸을 만드는 것이다. 이 때문에 패스트푸드를 반대하며 로컬푸드를 섭취하자는 운동도 활발하게 일어나고 있다.

요리가 맛뿐 아니라 건강에도 유익하게 만들어지는 것처럼 아이디어 역시 영양소를 제공해서 건강한 몸을 만들어주는 효과가 있다. 요리가 맛과 영양을 통해 먹는 사람에게 즐거움과 건강을 이룰 수 있듯이, 아이디어는 참신한 맛과 함께 문제 해결의 솔루션을 제공한다.

맛의 조화는 영양의 조화이기도 하다. 음식의 재료가 가지는 각각의 단점들을 맛의 조화를 통해 보완하며 영양의 조화까지 맞출 수 있기 때문이다. 흔히 음식의 궁합이라고도 하는 이러한 조합은 비과학적이라고 여겨졌지만 영양소 측면에서도 검증됐다.

예를 들어 고구마를 먹을 때 김치를 같이 곁들이면 김치의 나트륨을 고구마가 흡수한다. 반면에 고구마와 쇠고기는 소화에 필요한 위산의 농도가 달라 소화 흡수를 방해하기 때문에 쇠고기 스테이크 요리에는 고구마 대신 감자를 곁들인다. 고기를 먹을 때 가지를 함께 구워 먹으면 가지의 스펀지 같은 조직이 기름을 쉽게 흡수해서 혈관 내 노폐물을 배설시키는 효과가 있다.

반면에 잘못된 요리는 몸을 망친다. 짜고 매운 음식으로 섭취되는 나트륨은 인체에 심각한 해를 끼친다. 아이디어에도 습관적으로 간을 지나치게 많이 하는 것은 생각에 심각한 해를 끼치게 된다. 요리는 몸에 좋은 음식을 만들어야 하듯 아이디어는 우리 사회에 좋은 생각을 만들어줘야 한다. 몸에 해로운 음식을 멀리해야 하듯 아이디어도 우리 사회에 해가 되는 생각을 멀리해야 한다.

그런 마음가짐으로 아이디어를 만들 때 우수한 아이디어가 탄생할 것이다. 음식은 영양소를 제공할 뿐 아니라 나아가 몸에서 해로운 성분을 제거해주기도 한다. 아이디어도 생각에 필요한 영양분을 제공하는 동시에 잘못된 생각을 바로잡아 위험성 있는 계획을 바로잡아주는 역할을 한다.

요리사의 자세

방송 프로듀서로 일했던 엠넷에서 작은 프로그램의 연출자로 배정을 받던 날, 제작 이사님이 나를 불렀다. 긴장하고 이사님 방에 들어가 보니 조용히 나에게 노트를 내밀면서 자신이 프로그램의 제목 후보를 몇 개 생각해 보았는데 마음에 드는 것이 있는지 보라고 말씀하셨다. 그 노트에는 열 개가 넘는 제목이 적혀 있었다. 물론 눈에 띄는 제목이 있었다.

그는 예능 PD로서 오랜 경험이 있음에도 신출내기 PD인 나에게 조심스럽게 자신의 아이디어를 보여주고 의견을 묻는 모습이었다. 임원실에 계셨지만 뒷방 늙은이가 되지 않고, 언제나 현역 프로듀서로 현장을 지키고자 하는 마음이 묻어나오던 진정 아름다운 모습이었다는 생각이 든다.

그런 모습이 바로 아이디어 요리사의 자세 아닐까? 언제나 청년의 영혼으로 아이디어를 만들어내지만, 자신의 의견을 강요하지 않는 부드러움을 가진 자세 말이다.

지금 하는 요리가 가장 중요하다

세계에서 가장 영향력 있는 요리사로 통하는 스페인 '엘 불리'의 셰프 페란 아드리아가 오늘날의 위치에 오를 수 있었던 이유는 자신에게 주어진 일에 최선을 다해서다.

어린 시절 그는 문제아였다. 열여덟 살에 학교를 그만두고 호텔에서 설거지 아르바이트를 하면서 요리의 기본기를 익혔다. 그는 군 복무를 하던 중 요리 솜씨를 인정받아 장교 담당 요리사가 되면서 본격적으로 요리 경험을 쌓았다. 처음 '엘 불리'에 들어갔을 때도 요리보다는 근처 바닷가에서 여자들이나 만나볼까 하는 생각에 들어갔지만, 그곳에서 착실히 하루하루 일을 하면서 타고난 요리 솜씨를 발휘했고 단 18개월 만에 수석 요리사 타이틀을 거머쥐었다.

그가 세계적인 요리사로 성장하는 데 중요한 것은 자신이 맡은 곳에서 온 힘을 나하는 것이다. 요리사에게 중요한 것은 지금 기다리고 있는 손님을 위해 맛있는 요리를 만드는 데 온 힘을 다하는 것뿐이다. 그 과정을 통해서 평범했던 요리사는 세계적인 스타 요리사로 발돋움했다.

평범한 개인이 전문가로 성장하는 것도 꾸준히 한 분야에서 경험을 쌓는 과정 속에서 수많은 우연을 거치면서 다른 사람들이 범접할 수 없는 수준의 남다른 경험치를 보유하게 되기 때문이다. 그것이 단순하지만 가장 심오한 진리다. 동시에 모든 새로운 요리의 탄생 역시 추상적인 대상을 위해 만들어진 것이 아니라 구체적인 대상을 염두에 두고 고안된 결과다.

자신이 맡은 일에서 온 힘을 다하는 것이 개인에게 가장 빠른 발전을 준다는 믿음은 진화론을 통해서도 설명된다. 미국의 생물학자 스튜어트 카우프만Stuart A. Kauffman의 인접확장론을 개인적인 진화의 차원으로 살펴보면, 개인의 진로고민을 위한 좋은 해결책을 제시할 수 있다. 인접확장론을 개인에게 적용하면 개인의 과거가 개인의 현재를 규정한다는 것을 알 수 있다. 인접확장론은 하나의 생물이 경험 속에서 진화 발전하는 것처럼, 개인도 경험을 통해서 세부적인 전문가로 특화 발전하게 된다는 점을 설명한다.

개인의 진화에 대해 인접확장론이 갖는 의미는 매 순간의 경험이 우리를 변화시키고 진화시킨다는 점이다. 우리는 모두 우연에 우연을 거듭하면서 새로운 환경에 발을 들여놓게 되고 그 분야에서 경험을 통해 자신의 전문성을 쌓으면서 다른 누구로도 대체할 수 없는 전문가로 진화한다. 인생 진로 역시 우연한 연속이지만 매일의 삶 속에서 자신의 일에 온 힘을 다해야 한다는 점이 바로 인접확장론이 개인에게 갖는 의미이다.

한경희생활과학의 한경희 대표는 『너무 늦은 시작이란 없다』에서 젊은 시절을 회고하며 삶의 교훈에 대해 설명했다. 그녀는 대학을 졸업하고 스위스 IOC에 취업했다. 하지만 신문 스크랩이나 하는 단순 업무에 회의를 느끼고 미국으로 건너갔다. 하지만 의기양양하게 시작한 새 일은 호텔의 전화 교환원 일이었다. 그녀는 단순한 일이었지만 조금의 실수도 없이 온 힘을 다해 업무를 추진했다. 그 결과 영업 세일즈 부서로 옮겨서 인정받는 사원으로 자리매김할 수 있었다. 그런 과정을 겪으면서 그녀는 자신의 일에 온 힘을 다하는 것의 중요성을 느꼈다. 그녀는 다음과 같이 회고했다.

"조금만 일찍 깨우쳤다면 그렇게 도망치듯이 IOC를 떠나진 않았을 텐데……"

만약 자신이 현재 하는 일이 '나다운 일'이 아니라고 하더라도 역설적으로 그 일은 나를 만드는 일이 되기 때문에 '나다운 방식'으로 온 힘을 다해 그 일을 수행하는 것이 자기 자신을 만드는 가장 현명한 방법이다. '나답지 않은 일'을 만나는 지점이야말로 나와 내가 아닌 것이 첨예하게 대결하는 현장인 동시에 나를 만들어가는 지점이라는 거대한 의미를 지닌다. 그것이 아이디어 요리사가 자신의 일을 바라보는 자세다.

요리는 정성이나

누군가를 위한 요리를 만드는 것은 행복한 일이다. 진심을 담은 요리는 어린이건 노인이건 모든 사람을 행복하게 만들 수 있다. 요리하는 것은 누구에게나 즐겁고도 소중한 가치를 지닌 일이다.

'초밥왕' 마쓰히사 노부유키松久信幸는 2012년 6월 2일 자 『중앙일보』와의 인터뷰에서 요리에서 가장 중요한 것이 무엇이냐는 질문에 이렇게 답했다.

1부 아이디어와 요리

"요리에서 가장 중요한 것은 마음과 열정이다. 요리사와 손님 사이에 마음이 전해지지 않으면 무슨 의미가 있겠나. 요리뿐만 아니다. 건축도 미술도 마찬가지다. 집을 짓는 사람과 집에 사는 사람, 그림을 그린 사람과 그림을 보는 사람의 마음과 마음이 서로 통해야 한다. 그게 소통이다."

요리의 목적은 먹는 사람을 행복하게 만드는 것이다. 요리는 그 요리를 맛보는 사람을 위해 얼마나 정성을 들이는가에 따라 실패를 예방하고 요리를 맛보는 사람에게 기쁨을 제공할 수 있는 활동이다. 어떤 맛을 낸다거나 하는 일은 하나의 과정에 불과하다. 그것을 가능케 하는 것이 진정성, 즉 정성이다. 진심이 들어간 음식은 맛있다고 한다. 그 요리를 함께 나눌 사람을 생각하고 만들기 때문이다.

직장 선배의 페이스북에서 가족을 위해 채소 볶음밥을 한 이야기를 읽어본 적이 있다. 그 글을 보고 요리는 행복을 나누고자 하는 마음이라는 것을 알 수 있었다. 한 끼 밥을 같이 먹을 수는 있지만, 밥을 해준다는 것은 정성이 들어가지 않고서는 불가능한 일이다.

맛있게 요리를 먹을 손님을 위하는 정성으로 요리한다면 누구나 소박하지만 멋진 요리를 만들 수 있다. 음식을 만들 때는 먹을 사람을 생각하고 기뻐할 그 사람을 상상하면서 만들면 된다. 그래서 가장 좋은 조리법은 사랑이다. 맛있는 음식을 요리하고 즐기는 데 결정적으로 관여하는 것은 배려다. 음식을 먹는 사람에 대한 배려다. 그 배려는 필수적이다. 음식을 만드는 일은 음식을 먹는 사람이 있다는 것을 의미한다.

아이디어에도 정성이 필요하다. 요리를 대접할 소중한 사람들을 생각하며 정성껏 준비한 재료를 지지고 볶으면서 미각을 집중해 간을 맞추고 테이블 위에 올려놓는 마지막 순간까지 온 마음을 쏟는 것처럼 자신의 아이디어 요리를 맛볼 사람을 위해 최대의 정성을 들여 아이디어를 요리하라.

아이디어를 이용할 사람을 생각하는 아이디어에는 진정성이 담긴다. 그리고 세부적인 부분까지 치밀하게 아이디어를 요리해갈 수 있는 강한 힘을 만들어 줄 것이다.

완성도를 높여라

마쓰히사 노부유키는 2012년 6월 2일 자 『중앙일보』와의 인터뷰에서 세간의 평가에 대해 "나는 최고가 아니다. 스스로 최고라고 인정하는 순간 더 이상의 발전은 없다. 나는 늘 부족함을 느낀다. 그래서 최고가 되기 위해 노력한다. '나는 최고'라고 생각하지 않기에 앞으로 나아갈 수 있는 거다. 계속 진화할 수 있는 것이다"라고 말했다. 현실에 만족하시 않고 완벽을 추구하는 요리사의 자세는 뛰어난 아이디어 요리사의 자세이기도 하다.

괴테가 처음 『파우스트』에 대한 아이디어를 생각해낸 것은 스물이 갓 넘어서일 때였다. 하지만 이 작품을 완성했을 때 그는 죽음을 불과 몇 주 앞둔 83세였다. 처음 아이디어는 주인공에 대한 설정 정도였다. 그는 60년 평생 자신의 마음에 들 때까지 작품을 완성해 나갔던 것이다.

1부 아이디어와 요리

베토벤Beethoven은 53세에 마지막 교향곡인 교향곡 9번 「합창」을 완성했는데 4악장에 합창을 접목하게 된 것은 오래전 실러Schiller의 시 「환희의 송가」에 곡을 붙이기로 아이디어를 떠올렸던 데서 시작 됐다. 아이디어 착상에서 완성까지 무려 20년 동안 최초의 아이디어 를 활용할 적당한 곡을 찾았던 것이다. 사람들은 「합창」을 인간의 힘 으로 쓸 수 있었던 가장 완전하고 위대한 곡, 모든 사람에게 호소하며 압도적 감동을 이끄는 교향곡이라고 일컫는다.

레오나르도 다빈치는 평생 15점의 그림밖에 완성하지 못했다. 수도 원 식당 벽화에 불과했던 「최후의 만찬」을 그리기 위해서는 무려 2년이 라는 시간이 소요됐다. 동시대의 미술사가였던 조르조 바사리Giorgio Vasari는 다빈치는 자신조차도 실현할 수 없는 높은 완성도를 목표로 했기 때문에 완성된 작품이 적었다고 평가했다. 다빈치의 그림은 대 충 눈대중으로 그린 것이 아니라 치밀하게 과학적 관찰에 기초해서 빛과 어둠, 원근법을 표현한 작품들이었다.

그는 다른 사람들의 정보에 의지하지 않고 자신이 직접 인체를 해 부하는 등 완벽하지 않고서는 작품을 완성하지 않았다. 괴테, 베토벤, 다빈치에 못지않은 완벽주의자가 또 한 명 있다. 진화론을 주장한 찰 스 다윈이다.

그가 진화론을 발표한 것은 1858년이었다. 하지만 이미 1838년 맬 서스Malthus의 『인구론』을 읽으면서 '적자생존'의 아이디어를 떠올 렸으며, 1842년이 되어서야 진화론에 대한 35페이지 논문 축약본을 작성했을 뿐이다. 1844년에는 230페이지 분량의 '종'이라는 수필 초안을 작성해서 자신의 멘토였던 지질학자 찰스 라이엘Charles Lyell과 식물학자 조셉 후커Joseph Hooker에게만 이 자료를 보여준다.

그가 자신의 주장을 완벽하게 증명할 '매우 크고' '내가 만들 수 있는 가장 완벽한' 책이라고 생각한 『종의 기원』을 출간한 것은 처음 '자연선택론' 아이디어를 생각해낸 지 무려 22년이 지난 1859년이었다. 하지만 이 조차도 그가 원했던 상황이 아니었다. 알프레드 러셀 월래스Alfred Russel Wallace라는 인물이 다윈 자신의 이론과 너무나 유사한 진화론을 들고 나오자, 다윈은 서둘러 자신의 이론을 마무리해야 했다. 월리스가 등장하지 않았다면 『종의 기원』은 더 오랜 시간이 지난 후에 등장했을 것이다.

창의성을 잃지 마라

어느 TV 프로그램에서 유명 설렁탕 집의 주방 스태프들이 소개됐다. 그 식당에서는 보조가 2명 있었는데, 한 명은 파만 다듬는 담당이었고, 다른 한 명은 깍두기 무만 써는 담당이었다. 깍두기 무만 써는 담당이 파를 다듬는 담당이 되기까지 5년이 걸린다고 했다. 다시 파를 다듬는 담당이 설렁탕을 끓이기까지는 다시 5년이 소요된다고 했다.

흔히 이런 방식을 도제 시스템이라고 한다. 스승의 방식을 그대로 따라하는 것이다. 마치 중국 무협 영화에서 무술을 배우러 온 제자에게 스승이 허드렛일만 시켰는데 사실은 그 과정이 무술을 연마하는 훈련이었다는 이야기가 생각났다.

분업화된 시스템은 전통 있는 설렁탕을 만들기 위해서 불가피한

1부 아이디어와 요리

선택일지 모른다. 그리고 각자의 기여를 통해 자신의 일에 대해 자부심을 충분히 느끼고 있는지도 모르겠다. 하지만 만약 어제 했던 일을 오늘 다시 아무런 고민 없이 반복하려고 한다면 그것은 어리석은 짓일 것이다. 단순히 파를 다듬는 작업이라고 하더라도 그 속에서도 미래를 위한 아이디어를 찾으려 하지 않는다면 그것은 잘못된 자세가 아닐까?

우리의 모습도 같을지도 모른다. 매일 주어진 일상 속에서 생활하다 보면 새로운 생각을 떠올리고 준비한다는 것 자체가 쉽지 않으니 말이다. 그러나 창조성이라는 측면에서 주방 보조가 되지 말고 자신의 아이디어를 적극 제기하고 실험해보는 요리사가 되기를 바란다. 아이디어란 매일의 삶에 적용할 수 있는 우리의 삶 자체이기 때문이다.

이런 생각의 변화를 통해 우리는 다른 무언가를 위한 생각의 보조가 아니라 각자의 인생에서 자신의 삶 자체가 주인이 되는 아이디어 요리사가 될 수 있다. 그리고 긍정적인 마음으로 아이디어를 요리한다면, 아이디어는 내일을 오늘보다 한발 더 꿈을 향해 다가서는 날로 만들어 줄 것이다.

자기 계발을 멈추지 마라

요리사에 대한 선입견은 요리사들은 토론도 없고 오직 카리스마로 부하 요리사들을 통솔한다는 것이다. 하지만 요리사들도 그날의 영업이 끝난 후 그날의 잘된 점, 잘못된 점을 점검하며 앞으로 자신만의 새로운 요리를 개발하기 위한 자기계발의 시간을 가진다. 물론 요리사마다 자신만의 특기가 있다. 하지만 그것만으로는 부족하다. 경쟁에서 뒤처지지 않으려면 그 특기가 녹슬지 않도록 끊임없이 자신의 요리를 더욱 발전시키며 새로운 요리를 연구해야 한다.

위대한 요리사일수록 자신을 발전시키기 위해 끊임없이 노력한다. 스페인 요리를 세계적 수준으로 발전시킨 요리사 후안 마리 아르삭 Juan Mari Arzak은 전통 요리에 뿌리를 둔 신개념 식사 메뉴를 선보이며 스페인 요리의 새 장을 연 셰프다. 그의 레스토랑 '아르삭'은 『미슐랭 가이드』의 별점 3개를 받은 바 있다. 그는 『모닝캄』 2012년 7월 호에 실린 인터뷰에서 말했다.

"새로운 맛을 발견할 때마다 늘 신선한 충격에 휩싸입니다. (중략) 연구란 끊임없이 탐험의 시간을 갖는 것입니다. 우리는 언제나 과거에 생각하지 못한 아이디어를 찾아내 새로운 요리로 구현하고자 노력합니다. 그게 바로 창조예요. 주방에서 두 눈을 크게 뜨고 거리에서 깨달은 것에 귀를 기울이다 보면, 언젠가는 창의적인 아이디어가 불쑥 떠오를 겁니다."

아이디어 요리사 역시 자신의 관심 주제를 발전시키기 위해서는 끊임없는 자기계발이 필요하다. 세상 사람은 배우려는 사람과 아닌 사람으로 나뉜다. 배움은 멈출 수 없다. 공부하고 싶어 죽겠다는 사람들의 나라가 바로 우리나라이다. 대학 진학률뿐 아니라 대학원은 기본이고 어린 학생들도 학원에서 저녁이 되어야 집에 돌아온다.

하지만 공부하기 싫은 것을 억지로 해서는 안 된다. 스스로 공부가 즐거워지는 공부를 해야 한다. 학습의 매력은 자신을 스스로 발전시

1부 아이디어와 요리

키는 것이다. 배우는 것을 매우 즐겁게 느껴야 한다. 좋아하면 배울 수 있고 사랑하면 남보다 나을 수 있다. 조급증을 버리고 차분히 실력을 쌓아야 한다.

공부는 자기 자신을 기획하는 일이다. 지금 당장 자신의 아이디어를 실현할 수 없다 하더라도 꾸준히 시간을 투자하면 언젠가 아이디어를 현실화할 기회를 얻을 수 있다. 현실에서는 아무리 자신이 소모되더라도 공부를 통해서는 자신을 발전시킬 수 있다. 그렇기 때문에 어떠한 현실 속에서도 자신만의 자기계발 시간을 가져야 한다. 세상을 모두 다 이해하고 있을 것만 같은 70대 어른의 입에서도 '오늘 하나 또 배웠다'라는 이야기가 나오는 것이 인생이다. 오늘은 잘 알고 있다고 생각하지만 내일이 되면 부족한 무언가를 발견하면서 매일 배우는 것이다.

독학은 혼자 하는 공부다. 독학은 자신이 가르치고 자신이 교정하며 자신으로부터 배우는 학습법이다. 만약 하나의 주제에 대해 혼자 생각을 발전시켜 나갈 수 있다면 독학이다. 소설가 장정일은 중졸 학력이 전부로 소년원에 들어갔을 정도로 어려운 시절을 겪었다. 하지만 독학으로 문학 수업을 하면서 시와 소설에서 '장정일 신드롬'을 일으킬 정도의 성과를 만들어냈다.

'빛과 콘크리트의 작가'로 불리는 세계적인 건축가 안도 다다오安藤忠雄는 공고 출신 권투선수로 자신만의 꿈을 모색하다 어릴 적 자주 놀았던 동네 목공소를 떠올렸다. 그는 건축학과 교과서를 밤새워 읽고 유명 건축 서적을 달달 외울 정도로 읽었다. 오랜 시간 세계를 돌며 유명 건축가가 만든 건축물을 답사했다. 그 결과 수많은 건축상을 휩쓰는 전문가로 인정을 받았다.

실패를 두려워하지 마라

㈜광주요그룹의 조태권 회장은 세계인의 입맛을 사로잡을 최고급 한식 개발을 위한 도전을 멈추지 않는 기업인이다. 그는 단 한 번의 식사를 위해 도자기를 굽고 메뉴를 개발하면서 24년 동안 한식 메뉴 개발에 무려 600억 원을 투자해서 한 그릇에 수십만 원짜리 고급 한정식 메뉴를 개발해 왔다. 그는 밥상이 나라의 운명을 바꾼다는 아이디어를 지키면서 고급 한식을 완성할 전통술을 재현하고 전통 이미지를 살린 벽지까지 개발하면서 명품 한식이라는 단 하나의 사명을 위해 무수한 실패를 두려워하지 않고 이겨냈다. 이제는 음식뿐 아니라 도자기 시장에서도 호평을 받고 있다.

아이디어를 생각하긴 쉽지만 실행하기는 어렵다. 남들이 성공하지 못한 새로운 분야에서 성공한다는 것은 단순히 생각만으로 가능한 것이 아니기 때문이다. 아이디어가 완성되기까지는 많은 현실의 어려움을 이겨낼 수 있는 끊임없는 도전정신이 필요하다.

'미친 듯이 뛰어난insanely great' 제품을 생산해야 한다고 고집했던 스티브 잡스조차 아이폰을 출시했을 때 통화 품질의 문제점을 예상하지 못했다. 소비자들이 제품의 결함을 제기해도 '휴대전화를 잘못 잡은 소비자 당신들의 문제'라고 책임을 전가했다. 하지만 마침내 자신의 실수를 인정하지 않았던가? 아이디어 요리사에게 중요한 것은 실패하지 않는 것이 아니라, 실패를 극복하는 것이다. 사실 스티브 잡스의 명연설 '인간은 불완전하다. 우리 제품도 불완전하다'라는 표현은 홍보 전문가와의 치밀한 홍보 전략에 기반을 둔 아이디어였다.

중요한 점은 아이디어 요리사가 실패를 극복하는 방법 역시 아이디어 속에 있다는 점이다. '호랑이에게 물려가도 정신만 차리면 된다'는 속담도 그런 뜻이다. 그런 배짱을 가지는 것이 요리사의 자세다. 그래서 절대로 하지 말아야 할 자랑은 '나는 한 번도 실패해본 적이 없다'는 것이다. 한 번도 실패하지 않고 성공만 해왔다면 충분한 위험을 감수하지 않았기 때문이다.

우리는 실패를 통해 완벽에 한 걸음 가까워질 수 있다. 그러므로 '실패해도 부끄러워하지 마라. 실패도 꿈에 속하기 때문이다'라는 슈뢰더Schroeder의 말을 기억하라. 경험을 해봐야만 알 수 있다는 말은 역설적으로 많은 실수는 더 큰 발전을 위한 자산이 된다는 것을 의미한다. 그 경험이 당신에게 치명상을 입히지 않는다면 말이다.

요리를 즐겨라

요리의 본성은 즐거움이다. 누군가를 위한 마음으로 각종 재료를 가져와 미술작품을 만들 듯이 자신만의 스타일로 요리하는 것은 놀이와 같다. 위대한 요리사가 되기 위해서는 요리를 하는 자체를 즐거워해야 한다. 물론 항상 즐거울 수는 없지만 적어도 자신이 하는 요리를 하는 과정이 두렵거나 괴롭다면 요리의 본성에 어긋나기 때문이다.

즐기는 자를 이길 수 있는 사람은 없다는 말이 있다. 절대적 가치가 외부에 있지 않고 자기 자신에게 있기 때문에 신바람이 나서 일할 수 있다는 이야기다. 요리사 역시 열심히 일하는 것보다 중요한 것은 '즐겁게 일할 수 있는가'다.

은둔형 생활을 즐기는 소설가 조경란은 2012년 5월 17일 자 '교보문고 북로그' 인터뷰에서 어쩌면 자신의 방황기에 좋은 요리책이 자신의 멘토가 되었던 것인지도 모르겠다고 말했다. 자신이 처음 등단한 후 신문지상에 자신의 작품이 소개되는 부담감을 떨쳐버리기 위해서 '이제부터는 내가 좋아하는, 마음도 가볍게 할 수 있는 그런 일을 해보자.'라는 생각으로 요리에 관심을 두면서 새로운 활력을 얻었다는 것이다. 같은 인터뷰에서 그녀는 말했다.

"일단 저를 일으켰고, 저를 즐겁게 해줬으며, 또 저를 살아 있게 하고, 제가 어떤 것을 잘할 수 있다는 것을 알려주고 살아갈 이유도 주고, 다른 사람을 즐겁게 해주기도 하고……."

아이디어도 마찬가지다. 아이디어는 자기 머리를 쥐어짜야 나오는 괴로운 활동이 아니다. '사랑하는 사람을 위해 요리를 만드는 것'과 같이 누구에게나 즐거운 놀이가 될 수 있다는 관점은 아이디어에 대한 유익한 접근법이 될 것이다.

아이디어는 재미있어야 창조성이 발현되는 재미의 산물이다. 그렇기에 누군가로부터 구속 없이 하고 싶은 일을 해야 아이디어가 나온다. 아이디어 요리사는 아이디어를 요리하는 자체를 즐기는 사람이다. 또 아이디어가 완전히 요리될 때까지 그 과정을 함께한다. 자신이 좋아하는 일을 하기에 장소에 구애받지 않으며 아이디어를 생각해내

1부 아이디어와 요리

는 데 부담을 갖지 않는다. 사실은 그 과정을 즐기는 것이다. 즐기는 것이 중요하다는 점은 창의적 활동의 가장 큰 특징이다.

자신이 하는 일을 즐길 수 있다면 자신의 일에 몰두할 수 있다. 자신의 일을 즐겁게 할 수 있다면 그것이 어떤 일이든 간에 좀 더 높은 완성도 있는 활동이 될 것이다.

'아이디어맨'과 '아이디어 요리사'의 차이

미국 네바다 주에서 양복점을 운영하는 제이콥 데이비스Jacob Davis는 텐트를 만드는 질긴 천으로 바지를 만들면 야외 활동을 하는 근로자들의 작업복으로 쓰임새가 있겠다는 생각으로 바지를 디자인했다. 하지만 그는 이 아이디어를 가지고 직접 사업을 할 정도의 모험은 하고 싶지 않았다. 그는 바지 아이디어를 가지고 있다가 뉴욕에서 샌프란시스코로 이주해 온 독일 출신의 리바이 스트라우스Levi Strauss에게 디자인비를 받고 사업 권리를 넘기겠다고 제안했다. 그가 제안한 디자인비는 68달러였다.

제이콥 데이비스와 같이 아이디어가 많은 사람을 아이디어맨이라고 한다. 사람들은 아이디어맨을 흔히 몽상가라고 부른다. 몽상가라는 말 속에는 새로운 생각을 자유롭게 떠올리는 사람이라는 긍정적인 평가와 함께 현실을 모르는 철부지라는 부정적인 의미가 담겨 있다. 아이디어맨은 아이디어를 말하는 것 자체가 자신의 역할이라고 생각하는 사람들이다. 마무리하는 힘이 부족하다는 뜻이다.

"그 친구 아이디어는 좋은데"라는 말은 칭찬보다는 안쓰러움이 느껴지는 말이다. 어쩌면 아이디어맨은 위대한 사람들이 아니라 평범한 사람들보다도 더 현실에 적응하기 어려운 사람들인지 모른다. 그래서 아이디어맨은 현실에서 세상 물정 모른다는 인상을 심어주면서 콤플렉스를 느끼며 살아가는지도 모른다.

제이콥 데이비스로부터 단돈 68달러의 거래로 사업권을 이어받은 리바이 스트라우스는 제이콥 데이비스와 공동 특허를 냈고 이 바지는 날개 돋친 듯 판매됐다. 당시 '웨이스트-하이'라고 불리던 바지가 최초의 청바지 '리바이스'다. 리바이스는 출시된 지 100년이 지난 지금까지도 가장 대표적인 청바지로 인정받고 있다. 리바이 스트라우스 사망 당시 그의 재산은 약 600만 달러에 이르렀고 아직도 가장 성공한 청바지 회사로 남아 있다. 리바이 스트라우스와 같이 스스로 아이디어를 책임지는 사람들을 '아이디어 요리사'라고 부른다.

아이디어맨은 단지 아이디어를 생각해 내지만 아이디어 요리사는 아이디어를 완성하는 역할을 한다. 아이디어맨이 꿈만을 쫓아다닌다면 아이디어 요리사는 주어진 환경에 맞춰 자신에게 주어진 일에 온 힘을 다함으로써 자신의 꿈을 이루는 차이를 보인다.

아이디어맨에게는 자신의 아이디어 자체가 가장 소중하지만, 아이디어 요리사에게는 자신의 아이디어가 소중한 만큼 지금 이곳, 이 순간이 중요하다. 아이디어맨은 예상치 못한 위기가 닥치면 자신의 아이디어를 포기한다. 하지만 아이디어 요리사는 위기가 닥치면 위기를 극복할 아이디어를 생각한다.

아이디어 요리사는 현실적 아이디어를 만들어내며 나아가 '아이디

1부 아이디어와 요리

어를 현실화하는 사람'이다. 탁상공론이 아니라 현실을 고려한 아이디어를 만들어내고 현실화하는 과정을 책임지는 사람들이 바로 아이디어 요리사다. 아이디어는 현실을 향하고 현실은 아이디어를 향한다는 정신은 실학의 실사구시 정신처럼 아이디어의 존재 이유를 정확히 제시하고 있다.

아이디어 요리사는 자신의 전문 분야가 아닌 다른 일을 맡겨도 잘 적응한다. 그들은 현실적인 사람들이기 때문이다. 매스컴을 통해서 한 분야에서 성공한 사람은 다른 분야에서도 성공하는 사례를 자주 볼 수 있다. 그들이 만능이어서가 아니라 자신이 처해 있는 새로운 환경을 면밀하게 살피고 문제점을 현실적으로 파악해낼 수 있는 현실성 때문이다.

COOKING

2부

아이디어의
착상

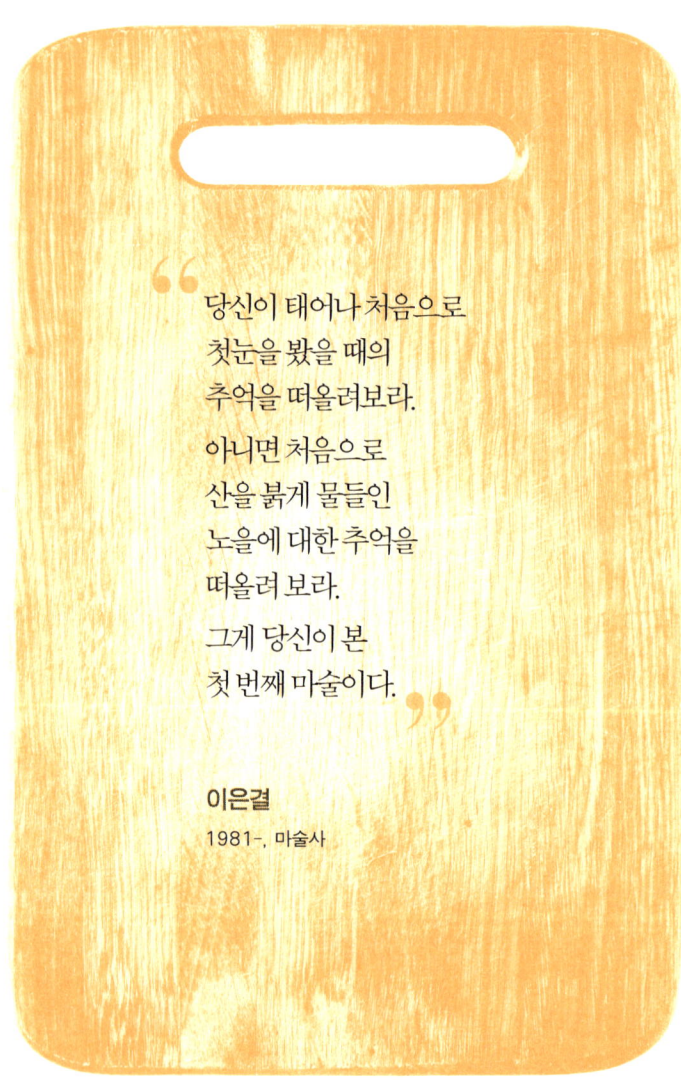

당신이 태어나 처음으로
첫눈을 봤을 때의
추억을 떠올려보라.
아니면 처음으로
산을 붉게 물들인
노을에 대한 추억을
떠올려 보라.
그게 당신이 본
첫 번째 마술이다.

이은결

1981-, 마술사

아이디어 찾기

잠자기 직전 침대에 누워 있을 때 아이디어가 잘 떠오른다. 그래서 아이디어를 잊지 않으려고 침대에서 책상까지 왔다갔다 반복하거나 침대 머리맡에 놓인 스마트폰을 찾아 주섬주섬 몸을 일으킨다. 침대에서 떠오른 생각들은 온종일 고민했던 현실의 문제를 단번에 해결할 수 있는 해답의 실마리를 마련해준다. 물론 그 아이디어를 완성하기 위해서는 더 많은 시간과 노력이 뒷받침되어야 하지만 말이다.

결핍이 아이디어를 낳는다

필요는 발명의 어머니라는 말이 있다. 아이디어는 항상 결핍된 상황에서 탈피하고자 할 때 나온다. 부산 지역에서 유명한 밀면 역시 결핍에서 탄생한 음식이다. 밀면은 냉면의 재료가 너무 비싸 밀가루로 면을 만들면서 탄생했다. 순대에 당면이 들어가게 된 것 역시 부산 지역이 최초라고 한다.

『모닝캄』 2012년 5월호에는 다음과 같은 기사가 실려 있다.

"멍게 비빔밥의 탄생 역시 먹을 게 없어서였다. 멍게 비빔밥이 처음 만들어진 곳은 거제도라고 한다. 한국 전쟁 당시 거제도에 대규모 포로수용소가 들어서던 무렵 먹거리가 귀해졌기 때문에 주린 배를 채우기 위해 바닷가에서 잡을 수 있는 것은 뭐든 구해다 밥에 비벼 먹게 되면서 멍게 비빔밥이 생겨났다는 것이다."

이런 탄생 배경은 우리나라 음식만의 특징이 아니다. 브런치로 인기가 높은 이탈리아 피렌체의 대표적인 샐러드인 '판자넬라 샐러드'는 딱딱하게 굳어버린 바게트 빵을 양념에 촉촉하게 적셔 먹는 샐러드이다. 샐러드라는 이미지가 주는 우아함과 달리 집안에 남은 음식 재료를 재활용하는 결핍에서 탄생한 요리다.

오늘날 즐겨 먹는 아이스크림콘에도 결핍이라는 탄생 배경이 숨겨져 있다. 아이스크림콘은 1904년 미국 세인트루이스 국제 박람회 과정에서 당시 아이스크림을 팔던 한 상인에 의해 우연히 만들어졌다. 아이스크림이 잘 팔려서 준비해온 아이스크림 접시가 동이 나자 순간적으로 와플을 팔던 옆 가게에서 접시 대신 와플을 빌려 아이스크림을 둘둘 말아 쓴 것이 아이스크림콘의 탄생 계기다.

결핍이 아이디어를 낳은 사례는 많다. 스티브 잡스와 함께 애플을 창업한 스티브 워즈니악Steve Wozniak은 고등학교 때 PC라는 개념 자체가 생소하던 시절이었지만 관련 잡지를 보면서 독학으로 가장 효과적인 자신만의 PC를 만들어냈다. 더구나 그의 설계는 다른 어떤 기업의 설계보다 훨씬 더 저렴하게 제작할 수 있었다.

그는 자신이 우수한 능력을 갖추게 된 원인을 가난 때문이라고 설명했다. 매우 어려운 경제 환경 속에서 충분한 재료를 살만큼 돈이 없었기 때문에 직접 제작을 해보기 전에 머릿속으로 수없이 만들어 보고 뒤집는 과정을 거쳤던 것이다.

만약 충분한 제작비가 있었다면 더 비싼 재료로 제작해도 만족했을 수 있겠지만 그는 극도로 비용을 아껴야 했기 때문에 가장 효과적인 방법을 고민했다. 그래서 재료비를 아끼기 위해 수도 없이 머릿속으로 설계를 변경하면서 최적의 방법을 찾아냈다. 그 결과는 최저 비용의 PC 설계라는 놀라운 성과물이었고 스티브 잡스와 스티브 워즈니악은 이를 바탕으로 애플이 만든 최초의 PC인 '애플I'과 이를 개량한 '애플II'를 양산하면서 애플 신화의 서막을 연다.

위기는 기회라는 말이 있다. 위기가 기회인 이유는 위기라는 상황이 질문을 던지고 그 질문이 새로운 돌파구를 만들어내기 때문이다. 그러므로 위기가 닥치면 당황하지 말고 위기를 맞이하라. 새로운 쇼를 즐길 기회가 될 테니 말이다.

모순된 요구 사항이 아이디어를 만든다

마쓰히사 노부유키의 LA 식당에서 어느 날 한 여성이 생선초밥을 주문했다. 그때만 해도 미국인에게 생선초밥은 그리 익숙한 음식이 아니었다. 그 여성은 날생선은 도저히 못 먹겠다. 접시를 다시 가져가라"라고 말했다. 접시를 가져온 요리사는 고민하다 아이디어를 떠올렸다. 그는 뜨거운 올리브유를 발라서 생선초밥 일부만 익혔다. 그리고 생선초밥을 가져가 한 번만 더 맛을 봐 달라고 부탁했다.

그 여성은 생선초밥을 한 입 먹어보고 잠시 후 접시를 모두 비웠다고 한다. 만약에 손님이 전통적인 생선초밥을 먹는 데 거부감을 느끼지 않았거나 또는 요리사가 '저런 손님은 어쩔 수 없어. 생선초밥을 안 좋아하는데 내가 알게 뭐야'라고 생각했다면 새로운 생선초밥 아이디어는 탄생하지 못했을 것이다.

새로운 요리는 상반된 요구사항에서 출발한다. 메이지 시대에 '육식을 금기시하던 불교문화에서 국민이 즐겨 먹을 수 있는 돼지고기 요리를 만들 수는 없을까?'라는 질문에서 서양식 포크커틀릿을 일본화한 '돈가스'가 탄생했다. 르네상스 시대 이탈리아에서 '중국에서 건너온 국수를 이탈리아식으로 요리할 순 없을까?'라는 질문에서는 '스파게티'가 나왔다. '빵과 고기를 함께 빠르게 먹을 수는 없을까?'라는 질문에서 '햄버거'가, '집에서 라면을 쉽게 요리해 먹을 수 없을까?'라는 질문에서 '인스턴트 라면'이 등장했다.

아이디어는 두 개의 상반된 요구사항에서 출발한다. A와 A가 아닌 것을 동시에 조합하려고 노력하면 아이디어가 생겨난다. A가 A가 아닌 것이 되는 변증법적 사고는 아이디어의 산실이다. 상반된 요구사항을 충족시키려는 노력은 성공한 아이디어의 필요조건이다. 에디슨의 전구 발명은 양초 없이 불을 만드는 방법을 찾겠다는 요구사항에서 출발했으며, 다이슨 사(社)의 청소기는 먼지 봉투를 갈아 끼우는 번거로움이 없는 청소기에 대한 요구사항에서 탄생했다.

미국에서는 한식과 타코를 결합한 퓨전 한식인 '코릴라 트럭'이라는 푸드 트럭이 인기라고 한다. 이곳에서는 포키네이터(porkinator, 돼지고기 김치 타코), 원더 버드(wonder bird, 닭고기 김치 타코)처럼 재치 있는 영어식 이름의 음식들이 인기다. 한식에 관심이 있는 미국인들이 쉽게 음식을 접할 수 있도록 그들에게 익숙한 타코 스타일로 요리를 개발한 것이다. 이들은 반찬이나 국처럼 미국인이 이해하기 어려운 요소들을 과감히 없애고 '미국인이 좋아할 수 있는 한식'이라는 두 가지 상반된 요구사항에서 아이디어를 탄생시켰다.

1980년대 정부에 의해 과외 금지 조치가 내려졌을 때 4,000명의 회원을 보유하고 있던 과외 업체가 있었다. 하루 아침에 문을 닫게 생긴 이 업체의 대표는 사업을 포기하는 대신 과외를 하지 않으면서도 사업체를 발전시키는 새로운 아이디어를 만들어냈다. 바로 '학습지 방문 서비스'였다. 이 서비스는 학생이 있는 가정에 학습지를 들고 가서 그 자리에서 학생에게 문제를 풀어주고 돌아오는 것으로 정부의 '과외' 조건에 해당하지 않았다.

이를 통해 이 업체는 폭발적으로 성상했다. 바로 우리나라 최고의 교육 업체 ㈜대교다. 대표 강영중 회장은 2012년 6월 29일 자 『조선일보』와의 인터뷰에서 아이디어가 나오게 된 배경을 이렇게 회상했다.

"1대1 방문 교육이라는 아이디어를 생각해내는 데 3개월이나 걸렸다는 게 지금도 이상하다. 아이들이 올 수 없다면 우리가 찾아가면 되는 것이었다…… 내가 생각해도 1대 1 방문식 수업은 참 효과적인 교육 방식이다. 아이의 심리 상태, 가정환경에 맞춰 학습을 진행할 수

　　　　　　　　　　　　　2부 아이디어의 착상

있으니까. 세계적으로도 유례가 없는 방식이었다."

경험은 아이디어의 원천이다

다양한 음식재료를 접하고 다양한 음식문화를 경험하면 새로운 요리의 아이디어가 떠오른다. 그것이 바로 파스칼 바흐보Pascal Barbot의 요리 철학이다. 『미슐랭 가이드』 별점 3개를 받고 『레스토랑』지 선정 세계 50대 레스토랑에 오른 '라스트랑스'의 수석 셰프 파스칼 바흐보는 요리계의 방랑가라고 불린다. 그는 동서양의 다양한 음식재료를 가지고 요리를 하는데, 자신의 요리에 세계 각지의 역사와 문화가 깃들어 있다고 자부한다.

그는 프랑스 태평양 함대 제독함의 수석 셰프로 1년 동안 남태평양 뉴칼레도니아에서 근무하면서 피지, 뉴질랜드, 통가, 인도네시아 등 남태평양 여러 곳에서 코코넛, 그린 망고, 파파야, 파인애플과 향신료를 응용하는 법을 배웠다. 지금도 화요일부터 금요일까지만 식당을 운영하고 세계 각지를 여행하면서 값진 음식문화 경험을 쌓아 '라스트랑스'의 메뉴를 만들고 있다.

경험은 구체적이라는 점에서 아이디어 요리의 기본이 된다. 경험해보지 않은 사람은 경험한 사람이 가지는 아이디어의 구체성을 따라갈 수 없다. 우리가 어떤 신규 프로젝트를 다 마쳤을 때쯤에야 어떻게 일을 해야 하는지를 알게 되는 것 역시 경험만이 줄 수 있는 구체적 인식 때문이다. 유명한 음식점이 대를 이어 손님이 끊이지 않는 이유가 바로 그 점이다. 한번 형성된 비법은 그 식당의 자산이 되어 넘볼 수 없는 경쟁력이 되기 때문이다. 반면에 새로 개업한 식당은 그런 경험의 비법을 쌓기 전에 문을 닫기도 한다. 경험의 힘에서 비롯되는 차이다.

경험을 가진 사람만큼 좋은 아이디어를 낼 수 있는 사람도 없다. 이 것은 온 국민의 사랑을 받은 『나의 문화유산 답사기』를 쓴 유홍준의 아이디어 철학이다. 자신의 경험을 회상해보면 아이디어가 떠오른다. 자신의 기억을 돌아보면 기억 속에 저장된 좋은 경험을 발견할 수 있기 때문이다.

경험이 아이디어를 주는 이유는 인접확장론을 통해서 알 수 있다. 인접확장론은 미국의 생물학자인 스튜어트 카우프만의 이론이다. 진화는 한 개의 방에 들어가면 세 개의 벽면에 각각의 문이 있고 각각의 문을 열고 새로운 방으로 들어가는 것과 같이 이루어진다고 설명하는 진화 방식 이론이다.

인접확장론에 따르면 진화가 단계적 과정을 거쳐 이루어진다는 점을 명확히 이해할 수 있으며 진화의 가능성과 한계를 동시에 바라볼 수 있는 장점이 있다. 과학 칼럼니스트 스티븐 존슨Steven Johnson 은 저서 『탁월한 아이디어는 어디서 오는가?Where Good Ideas Come From』에서 인접확장론을 인용하며 역사적인 과학사의 아이디어는 경험을 통해 한 단계씩 발전되어 가는 것이지 어느 날 하늘에서 뚝 떨어지는 이론은 없다고 설명한다.

세계적인 베스트셀러 『은하수를 여행하는 히치하이커를 위한 안내서』 역시 경험에서 아이디어가 시작됐다. 작가 더글러스 애덤스

Douglas Adams는 명문 케임브리지 대학을 졸업하고 희곡 작가로 연극계에 진출했다. 하지만 이렇다 할 히트작을 만들지 못하던 어느 날 BBC로부터 공상과학 라디오 드라마 대본을 써달라는 제안을 받는다. 새로운 이야기 구상에 몰두하던 그는 문득 젊은 시절의 기억을 떠올리게 된다.

대학교 입학을 앞둔 그는 유럽 횡단 여행을 가기로 마음먹은 후『유럽 여행 히치하이킹 안내서』라는 책을 산다. 이 책을 들고 이곳저곳을 여행하던 어느 날, 오스트리아 인스부르크에서 맥주에 취한 그는 노숙을 하기로 하고 벌판 위에 누워 가만히 밤하늘의 별을 바라보다가 재미난 아이디어를 생각해낸다.『유럽 여행 히치하이킹 안내서』가 아니라『은하수 여행 히치하이킹 안내서』 같은 책이 있다면 어떨까 하는 생각이었다.

그는 그런 생각을 하며 잠이 들었다. BBC로부터 라디오 드라마 대본을 의뢰받은 후, 그는 그때 일을 떠올렸고 이를 바탕으로 멋진 공상과학 소설을 만들어낸다. 라디오 드라마 '은하수를 여행하는 히치하이커를 위한 안내서'는 크게 히트를 했다. 애덤스는 1980년 동명의 제목으로 소설을 출판하면서 더욱 큰 성공을 거둔다. 총 다섯 권의 시리즈로 구성된 이 소설은 전 세계로 번역되고 TV 드라마, 영화, 컴퓨터 게임으로 제작되는 등 그를 공상과학 코미디 장르의 개척자로 만들었다.

경험의 중요성은 서양 의학의 발전과정에서도 확인할 수 있다. 중세 시대에 의과는 귀족의 자제로 이뤄진 내과 의사와 평민층이 이발

사와 외과 의사를 겸한 이발 외과 의사로 구분되었는데 이발 외과 의사는 당시 법에 따라 내과 의사의 통제를 받아야 했다. 하지만 이발 외과 의사는 현장 경험이 풍부했기 때문에 해부학이 발전하고 무균법이 도입되면서 점차 전문적 영역으로 발전했고 마침내 1731년 외과 의사의 전문성을 공식적으로 인정받았다. 외과 의사 지위의 변화에는 경험이 가장 중요한 역할을 한 셈이다.

우연에서 아이디어가 탄생한다

새로운 요리의 탄생에 우연은 중요한 계기가 된다. 스리랑카의 국민요리인 '코트 로티' 역시 남아 있는 재료로 탄생한 요리다. 코트 로티는 중동 지방의 밀가루 부침개 같은 떡 모양의 '로티(인도식 빵)'와 채소, 고기를 뜨거운 철판에 올리고 카레 소스를 부어 칼로 다진 요리로 어느 날 일과를 마친 요리사가 로티와 카레가 조금 남아 있는 걸 발견하고 버리기가 아까워 만들었다고 한다.

시저 샐러드의 탄생도 같다. 시저 샐러드는 안초비의 독특한 향이 살짝 스치는 드레싱이 매력인 샐러드로 세세의 많은 레스토랑에서 쉽게 만날 수 있는 요리다. 이 샐러드는 1924년 7월 4일 미국 독립기념일에 요리사 시저 카디니Caesar Cardini라는 요리사가 개발했다고 알려졌다. 이탈리아 출신의 시저 카디니가 재료가 떨어져 주방에 남아 있던 음식재료로 급하게 만들었다는 일화가 있다.

실수가 새로운 요리를 만들기도 한다. 1920년대 미국의 한 레스토랑 요리사가 햄버거를 태웠다. 당황한 요리사는 까맣게 탄 부분을 치

2부 아이디어의 착상

즈 조각 아래 감춰놓고 시치미를 뗐다. 이 사실을 모르는 종업원은 그대로 손님에게 갖다 줬고 손님은 이 새로운 햄버거에 만족했다. 그 후 맛있다는 소문이 나면서 이 가게의 대표 요리로 대박을 터뜨렸다. 치즈버거가 탄생한 순간이었다.

아이디어도 마찬가지다. 우연은 아이디어 탄생에서도 중요한 구실을 한다. 찰스 다윈이 갈라파고스 군도에서 섬마다 다른 형태를 띤 바다 거북이의 진화를 보지 못했다면 진화론의 발견은 좀 더 어려웠을지 모른다는 말이 있다. 바다 거북이의 진화는 다윈이 전혀 예상치 못한 우연한 발견이었지만 진화론 발견의 결정적 계기가 되었기 때문이다.

신용카드라는 아이디어 또한 우연의 산물이다. 1949년 미국인 사업가 프랭크 맥나마라Frank McNamara는 뉴욕의 어느 레스토랑에서 우아한 저녁 식사를 마치고 계산을 하려다 지갑을 호텔에 두고 온 사실을 깨달았다. 레스토랑에서 간신히 망신을 면하고 호텔로 돌아온 그는 친구들에게 그 경험을 이야기하다가 많은 사람이 자신과 비슷한 경험을 한 사실을 알게 됐다.

그는 변호사인 친구 랄프 슈나이더Ralph Schneider의 도움을 받아 단골 식당에서 '신용으로 결제하는 카드'에 대한 아이디어를 생각해낸다. 이듬해 드디어 세계 최초의 신용카드인 '다이너스 카드'가 탄생했다. 맥나마라가 만약 지갑을 놓고 오는 실수로 창피를 당한 후 직관적으로 '돈이 없어도 구매할 수 있는' 아이디어를 생각해내지 못하고 그저 '내일부터는 지갑을 잘 가지고 다녀야지'라는 생각을 했다면 신용카드로 상품을 구매할 수 있는 시기는 한참 늦어졌을 것이다.

하지만 우리에게 중요한 것은 우연과 필연의 차이가 아니다. 우연을 위대한 아이디어로 발전시키기 위해서는 '1퍼센트의 영감과 99퍼센트의 노력'이 발명을 만들었다는 에디슨의 말처럼 개인의 끈질긴 노력이 뒤따라야 하기 때문이다.

우연은 개인의 의지와 환경이 상호 작용하는 순간 필연이 되는지도 모른다. 우연은 아이디어에서 하찮은 존재가 아니라 우리 삶이 발전할 수 있는 필연적인 계기를 마련해주는 존재다. 이를 위해서는 평범함 속에서 비범함을 발견하는 눈이 필요하다.

"우리는 듣기는 해도 사실 그 의미를 파악하지 못하고 보기는 해도 사실 그 의미를 인지하지 못하고 지나는 경우가 많이 있습니다."

광고 기획자인 박웅현 씨의 말이다. 그는 시이불견 청이불문視而不見 聽而不聞이란 말을 인용했다. 하늘에서 뚝 떨어지는 아이디어는 없다. 주변 환경을 주의 깊게 보지 않는다면 데이터는 데이터로 끝날 뿐이다.

고정 관념을 버려라

"왜 그렇게 하면 안 되는 거야?"

문제에 대한 답을 찾지 못할 때 기존의 고정관념에 대해 거꾸로 생각해보는 시도는 새로운 아이디어를 얻기 위한 가장 간편한 방법이다. 거꾸로 생각하기는 고정관념을 깨기 때문에 풍부하게 아이디어를 찾을 수 있다. 고정관념은 견고하게 자유로운 상상을 방해하기 때문에

2부 아이디어의 착상

고정관념을 깨지 않는다면 새로운 아이디어를 만들어내기 어렵다.

　도넛에 구멍이 뚫린 것도 그런 고정관념을 깨면서 시작됐다. 1847년 한슨 크로켓 그레고리 Hanson Crockett Gregory라는 15세 소년이 집에서 엄마가 해주던 빵 가운데 부분이 설익은 채로 요리되는 것을 보고, 장난치듯이 포크로 가운데에 구멍을 내고 빵을 구웠다고 한다. 이 빵은 구멍이 뚫린 덕에 골고루 익었다.

　사람들은 이 빵이 너트 모양으로 생긴 밀가루 반죽이라는 의미로 도넛doughnut이라는 이름을 붙였다. 그 소년이 커서 배를 타는 선장이 되어 배의 운전대에 도넛을 꽂아 놓고 먹으면서 사람들에게 알려졌다는 이야기도 있다.

　모든 라면은 빨간 국물이어야 한다고 생각했지만 KBS '남자의 자격' 라면 요리 대회에서 나온 아이디어를 제품화한 '꼬꼬면'은 담백하고 칼칼한 맛으로 소비자의 입맛을 사로잡았다. '꼬꼬면'의 성공은 "왜 안돼?"라는 질문의 결과였다. 그 여파로 경쟁적으로 하얀색 국물로 맛을 낸 제품들이 쏟아지면서 라면 시장 전체가 성장하는 순기능을 가져오기도 했다. 하얀 국물이 빨간 국물보다 맛있다거나 하는 문제가 아니다. 기존의 고정관념을 깰 수 있다는 사고의 전환이 핵심이다.

　고정 관념을 깨는 것은 다양한 분야에서 성과를 나타낸다. 국내 공연 사상 최고의 히트작인 「난타」의 제작자 송승환은 2010년 9월 12일 자 『한국경제』와의 인더뷰에서 「난타」의 성공 요인을 이렇게 설명했다.

　"부엌이란 공간에서 요리사가 음식을 만드는 공연은 처음이었어요.

주방도구를 두드려 새로운 리듬을 만든 것도 관객의 상상력을 뛰어넘었고요. ……초연할 당시 극장 입구에서부터 관객을 놀라게 했어요. 휴대전화를 끄지 않아도 되고 어린이를 동반해도 되며 음식물을 갖고 들어와도 된다고 써붙였거든요. 공연 상식을 깨니까 관객들이 즐거워하더군요."

요리사의 사고 능력

요리는 정해진 방법대로 아무렇게나 만드는 것이 아니다. 요리사의 종합적인 사고 과정을 거쳐서 요리가 완성된다. 때로는 직관이 때로는 논리가 필요하다. 이런 점은 일상생활에서 아이디어를 만들어내는 과정 역시 마찬가지다. 아이디어 요리를 만드는 데 필요한 유용한 사고 능력에는 어떤 것들이 있을까? 요리사의 대표적인 사고 능력을 살펴보자.

직관

직관은 요리사에게 중요한 역할을 한다. 『레스토랑』지 선정 세계 100대 레스토랑에 선정된 스웨덴의 '페비켄'의 세프 망누스 닐손Magnus Nilsson은 노르딕 퀴진의 대표 주자다. 그는 『모닝캄』 2012년 3월호에서 기계적으로 조리 시간과 재료 양에 의존하는 젊은 요리사들을 비판하며 직관적 조리법에 대해 이렇게 설명했다.

"고기를 요리하는 건 그 재료와 대화를 나누는 것과 마찬가지니까요. 덩어리마다 고유의 마블링과 질감이 있기 때문에 어느 것 하나 똑같은 게 없어요. 이런 건 딱 보고 직화로 요리하는 게 가장 훌륭한 방법입니다."

그는 자신의 대표 요리를 원시적이고 투박한 방법으로 조리한다. 양념을 전혀 하지 않은 가리비를 향나무 가지 장작불에 그저 굽기만 한다. 하지만 신선하면서도 청량한 국물이 조갯살에 흠뻑 밴 완벽한 상태를 구현하기 위해서 많은 노력이 필요하다고 한다.

직관적 판단의 위력을 우리도 일상생활에서 느낀다. 무언가 잘못되었다는 느낌 말이다. 말콤 글래드웰Malcolm Gladwell은 『블링크』에서 작가 사물을 바라보는 직관적 판단력의 경이로움을 소개한다. 이 책은 1983년 미국의 J. 폴 게티 박물관이 고대 그리스 조각을 구매하는 과정으로 이야기가 시작된다. 이 박물관은 완벽히 보존된 BC 6세기의 고대 그리스 조각품을 구매하기 위해 이 조각이 위작인지 진품인지를 과학적으로 조사했으나 끝내 위작임을 입증하지 못했다.

하지만 고대 그리스 유물의 전문가들은 한결같이 이 조각이 위작일 가능성이 높다는 점을 한눈에 알아차렸다고 한다. 전문가들은 후에 이 조각을 보고 첫눈에 본능적인 '반감'을 느낀 것이다. 그들이 한눈에 문제점을 알아볼 수 있었던 것이 바로 직관의 힘이다.

미국 아이오와 대학교에서 직관력에 대해 실험했다. 네 팩의 카드를 앞에 놓고 도박사가 카드를 뒤집는 게임을 했는데 파란색의 두 팩

2부 아이디어의 착상

의 카드는 적게 가져가도 큰 위험이 없는 반면 빨간색으로 된 두 팩의 카드는 보상이 크지만 위험 부담이 훨씬 더 큰 지뢰밭이었다.

그 결과 실험 참가자들은 80장의 카드를 뒤집을 때쯤이면 무엇이 유리한지 무엇이 불리한지 의식적으로 인지한다고 한다. 그런데 거짓말 탐지기를 이용해서 손에 땀을 측정한 결과, 도박사들은 실제로 그런 사실을 인지하기도 전에 이미 손에서는 빨간색 팩의 카드를 들 때에 땀이 나고 있다는 실험결과가 나왔다. 이 실험은 인간은 위험요소를 의식적으로 인지하기 전에 본능에 따라 이미 파악한다는 '직관'의 능력을 입증했다.

직관은 깨달음을 일으킨다. 어느 불교의 고승이 득도한 뒤 불당 안의 불상을 불쏘시개로 써버렸다는 일화가 전해져 내려오는데 득도란 생각의 끝까지 가보았다는 말이다. 극한까지 생각해보는 것은 자신이 가 볼 수 있는 세상의 끝을 가본다는 뜻이다. 그 여행은 아이디어만이 줄 수 있는 묘미다.

『중용』에서 자로子路가 공자孔子에게 "스승님, 강함이란 무엇입니까?"라고 물으니 공자가 대답하길 "네가 말하는 강함은 남방지강을 말하느냐 북방지강을 말하느냐?"라고 반문했다고 한다. 이와 같은 자로와 공자의 질문과 대답은 불교의 선문답이라고도 한다. 선불교에서 선문답은 불교의 명상법으로 화두를 중심으로 일거에 깨달음을 주는 수도방식이다.

유추

'토마토 두부 샐러드'라는 샐러드가 있다. 흔한 토마토 샐러드에 두부가 추가된 것이다. 누가 두부를 처음 샐러드에 넣어 요리하기 시작했는지는 알 수 없다. 하지만 그 발상은 상큼한 맛과 보완을 이루는 담백한 맛의 조화를 통해 다양한 맛을 내려는 의도였을 것이다. 또 동시에 서양식 샐러드에 동양식 음식재료를 결합하려는 의도도 있었으리라 짐작된다. 이러한 동서양의 조합은 샐러드를 우리 음식 문화의 '찬 나물'로 본 문화적 인식이 깔린 유추의 결과다.

아르키메데스의 일화는 어떻게 아이디어가 유추를 통해 나타나는가를 보여준다. 아르키메데스는 자신이 모시던 왕이 세공업자가 왕관을 순금으로 만들지 않고 불순물을 넣어 금의 무게를 속였다고 의심하게 되면서, 왕관에 들어간 정확한 금의 무게를 알아내라는 명령을 받는다. 하지만 아르키메데스는 아무리 생각해도 다른 금속이 섞여 있는지를 알아낼 방법이 떠오르지 않았다.

아르키메데스는 피로를 풀기 위해 목욕탕에 들어가면서 욕조 속으로 몸을 집어넣는 순간 자신의 몸무게로 물이 밀려 나가는 것을 보면서 왕관과 같은 무게의 순금 덩어리를 물에 집어넣으면 같은 양의 물이 밀려 나올 것이라는 부력의 원리를 발견했고 기쁜 나머지 벌거벗은 채로 "유레카(알았다)!" 외치며 환호했다.

유추는 둘 혹은 그 이상의 현상들 사이에 기능적으로 유사하거나 일치하는 내적 관련성을 알아내는 것이다. 유추를 의미하는 아날로지Analogy라는 말은 라틴어 아날로기아Analogia에서 온 말로, 아날로

2부 아이디어의 착상

기아는 아나Ana(~에 따라, According to)와 로고스Logos(비율, 언어)의 의미가 있고 수학 용어로 사용되기도 한다. 비유가 표현하는 것에 목적이 있다면 유추는 생각하는 것에 목적이 있다.

유추가 '사과가 땅에 떨어지는 것을 통해서 지구의 중력을 떠올리는' 사유의 영역이라면 비유는 '당신의 얼굴은 사과처럼 예뻐'라고 말하는 것과 같이 한 측면을 강조하기 위한 표현의 영역이다. 따라서 비유와 달리 유추는 원리를 파악하는 핵심적인 지적 능력이다.

유추는 천재의 창의적 능력이다. 로버트 루트번스타인 Robert Root Bernstein은 『생각의 탄생』에서 유추를 창의적인 아이디어를 만들어내는 도구로 꼽는다. 레오나르도 다빈치는 언젠가 우물 주위에 서 있다가 근처 교회 종탑에서 종이 울리는 것과 동시에 물에 던져진 돌멩이가 만든 파장을 보았다. 우물 안에 그려진 원과 종소리에 집중하면서 그는 소리가 '파장'으로 움직인다는 새로운 관계를 도출했다.

뉴턴이 아무 생각 없이 사과나무 밑에 있었다고 만유인력의 법칙이 떠올랐을까?

중력에 대한 고민을 통해 뉴턴은 떨어지는 사과를 보고 만유인력의 법칙을 유추해냈다. 사과가 떨어지는 것을 통해 지구가 사람을 끌어당기는 중력의 법칙을 발견하고 이를 확장해서 태양이 지구를 끌어당기는 만유인력의 법칙을 발견해낸 것은 유추라는 사고 활동의 과정을 통해서다.

메타포로 생각하기는 유추력을 기르는 좋은 훈련이 된다. 『화성에서 온 남자, 금성에서 온 여자』에서는 서양의 전통에서 비너스라는 금성의 명칭 자체가 남성을 상징하고 마르스라는 화성의 명칭은 여성을 상징한다는 점에 착안해서 남자를 화성과 여성을 금성과 비교했다.

연상

'고구마 우유조림'이라는 요리가 있다. 이 요리는 어떻게 만들어진 것일까? 이 요리는 고구마 라떼에서 연상된 것이다. 연상은 새로운 요리를 만드는 데 중요한 역할을 한다. '가든 샐러드'는 채소 위주의 샐러드로 말 그대로 정원을 떠올리며 먹게 한다. 삼청각의 대표 메뉴는 '수라'라는 이름을 가지고 있어 옛날 임금님께 진상하던 이미지를 가져와서 만든 연상의 결과물이다.

우리가 연관이 없다고 생각하는 A, B는 정말 서로 연관이 없을까? 그렇지 않다. 연상은 칼국수 집에서 옹기그릇을 많이 쓰면 옹기그릇 장사가 잘되는 밀접한 연관성을 떠올릴 수 있는 능력이다. 비즈니스 또한 연상력에 좌우된다. 택배 트럭의 파업은 온라인 쇼핑몰의 영업을 중단시킬 정도로 연관되어 있다. 연상은 그러한 연관관계를 떠올릴 수 있는 능력이다. 연상은 투자에서도 중요한 역할을 한다.

"성공적인 투자란 다른 사람들이 어떻게 예측할지 예측하는 것이다."

경제학자 존 메이너드 케인스John Maynard Keynes가 한 말이다. 현명한 투자자라면 다른 투자자들의 생각을 연상할 수 있어야 한다. 에셋플러스자산운용㈜의 강방천 회장은 주식 선정의 비결을 연상 작용이라고 설명한다. 연상 투자는 어릴 때부터의 훈련의 결과였다고 말한다. 그는 지도를 좋아해서 지도 낱장을 벽에 붙여놓고 들여다보며 상상을 했다고 한다. 그는 그의 저서 『강방천의 투자이야기』에서 밝혔다.

"한눈에 볼 수 없는 세상을 종이 한 장에 옮겨놓은 게 지도입니다. 넓은 지역을 담을수록 중요하지 않은 정보들이 빠지게 되죠. 어릴 적 우연히 주위 벽에 붙여놓았던 지도 한 장이 복잡한 것을 단순하게 정리할 수 있는 능력을 길러준 것 같습니다."

가정

역사상 가장 긴 이름을 가진 요리는 고대 그리스의 희극작가인 아리스토파네스Aristophanes의 상상력에 의한 요리였다. '로파도테마코셀라코갈레옥라니올레입사노드림히포트리마토실피오파라오멜리토카타케키메노키클레피코시포파토페리스테랄렉트리오놉테케팔리오키그클로펠레이올라고이오시라이오바페트라가놉테리곤λοπαδοτεμαχοσελαχογαλεοκρανιολειψανοδριμυποτριμματοσιλφιοκαραβομελιτοκατακεχυμενοκιχλεπικοσσυφοφαττοπεριστεραλεκτρυονοπτοκεφαλλιοκιγκλοπελειολαγωοσιραιοβαφητραγανοπτερύγων'라는 이름의 이 요리는 그리스어로 171글자다.

해석하자면 '고기, 소스, 반찬 등을 총집합한 접시' 정도다. 요리의 재료는 생선 조각, 상어 머리, 게, 새우, 가재의 종류, 꿀, 개똥지빠귀, 대륙검은지빠귀, 서양냉비둘기, 집비둘기, 닭, 논병아리의 머리, 멧토끼, 머스트, 와인, 날개, 지느러미 등이라고 한다.

창의력 전문가 마이클 미칼코는 상상이 창의력 향상에 큰 도움을 주는 방법이라고 주장한다. 이 책에서는 레스토랑을 여는 상상들을 통해 새로운 발상을 해보는 예를 들고 있다.

만약 메뉴가 없는 레스토랑이라면 어떨까? 주방장은 모든 고객에게 자신이 그날의 재료를 이야기해주고 고객이 재료를 선택하면 고객이 원하는 음식을 만들어준다. 음식을 공짜로 주는 레스토랑이라면 어떨까? 음식 값 대신 시간에 돈을 매기는 야외 카페. 시간 측정기를 사용해 사용한 시간만큼 요금을 부과한다. 음식을 아예 제공하지 않는 음식점이라고 가정하면 어떨까? 사람들은 음식과 음료수를 가져오게 하고 장소에 대한 서비스 요금을 부과한다.

상상은 수많은 아이디어를 끌어내는 장을 열어준다. 영국의 마케팅 상담사 세스 고딘Seth Godin은 성공적인 마케팅을 위해서는 기존 고정관념을 깰 수 있는 새로운 상상을 통해 고객에게 강한 이미지를 각인시켜야 한다고 주장했다. 이 책을 읽은 지 수년이 지났지만 아직도 상상 속의 보라색 소는 강렬한 이미지로 남아 있다.

가정은 상상의 한 방법이다. 만약 아직도 미국이 영국의 식민지였다고 가정해보자. 어떤 일들이 일어날까? 굉장히 재미있는 이야기가 전개될 것이다. 우리나라에도 우리나라가 아직도 일본의 식민지라는 가정을 전제로 이야기를 풀어낸 작가 복거일의 소설 『비명을 찾아서』가 있다. 이 소설은 이토 히로부미가 안중근의 총에 죽지 않고 그 후 16년 동안 활발히 활동하며 조선을 완벽한 일본의 식민지로 만든다는 가정에서 출발했다.

서로 자신의 아이라고 주장하는 두 여인에 대한 솔로몬 왕의 명판도 가정에서 만들어졌다. 왕은 두 여인에게 아기를 서로 잡아당겨 이기는 편이 아이를 가져가라는 잔인하고도 어이없는 판결을 내린다. 하지만 그것은 진짜 엄마를 가리는 명판결이었다. 지시에 따라 두 여인이 아기를 잡아당기다가 한 여인이 포기하자 왕은 그 여인이 아기의 친엄마라는 판결을 내린다.

　이 이야기는 솔로몬 왕의 지혜로움을 상징하는 이야기로 많이 등장한다. 그 아이디어는 어디에서 나왔을까? 가정에서 나왔다. '만약 두 여인에게 아이를 잡아당기라고 하면 친엄마는 어떻게 할 것인가?'라는 가정에서 정말 친엄마라면 그런 짓을 할 수 없을 것이라는 결론에 도달했고 그 아이디어로 가짜 엄마를 가려낼 수 있었다.

아이디어 재료 선택

이탈리아에 여행을 갔을 때다. 나폴리의 한 허름한 식당에 도착해서 갓 요리한 스파게티를 먹었다. 신선한 토마토 재료와 뜨겁기까지 한 국수는 우리나라 레스토랑에서는 쉽게 맛볼 수 없었던 감동적인 맛이었다. 그 지역에서 생산된 신선한 재료로 갓 요리한 음식이 가장 맛있는 음식이다.

아이디어도 마찬가지다. 신선한 재료가 있다면 이미 아이디어의 반은 성공한 셈이다. 신선한 재료가 없이 좋은 아이디어를 요리하기란 매우 어려운 일이다.

싱싱한 재료를 사용하라

CJ 외식업계 전체의 로고에서 제품 메뉴까지 책임지는 노희영 고문은 CJ로 옮기기 전 오리온에서 '마켓오' 브랜드를 론칭하며 식품업계

2부 아이디어의 착상

에서 스타의 반열에 올랐다. 그녀가 제시하는 식품 사업의 전략은 '기본으로 돌아가기'다.

그는 모든 식품 사업을 신선한 재료에서 시작했다. 그 덕분에 CJ의 외식 사업에 많은 변화가 생겼다고 한다. 2011년 10월 25일 자 『신동아』와의 인터뷰에서 그녀는 다음과 같이 말했다.

"내가 전 세계 내로라하는 요리사들 만나보면, 전부 다 자신의 경쟁력은 신선한 재료에 있다고 말해요. 누구도 자신의 요리 기술이 좋아서라고 답하지 않아요. CJ는 밀가루와 설탕으로 시작한 회사예요. 2차 가공만 하는 회사랑은 달라요. 기본을 갖췄다는 점에서 다른 어느 기업보다 우월한데 그 장점을 살리지 못하고 있었어요."

많은 요리업계 전문가들은 재료의 중요성을 이야기한다. 영국 왕실이 선택한 요리사인 앤톤 모시먼Anton Mosimann은 자신의 요리 철학은 재료 자체의 맛을 살리는 것이라고 말했다. 그는 닭고기는 닭고기 맛이, 생선은 생선 맛이 나야 한다라는 지론을 가지고 그 지역에서 생산된 제철 유기농 재료를 최대한 사용한다.

『미슐랭 가이드』 별점 3개를 받은 프랑스 레스토랑 '라스트랑스'의 셰프 파스칼 바흐보는 일주일 중 4일만 식당 문을 열고 나머지 3일은 음식재료를 찾아 돌아다닌다고 밝혔다. 그는 아직 세계 3대 진미라는 철갑상어 알을 음식에서 쓴 적이 없다며 오히려 질 좋은 감자나 싱싱한 생선이 더 좋은 음식재료가 될 수 있다고 말했다.

울진에서 제철에 잡은 신선한 대게를 아무런 양념도 없이 그대로 찌는 요리인 대게찜의 달달하고 담백하면서도 연한 살과 강화도 특산물인 밴댕이 회 역시 신선한 제철 재료가 요리의 맛을 좌우한다. 심지어 패스트푸드의 대명사인 맥도날드조차 신선한 감자로 만든 프렌치 프라이와 신선한 채소를 자랑할 정도로 재료는 요리의 핵심 요소다.

모든 요리는 재료에서 출발하는 것과 마찬가지로, 어떤 아이디어든 재료가 없이는 아이디어를 만들 수 없다. 재료가 좋지 않으면 좋은 요리가 나올 수 없다. 아이디어는 아이디어 요리사에게 귀중한 재료이기 때문에 심마니가 목욕 재개하고 산에 올라가듯 진지한 태도로 아이디어를 찾아봐야 한다.

텃밭에서 찾아라

음식재료를 공급받는 일반 음식점과 달리 많은 유명 레스토랑의 셰프들은 직접 텃밭을 운영하며 신선하고 귀중한 채소를 확보한다. 『레스토랑』지가 세계 50대 레스토랑으로 선정한 호주의 '키' 레스토랑의 셰프인 피터 길모어는 천연 재료를 이용한 요리로 유명하다. 그 역시 귀한 토종 채소들의 씨앗을 확보해서 텃밭에서 키운다. 『미슐랭 가이드』에서 별 2개를 받은 스웨덴 '프란첸 린드버그'의 셰프인 비외른 프란첸Bjorn Frantzen은 자체 농장을 가지고 채소는 물론 돼지와 닭까지 모두 직접 키운 것만을 사용한다.

텃밭에서 성성한 재료를 키운다는 것은 자신의 경험 속에서 살아 있는 아이디어를 끄집어낼 수 있다는 의미다. 모두에게 가장 좋은 아이디어의 재료는 자신의 '텃밭'에 있다. 어딘가 다른 곳에서 찾을 수 있는 아이디어보다 이곳의 아이디어가 더 성성하고 더 튼튼하고 더 건강하다. 아이디어 재료를 멀리서 찾으려 하지 마라. 아이디어의 재료도 자신의 텃밭에서 가장 신선하게 자라고 있다.

마쓰히사 노부유키는 도쿄 신주쿠의 초밥집에서 일식 요리를 배운 요리사였다. 하지만 페루, 알래스카, LA에 식당을 열면서 현지 손님들의 입맛에 맞춰 요리를 개발해 왔다. 그는 2012년 6월 2일 자 『중앙일보』와의 인터뷰에서 밝혔다.

"손님의 반응을 살폈다. 그들의 피드백에 귀를 기울였다. '이 요리는 이랬으면 좋겠다. 저 양념은 저랬으면 좋겠다.' 등 현지 손님들의 충고를 전적으로 반영했다. 그들의 입맛이 기준이었다. 페루의 고유한 음식과 양념, 소스도 공부했다. 일식에 그런 양념과 소스를 접목하려고 애썼다."

그에게 요리의 텃밭은 바로 자신의 요리를 맛보러 온 손님들의 피드백이었다. 그는 자신의 요리를 고집하는 대신 손님들이 낸 아이디어를 채택하면서 자신의 독특한 '노부'표 요리를 발전시켜왔고 마침내 세계 25개국에 식당을 가진 세계적인 요리사로 성장했다.

제철 재료를 사용하라

자연을 거스르지 않는 제철음식이 몸에 가장 좋다고 한다. 시간이 지나면 이미 싱싱한 재료의 맛은 사라진다. 전문가들은 야생에서 자란 나물에 우리 몸에 좋은 각종 항산화 비타민과 미네랄 성분이 훨씬 많이 함유되어 있다고 말한다. 그래서 샐러드처럼 나물을 날로 먹는 것이 영양학적으로 가장 좋다고 한다.

마돈나의 자연식 식단을 책임지는 일본인 전속 요리사 니시무라 마유미西村まゆみ는 뿌리부터 껍질까지 음식을 통째로 먹는 일본의 장수 건강법에 뿌리를 둔 '매크로비오틱Macrobiotic' 전문 요리사로 유명하다. 이 요리법은 원래 암 환자들을 위한 식단으로 개발됐다. 가까운 곳에서 생산된 기장, 현미 같은 통곡물과 채소, 해조류, 제철 과일 등을 주재료로 하며 된장, 간장 등 발효식품을 곁들여 데치거나 끓여서 조리한다. 가공과 조미는 최소화해 원료의 영양을 그대로 살리는 것이 핵심이며 육류와 흰 설탕, 유제품, 커피는 금한다.

봄나물은 봄에 가장 맛있고 영양가가 높다. '봄 부추는 인삼 녹용과도 안 바꾼다'라는 말이 있을 정도로 부추는 봄에 최고로 평가된다. 그 외에도 봄에는 취나물, 참나물, 냉이, 달래, 엄나무 순, 고사리, 참죽나물 등을 살짝 데쳐서 된장에 찍어 먹으면 맛과 영양이 제일 좋다.

아이디어 재료도 제철에 수확한 것이 가장 우수하다. 제철이라는 것은 가장 활발하게 작업이 이뤄지는 시기를 말한다. 그곳에 문제와 함께 해결책이 숨어 있기 때문이다. 문제가 나타나면 아이디어를 묵히지 말고 바로 생각하기 시작하라. 위대한 요리사들이 가장 좋아하는 재료는 제철에 수확되는 음식재료인 것처럼 문제가 나타났을 때에 가장 싱싱한 제철 재료가 살아 있기 때문이다.

싱싱하게 보관하라

음식재료는 지역의 기후와 계절의 제약 때문에 신선함을 유지하기 어려워서 재료의 신선한 보관은 요리사에게 매우 중요한 문제다. 메모는 아이디어라는 재료를 신선하게 보관하는 보관 용기다. 아이디어란 평범한 것에서 비범한 것을 발견하는 행위다. 메모는 아이디어가 떠오르는 순간을 기록해서 나중에 다시 그 아이디어를 기억하도록 도와주기 때문에 떠오르는 생각들을 놓치지 않고 메모해 두어야 한다.

메모를 하는 이유는 간단하다. 인간은 망각의 동물이기 때문에 기록해놓지 않으면 잊어버리기 때문이다. 특히 언뜻 떠오른 아이디어는 잊기 쉽다. 그 순간에 메모해놓지 않으면 무엇인가 좋은 생각이 떠올랐던 것 같다는 기억만 남아 있고 정작 그 '좋은 생각'은 잊는 경우가 종종 있다.

아이디어를 떠올리는 상태의 뇌는 기억 능력이 좋지 않다. 마치 재미있고 신이 나는 꿈을 꾸어도 깨고 나면 그 꿈의 느낌만 남아있고 세부 장면이나 줄거리가 기억이 잘 나지 않는 것처럼 말이다. 이는 아이디어가 나타나는 상태는 의식의 세계로 완전히 넘어오기 전 무의식 상태에 있다는 것을 말한다.

위대한 천재들조차 메모가 없었다면 위대한 아이디어들을 완성하지 못했을 것이다. 에디슨의 사후에 발견된 3,500페이지의 노트에는 발견의 과정들이 철저히 기록되고 표현되어 있다. 그는 새로운 아이디어가 성공할 때마다 과거에 폐기한 아이디어와 발명품을 자신이 최근에 학습한 측면에서 다시 검토하기 위해 노트를 펼치곤 했다.

그 결과 성공사례에서 발견한 경험을 바탕으로 실패 사례를 성공으로 되돌릴 수 있었다. 아이작 뉴턴Isaac Newton은 생각에 잠기면

늘 자신의 집 안에서 왔다 갔다 걷다가 아이디어가 떠오르면 생각을 잊지 않도록 바로 책상으로 달려갔다고 한다. 메모해놓기 위해서다. 음악의 천재 모차르트조차 생각을 기록하기 위해 악보가 필요했다.

예전에 천재들은 아이디어를 메모하기 위해서 서재로 뛰어가서 노트를 찾아야 했지만 이제 스마트폰을 옆에 두고 있다가 바로바로 메모해둘 수 있기 때문에 메모는 더욱 간편하게 이용할 수 있게 됐다. 지렛대를 주면 지구를 들어 올리겠다는 아르키메데스Archimedes의 말처럼 메모하면 지구도 들어 올릴 수 있다고 말해야 할지도 모르겠다.

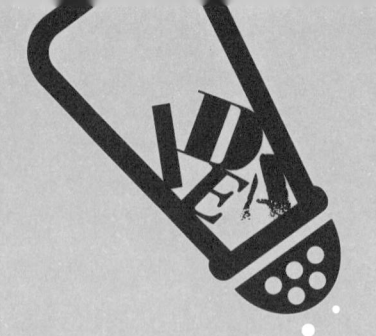

COOKING

3부

요리의
방법론

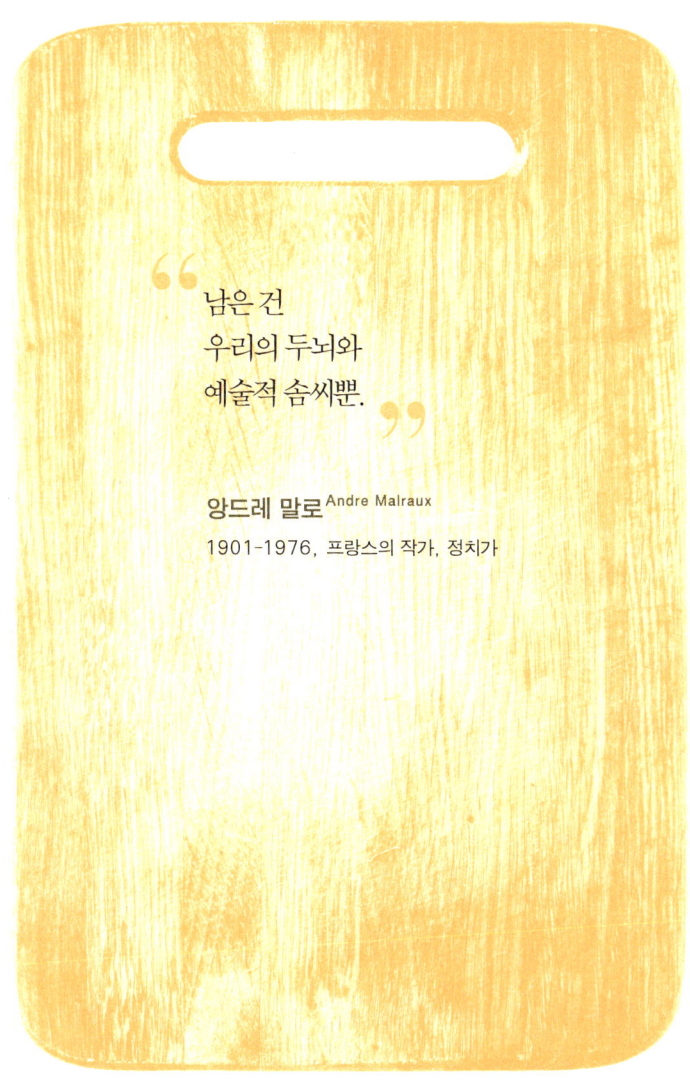

" 남은 건
우리의 두뇌와
예술적 솜씨뿐. "

앙드레 말로 Andre Malraux

1901-1976, 프랑스의 작가, 정치가

요리의 결정 요소

요리를 하기 전에 먼저 고려해야 할 것들이 있다. 요리는 최초의 재료를 발전시키고 문제점을 발견하고 보완해가는 과정이다. 이러한 과정에서 미리 점검해야 하는 것들이 있다.

아주 짧은 순간이더라도 반드시 점검은 필요하다. 숙련된 요리사는 웨이터가 전해준 주문서를 보는 즉시 순간적으로 이런 판단이 머릿속에서 이뤄질 것이다. 점검 없이 요리가 시작되면 요리는 실패로 끝날 것이 확실하다.

요리의 목적

요리의 목적에 따라서 사용 재료나 요리 방법도 달라지기 때문에 요리의 목적은 사전에 파악되어야 한다. 이를테면 팥은 악한 기운을 쫓는 상징이다. 고사를 지내는 떡이 팥떡인 이유도 그 때문이다. 팥을 적절히 요리에 사용함으로써 요리의 목적에 맞는 이미지를 먹는 사람에게 전할 수 있다.

요리가 만들어지려면 우선 그 요리를 즐길 사람이 설정되어야 한다. 요리의 목적은 먹는 사람을 행복하게 하기 위한 것이고 요리의 목표는 요리사가 의도한 미감을 먹는 사람에게 전달하는 것이다. VIP를 모시기 위한 요리인지, 연인과의 데이트를 위한 요리인지, 가족들을 즐겁게 하기 위한 요리인지 요리의 목적에 따라 요리의 내용이 달라진다.

상징적인 의미가 있는 상황의 손님들을 위한 식사에는 격식을 갖춘 정성스러운 정식 코스가 제공되어야 한다. 만찬과 같은 큰 행사에는 반드시 요리의 목적에 따라 요리의 콘셉트가 정해지고 그에 맞는 요리들이 만들어진다.

2012 서울 핵 안보 정상회의 만찬의 콘셉트는 '한국의 봄'이었다. 이에 따라 한국의 제철, 지역별 특산물이 소개되고 한우 등심이 메인 요리로 등장했다. G20 정상회의에서는 '조선왕조 500년'이라는 콘셉트로 전통 궁중 요리법으로 만든 한식을 선보였다.

편한 친구들 간의 모임에는 그 상황에 맞는 즐거움을 주는 가벼운 요리가 제공되어야 한다. 이진호 셰프는 『소울 키친』에서 친구들과의 작은 파티를 위한 요리로는 즐거움을 가미한 햄 & 에그 오픈 샌드위치를 추천하고 연인과의 친밀감을 높여주는 요리로는 딸기 크라나찬이나 크리미 브로콜리 수프 같은 요리를 추천한다.

아이디어 역시 어떤 목적으로 아이디어가 필요한지를 파악하는 것이 가장 중요하다. 대부분 누가 아이디어를 맛볼 사람인지를 명확히 하면 목적이 분명해진다. 고객인가 상급자인가 부하직원인가를 명확히 한다면 아이디어의 방향도 좀 더 뚜렷해질 것이다.

요리의 크기

아이디어에는 크기가 있다. 작은 아이디어는 순발력이 필요한 개그나 광고 카피라이터의 작업에 어울린다. 큰 아이디어는 묵직한 전략 방향을 잡을 때 필요하다. 만약 어느 대기업에서 두 명의 직원에게 회사의 경쟁력을 강화할 수 있는 아이디어를 가져오라고 지시한다면 과연 어느 아이디어가 더 우수하다는 평가를 받을까? 상황에 따라 다르겠지만, 만약 두 아이디어 모두 현실적이라면 어느 것이 더 옳다 그르다 말하기는 어려울지 모른다. 그럴 때는 더 큰 꿈을 꾸는 아이디어가 더 좋은 평가를 받을지 모른다.

이왕이면 『장자』에 나오는 봉황처럼 큰 뜻을 가지고 큰 아이디어를 요리로 만들어야 한다. 장자莊子가 친구인 양나라의 재상 혜시惠施를 만나러 양나라에 갔다. 혜시의 주변 부하들이 그에게 장자를 경계하라고 충고했다. 장자가 양나라 왕에게 잘 보여 재상 자리를 노리고 있다고 의심하면서 말이다. 그 말에 흔들린 혜시가 경계하는 눈빛을 보이자 장자는 이렇게 설명했다.

"봉황이라는 새가 있네. 날개를 펴면 하늘을 덮는데 오동나무가 아니면 앉질 않고, 대나무 열매가 아니면 먹질 않고, 감로수가 아니면 입도 대지 않는다네. 하루는 봉황이 무심코 하늘을 나는데 저 아래서 올빼미가 썩은 쥐를 먹고 있었다네. 봉황 그림자가 자기를 덮치자 올빼미는 썩은 쥐를 빼앗기는 줄 알고 비명을 질렀다네. 자네도 지금 내 앞에서 비명을 지르는 건가?"

장자에게는 한 나라의 재상 자리도 올빼미의 썩은 쥐로 보였던 것이다. 봉황은 거대한 생각의 크기를 상징한다. 때로는 노래도 남들이 감히 생각하지 못하는 거대한 크기의 생각을 보여줄 수 있다. 비틀스의 구성원이었던 존 레논은 노래에 사회적인 메시지를 담아 세상을 변화시켰던 위대한 가수다. 노래 「이매진」에서 그는 사상과 종교의 벽을 허무는 거대한 규모의 아이디어를 보여주었다.

Imagine there's no heaven
천국이 없다고 상상해봐요
It's easy if you try
해보려고 하면 어려운 일도 아니죠
No hell below us
우리 아래 지옥도 없고
Above us only sky
오직 위에 하늘만 있다고 생각해봐요

「이매진」의 아이디어는 공산주의와 대치 중인 1970년대 냉전 시대에 제정신을 가진 영국인이라면 감히 할 수 없는 상상이었지만 존 레논은 고정관념을 깨는 아이디어로 사람들의 마음속에 자리 잡은 편

3부 요리의 방법론

견의 굴레를 벗어던지게 했다. '이매진' 발표 후 수십 년의 세월이 흘렀지만 지금도 음악가들의 아이디어는 세상을 변화시키는 데 도움을 주는 유익한 도구다.

일반적으로 큰 아이디어를 추구하는 것이 경쟁력이 되기는 하지만, 큰 아이디어를 자주 경험한 사람이 작은 아이디어도 잘 요리할 수 있는 것은 아니므로 각각의 경험은 서로 보완적인 것으로 이해하기 바란다.

요리사의 성향

아이디어에 일정한 방식만이 옳다고 말하는 것은 잘못된 것이다. 누구나 자신의 방식으로 편하게 아이디어를 요리해야 한다. 마치 자신의 치수에 맞는 옷을 입어야 하는 것처럼 말이다. 그렇지 않으면 그 옷이 입은 사람을 자유롭게 하는 것이 아니라 구속할 테니 말이다.

미켈란젤로가 그림을 그린 방식과 다빈치가 그림을 그린 방식이 다르듯이 생각의 방식도 사람마다 다르다.

어떤 사람은 수채화처럼 생각을 투명하게 떠올리는가 하면 어떤 사람은 유화처럼 불투명하지만 무게감을 가진 아이디어를 만들어낸다. 어떤 사람은 조각하듯 군더더기를 제거하면서 아이디어를 완성해가지만, 어떤 사람은 마치 진흙으로 도자기를 빚어내듯 모양을 더해가며 아이디어를 만들어간다.

모차르트는 천재스타일로 떠오른 생각을 그대로 받아 적기만 하면 수정할 필요도 없이 처음 악보를 쓴 그대로 이미 완벽한 악상이 나타났다. 하지만 베토벤은 그와는 달랐다. 그는 끊임없이 악보를 수정했다.

이처럼 어떤 사람은 아이디어를 처음 떠오르는 대로 완벽하게 생각할 수 있지만 어떤 사람은 계속 수정하면서 덧칠해야만 한다.

드라마 대본 집필 방식도 작가에 따라 뚜렷한 방식의 차이를 가진다. 드라마 「인어 아가씨」 「왕꽃 선녀님」 「신기생 전」의 대본을 쓴 임성한 작가는 독재자형 작가다. 현장의 배우와 대화하지 않고 자신이 쓴 대본 그대로 연기하라고 요구한다. 출연 배우들도 드라마가 끝날 때까지 그녀의 얼굴을 보지 못한다.

반면 왕가위王家衛 감독이나 우리나라의 홍상수 감독은 즉흥적인 연출로 유명하다. 대본은 아예 없는 경우도 많다. 심지어 가짜 대본을 보여주고 배우가 이에 반응하며 연기하는 것을 찍기도 한다. 한 방식은 옳고 다른 한 방식은 잘못된 것일까? 아니다. 모두 자신의 아이디어를 완성해가는 자신만의 스타일이 있는 것이다.

아이디어는 각자의 스타일이 있다. 어느 것이 더 우월하다고 할 수 없다. 문제는 자신만의 스타일을 잃어버리고 다른 사람의 스타일을 흉내내는 것이다. 자신의 스타일에 맞게 아이디어를 요리하느냐가 중요하다.

조리 과정

요리에는 조리 과정이 있다. 심지어 라면 요리조차 먼저 냄비에 적당량의 물을 팔팔 끓인 후 면을 넣고 양념과 같은 재료를 넣는 조리 과정이 있다. 물과 함께 라면을 끓이는 라면은 없지 않은가? 라면 요리에도 과정이 있는 것처럼 모든 아이디어 요리 과정도 몇 부분으로 나눠야 한다.

과정을 제대로 마치지 않은 요리는 완전히 다른 모습을 보인다. 덜된 요리는 완성된 요리와는 모양도 전혀 다르고 맛도 다르다. 또 각 과정에는 순서가 있어서 어떤 재료를 먼저 넣느냐 나중에 넣느냐에 따라 요리가 잘 되기도 하고 안 되기도 한다.

분할은 재결합을 배제한 개념이지만 분리는 좀 더 발전적인 결합을 모색할 수 있는 개념이다. 사람들은 무언가를 나눌 때, 분리가 아닌 분할을 떠올린다. 하지만 나누는 것은 분리의 차원으로 생각해야 한다. 분리 후 더 나은 결과물이 나올 수 있다는 것은 태블릿 PC의 키보드가 증명하고 있다.

기존 PC의 한계를 벗어나 이동성을 극대화하기 위해 애플의 아이패드 같은 태블릿 PC가 고안됐다. 태블릿 PC는 터치스크린 기술로 물리적인 키보드를 없앴다. 하지만 필요시에는 별도로 키보드를 다시 부착해서 사용할 수 있다. 이것이 바로 분리다.

조리 과정은 때로는 상반된 성격의 과정을 거치기도 한다. 이를테면 아이스티는 한 번에 만들 수는 없다. 물에 잘 녹이기 위해서는 먼저 뜨거운 물이 필요하다. 한번은 뜨거운 물로 그다음에는 차가운 물로 식히는 두 번의 공정이 필요하다. 아이디어에도 반드시 공정별로 열정을 가지고 요리하는 과정과 차갑게 바라봐야 하는 과정을 분리해야 한다. 뜨거운 감정을 더해서 아이디어를 뜨겁게 익혀야 하는 때가 있는가하면 감정을 배제하고 아이디어를 냉각시켜야 할 때도 있다. 그렇지 않으면 아이디어 요리는 뒤죽박죽될지도 모른다.

조리 시간

요리에 따라 조리 시간도 달라진다. 똑같은 정식 요리를 하더라도 요리사의 철학이나 요리 과정에 따라 달라진다. 『미슐랭 가이드』의 별 2개를 받은 스웨덴 '프란첸 린드버그'의 셰프 비외른 프란첸처럼 말이다. 그는 이른바 즉석요리 철학을 가지고 있다. 즉석요리란 조리 시간을 최대한 줄이는 요리를 말한다. 그는 말한다.

"조리 과정을 여러 단계 거쳐 맛을 내는 것보다 최고의 재료를 최상의 상태에서 사용하는 게 훨씬 중요하다."

아이디어 요리 중에도 '패스트푸드' 같은 요리가 있게 마련이다. 시간은 요리하는 데 필수적인 요소다. 다윈은 한 편지에서 다음과 같이 표현했다.

"지구는 공전하면서 초기의 단순한 형태에서 무한하고 다양한 아름다운 진화를 거듭해왔다."라고 표현했다. 지구가 탄생하면서 먼지 덩어리가 50억 년 동안 차츰 현재의 푸른 별 지구가 만들어졌듯이 아이디어가 완성되는 데에도 각각의 아이디어 요리에 맞는 충분한 생각의 시간이 필요하다.

시간은 마법을 부린다. 어느 사진가는 자연에 캔버스를 설치하고 아무런 인위적인 장치 없이 수년간 비가 오고 바람이 불고 눈이 오는 기록을 캔버스에 남기는 작업을 한다.

시간이 지나면 놀랍게도 어떤 이미지가 남겨진다. 오직 시간만이 할 수 있는 마법이다. 초기 아이디어는 다양한 형태로 나온다. 하지만 일반적으로 성숙한 아이디어가 나오지는 못한다. 새롭고 정확한 답 보다는 익숙하고 안전한 답이 우리의 의식 표면에 밀접하게 놓여있기 때문이다. 시간이 지나면서 새로운 시도를 한다면 아이디어는 모습을 바꿔가며 발전해나갈 것이다. 그리고 마지막 결과물은 때로는 처음과 전혀 다른 모습이 되기도 한다.

일주일 전에 좋은 아이디어라고 생각하고 기록해둔 아이디어가 시간이 지나면 그저 그런 생각일 뿐이라는 것을 발견하는 경우가 종종 있을 것이다. 자신을 좀 더 객관적으로 바라볼 수 있게 되었기 때문이다. 이것은 익숙함에서 비범함을 끌어내는 것으로 극작가 브레히트 Brecht가 연극에서 사용한 '낯설게 하기'와 같은 효과다. 낯설게 하기를 통해서 익숙한 것을 멀리서 바라보게 되면 그 아이디어의 허점을 알아차릴 수 있다. 이처럼 시간은 보이지 않는 아이디어의 허점을 보이게 만드는 효과가 있다.

일상생활 속에서 일어나는 작은 일이라도 잠시 생각을 하고 행동을 취하는 편이 실수를 줄일 수 있다. 큰 아이디어의 조리 시간은 6개월에서 1년 정도의 시간이 필요하다. 정말 큰 결정이라면 수년의 검토 기간이 필요할 것이다. 소설가의 창작 과정을 보면 구상에 많은 시간을 들이는 것을 알 수 있다. 톨스토이의 『전쟁과 평화』와 같은 대작은 구상에만 수년이 걸렸다.

영화 제작에서 아이디어 작업 과정인 시나리오 작업도 수없이 초고를 뒤집는 과정을 거친다. 우리나라에서도 대부분은 1년 이상은 기본이고 통상 수년의 시간이 소요된다. 할리우드의 영화사들은 수많은 기획안을 보관하고 있어서 어떤 작품은 10여 년 동안 시나리오를 개발하는 과정을 거치면서 작품의 완성도를 높인다. 아이디어의 양은 최초의 영감의 양과 더불어 아이디어를 조리하는 시간에 비례하므로 아래와 같은 공식으로 표현할 수 있을 것이다.

아이디어의 양 = 영감의 양 (1 + 시간의 양)

중요한 것은 각각의 아이디어 요리에 맞게 충분한 시간을 가져야 한다는 점이다. 어떤 아이디어는 일부러 아이디어를 짜내다 잘못된 길로 갈 가능성이 있기 때문이다. 이럴 때는 시간을 가지고 생각을 정리해나가면서 처음 만들어진 아이디어를 다듬으면 매끄러운 아이디어로 발전하게 된다.

조리 과정

이제 본격적으로 요리를 시작해야 할 순서다. 신선한 재료를 잡아 손질을 마쳤다면 본격적인 요리에 들어갈 수 있다. 먼저 어떤 요리를 만들 것인지 생각해보고 그 요리에 맞춰 조리를 진행한다. 적당한 크기로 재료를 준비하고 물을 끓이고 재료를 넣어 일정 시간 가열하는 것이 일반적인 방식일 것이다. 아이디어의 조리 과정도 요리와 다르지 않다. 이러한 과정을 통해 아이디어가 요리된다.

전체 과정

아이디어를 만들어가는 과정은 요리를 만들어가는 과정으로 설명할 수 있다. 아래 표와 같은 프로세스를 따라서 최초의 아이디어 착상에서 출발해서 정제된 아이디어 요리로 정리된다.

아이디어 요리 과정은 각각의 과정에서 제약 상황을 극복하고 원

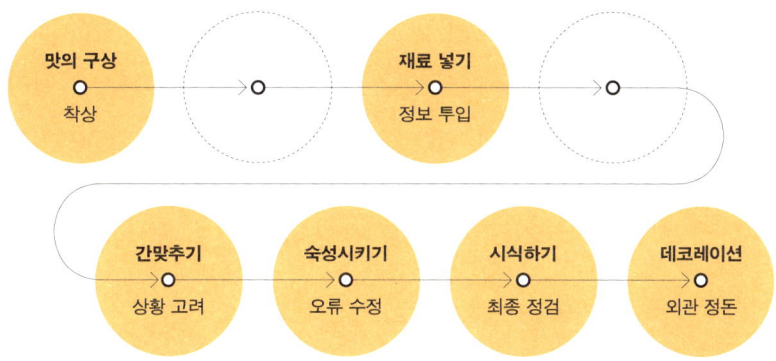

맛의 구상
착상

재료 넣기
정보 투입

간맞추기
상황 고려

숙성시키기
오류 수정

시식하기
최종 점검

데코레이션
외관 정돈

아이디어 요리 프로세스

하는 미감을 현실화하는 과정이다. 그 과정에서 요리사는 끊임없이 현실의 문제를 고려하며 자신의 미감을 구체화한다. 즉 답을 바로 떠올리는 과정이 아니라 최초의 착상을 현실이라는 조건에 맞게 구체화하는 과정이다.

아이디어 요리 과정은 곧 질문을 구체화하는 과정이고 그 질문은 아이디어 쿠킹이 시작되고 끝날 때까지 정확한 답을 찾아갈 수 있도록 당신을 인도할 것이다. 정확한 질문이란 아이디어의 시작이자 끝이다. 아이디어 요리 과정은 곧 "손님이 어떤 맛을 좋아할 것인가?"에 대한 질문을 정교하게 다듬어 가는 과정이다. 요리가 완성되었을 때 아이디어 요리사는 마침내 정확한 질문을 하게 되고 그에 대한 답도 얻을 수 있게 될 것이다.

맛의 구상(착상)

훌륭한 요리사에게 가장 중요한 능력은 요리사의 머릿속에서 그려지는 미감이라고 한다. 음식의 맛은 미각이나 후각을 통해서 얻어지는 것이 아니라 온몸으로 느끼는 것이다. 그 미감이 깊고 넓을수록 음식의 맛도 제대로 즐길 수 있다. 스타벅스의 설립자인 하워드 슐츠 Howard Schultz는 이탈리아 여행 중 우연히 들르게 된 이탈리아 에스프레소 바에서 손님들이 오감을 자극하는 오케스트라를 연주하듯이 커피를 즐기고 있는 모습을 목격했고 귀국 후 고객의 경험을 최우선으로 하는 장소로 스타벅스를 탈바꿈시켰다. 이때 오감을 자극하듯 고객의 머릿속에 그려지는 이미지가 바로 미감이다.

주문을 받은 요리사가 가장 먼저 하는 일은 자기가 만들어야 할 요리를 통해 손님이 느껴야 할 맛을 머릿속에 하나의 이미지처럼 떠올리는 일이다. 요리는 혀로 느끼는 맛보다 머릿속으로 느끼는 맛이 더 중요하다는 것이다. 요리사는 달고 시고 맵고 짠맛과 감칠맛 중에서 어떤 맛의 조합을 낼 것인지 즉 단맛인지 매운맛인지 깔끔한 맛인지 발효를 거친 삭힌 맛인지를 머릿속에서 그려낸다.

일단 미감이 잡히면 요리를 시작하고 무에서 유가 창조된다. 머릿속에서 떠오른 재료들을 각각의 과정에 맞춰 요리사들에게 분배한다.

요리의 목적이 맛을 느끼기 위함이듯 아이디어의 목적 역시 현실에서 정확하게 맞는 효과를 제공하는 것이다. 아이디어를 요리하는 사람은 자신이 만드는 아이디어의 목적에 맞는 맛을 머릿속에 그려내야 한다.

정확한 미감이란 정확한 질문이다. 질문이 정확해지면 무관해 보였던 것들이 새로운 의미로 다가온다. 막연한 생각을 정확한 질문으로 바꿔나가는 것이 아이디어 쿠킹의 시작이다.

이 단계는 매우 중요하기에 아이디어 쿠킹의 시작인 동시에 끝이라고도 할 수 있다. 미감을 따라 질문을 정확히 해나가는 과정은 이후의 단계를 밟아가면서도 계속 발전되어야 한다.

맛의 조화(주요 요소 결정)

밑반찬으로 먹는 음식 중에 '감자조림'이 있다. 이 감자조림에는 멸치가 어울린다. 이 둘을 간장에 넣어 마늘종과 함께 조리면 매운맛이 연하고 채소의 느낌이 나는 '감자 멸치 마늘종 조림'이 된다. 이 조합이 이루어진 것 역시 맛의 조화 때문이다. 미감을 완성하기 위해서는 맛의 조화가 필요하다.

아이디어에서도 맛의 조화가 필요하다. 비즈니스에서는 단기적 이익과 장기적인 성장 가능성이라든지 수익성과 기업 문화발전의 조화 등 항상 여러 요소의 적절한 조화가 요구된다.

예능 프로그램이 상투적으로 추구하는 기획의도가 재미와 감동이다. 재미를 추구하면서 감동을 추구하기도 어렵고, 감동을 추구하면서 재미를 추구하기도 어렵다. 전체를 조화롭게 하기 위해서는 충돌하는 맛을 없애기 위해 소스를 사용하는 것도 고려해야 한다.

맛의 조화는 아이디어 요리에서 새로운 아이디어를 만들어내는 중요 요소다. 비빔밥은 재료를 이것저것 넣고 고추장을 넣어 만든 퓨전음식이다. 나물과 달걀과 고추장이 밥과 섞이면서 매운맛과 신선한

3부 요리의 방법론

맛과 담백한 맛이 조화를 이루는 것이다. 또한 배추, 무, 굴, 배, 고추, 생강, 마늘 등 다양한 재료가 발효를 거쳐 새 맛을 내는 김치 역시 섞기의 미학을 보여준다.

맛의 조화를 위해서 상호 보완되는 재료를 곁들이기도 한다. 고기 요리를 먹을 때는 상추나 배추와 같은 채소를 곁들일 뿐 아니라 마늘과 고추를 함께 제공한다. 한식에서뿐만 아니라 이탈리아 요리에서도 마늘이 빠지지 않는데 마늘은 고기와 해산물의 맛을 중화시켜주는 역할을 한다.

회를 먹을 때에도 채소를 곁들이면 더욱 다양한 맛을 맛볼 수 있다. 쇠미역과 톳, 시래기 같은 바다 채소들은 신선한 미감을 완성해준다. 아이디어에서도 주가 되는 논리를 보완할 수 있도록 보완이 되는 논리나 소재를 곁들임으로써 날카로움을 보완할 수 있다.

재료 넣기 (정보 투입)

이제 재료를 넣어야 한다. 잡은 물고기를 그대로 요리에 사용하지는 않는다. 먼저 요리에 알맞게 재료를 다듬어야 한다. 만약 동태찌개를 끓인다면 먼저 생선의 비늘을 제거하고 지느러미와 꼬리를 잘라내고 내장을 제거해야 한다.

아이디어도 마찬가지다. 날 것의 아이디어는 거칠다. 요리하기 위해서는 갓 잡은 아이디어 재료를 요리에 적합하게 먼저 다듬어줘야 한다.

요리에 따라 재료는 다른 크기와 형태로 다듬어야 한다. 삼계탕은 통째로 닭고기를 다듬어야 하지만, 닭볶음탕은 고기를 조각 형태로 잘라서 준비해야 하듯이 말이다.

아이디어도 요리에 맞게 재료를 크기별로 다듬어야 한다. 큰 재료가 필요한 요리는 크게, 작은 재료가 필요한 요리는 작게 재료를 다듬어야 한다. 재료를 손질할 때 일정한 크기로 예쁘게 자르는 것도 중요하다. 잘 정돈된 재료는 나중에 요리가 완성되었을 때에도 시각적인 효과를 주기 때문이다.

좋은 요리를 만들려면 좋은 재료가 있는 것처럼 좋은 아이디어를 만들려면 정확한 사실관계에 기초한 고급 정보가 있으면 유리하다. 그런 정보가 없다면 좀 더 많은 추론으로 그 빈 곳을 메워야 한다.

좋은 재료가 많이 들어가야 좋은 요리가 되는 것처럼 브레인스토밍과 같은 초기 단계에서는 '아이디어는 질이 아니라 양'이라는 말처럼 많은 재료가 투입되어야 한다. 하지만 본격적인 아이디어 요리 과정에서는 재료의 양이 적당해야 아이디어 요리가 만들어진다. 재료를 많이 넣다 보면 정작 자신이 원하는 맛을 잃을 수가 있으므로 요리의 목적에 맞춰 재료를 넣는 것이 중요하다.

요리를 배울 때는 누군가가 적당한 재료 양을 알려주는 것이 큰 도움이 된다. 너무 많은 재료도 너무 적은 재료도 요리를 실패로 만드는 원인이 되기 때문이다. 실제 젊은 요리사들이 펴낸 유행을 따르는 요리책에는 이런 정보가 빠져서 독자들의 불만을 사기도 한다. 주부들도 대충 재료를 넣는 것 같지만, 경험에 의해 적당량을 직감적으로 알고 있다. 정확한 재료의 양은 요리를 성공하는 데 꼭 필요한 정보다. 그래서 아무리 좋은 요리법도 재료 양이 기록되어 있지 않으면 무용지물이다.

신입사원과 같이 경험이 적은 직원들이 아이디어를 요리할 때에는 적당량의 정보 확보를 선행하도록 코치하는 동시에 너무 많은 자료를 수집하느라 시간을 낭비하지 않고 적당한 양을 준비하도록 도와주어야 한다. 기업에서 그런 역할은 보통 선배나 상사의 몫이다.

재료는 요리에 투입되면 자기의 본 모습을 보이기 시작한다. 많아 보이고 복잡해 보이던 재료들도 실제 요리에 들어가면 거품이 사라지고 본질적인 재료만이 남게 된다. 아이디어도 마찬가지다. 많아 보이던 정보들도 아이디어를 규명해가다 보면 불명확하던 아이디어가 자기 성격을 드러내곤 한다. 정확한 정보들만이 아이디어의 형태를 만들어나갈 수 있다.

같은 것과 다른 것을 구분하는 것 역시 재료를 투입하는 과정에서 필요한 활동이다. 같아 보이는 것이 실제로는 다른 것들이 많고 달라 보이는 것이 실제로는 같은 것들이 많기 때문이다. 요리에서도 아이디어에서도 같은 것 찾기는 가장 기초적이지만 중요한 활동이다.

우리가 유치원이나 초등학교에서 배운 것처럼 말이다. 유치원이나 초등학교에 들어가서 접하는 가장 기초적인 시험 문제는 양쪽에 있는 물건들 가운데 서로 관련 있는 것을 선택해서 선으로 연결하는 문제이다. 간단해 보이는 이 문제 안에 심오함이 담겨 있다. 이 세상의 모든 직관적 사유는 같은 것과 다른 것을 구분해서 연결하는 능력에 달려있다.

다시 말해 서로 다른 것들 속에서 공통점을 뽑아낼 수 있는 능력이 인간 지능의 가장 위대한 부분인 셈이다. 동시에 유사해 보이는 것을 모으다 보면 그것들 사이에 서로 다른 점들이 마치 눈덩이처럼 커지면서 핵심과 핵심이 아닌 것들이 분리될 것이다. 그렇게 재료를 구분하고 분류하고 정리하면서 요리에 투입하다 보면 어느새 아이디어는 서서히 형태를 갖추기 시작할 것이다.

가열하기 (주제 검증)

불은 요리에서 빼놓을 수 없는 요소다. 대부분 요리는 가열 과정을 거친다. 리처드 랭엄Richard Wrangham은 『요리 본능』에서 다음과 같이 말한다.

"인류의 가장 중요한 발명품은 도구나 언어가 아닌 요리다."

그는 고기, 채소 조리 과정에서 불은 핵심인데 불을 사용한 조리법 발견이야말로 인간을 인간으로 만들어줬다는 것이다. 불의 도움으로 차가운 재료를 가열시켜 요리로 발전시키듯이 아이디어도 가열하는 과정이 필요하다.

토론은 가열하기와 같다. 토론을 통해 아이디어가 가지고 있는 핵심 방향에 대한 검증작업을 하는 것이다. 정열이 없는 아이디어는 죽은 아이디어다. 현실에서는 차가운 이성만으로는 힘이 부족하다. 자신의 아이디어를 뜨거운 열정으로 현실화시킬 수 있어야 한다. 때로는 센 불로 강렬하게 때로는 약한 불로 은은하게 아이디어를 가열해야 한다. 재료를 가열하는 것과 같이 아이디어도 다양한 자극을 통해 약점을 보완하게 되고, 장점은 살아남아 더욱 단단해지게 되는 효과를 거둘 수 있다. 가열하다 보면 자칫 과열될 수도 있다. 뜨거운 토론이 되어야 하지만 선을 넘지 않는 적정 온도 유지 또한 필요하다.

토론은 새로운 아이디어의 가능성을 확인하는 데 중요한 요소다. 새로운 요리를 만들기 위해서 세프들은 사전에 아이디어를 공유한다. 세프들 간의 교류를 통해서 다른 세프의 의견은 새로운 요리를 만드는 데 큰 영향을 준다. 특히 유명 세프의 경우 완벽함을 기하기 위해 토론을 통해 개선점을 발견하는 경향이 크다고 한다.

천재 한 명이 수만 명을 먹여 살린다는 천재론도 있다. 하지만 한 명의 천재를 중시하는 방식은 아니다. 할리우드의 고전으로 추앙받는 디즈니의 초기 애니메이션 시나리오 역시 월트 디즈니Walt Disney 개인의 창의성에서 완성된 것이 아니라 초기의 아이디어가 여러 사람의 참여 속에서 토론을 통해 걸러진 것이다.

디즈니는 장편 영화를 만들 때 아이디어를 성숙시키기 위해 포드 시스템을 독특하게 토론에 적용했다. 디즈니는 세 개의 방을 마련한 후 제1호실에는 아이디어를 무한히 내놓을 수 있도록 어떠한 의심도 제기하지 않는 규칙이 있었고 제2호실에서는 무분별한 아이디어를 모았다. 가장 중요한 작업은 제3호실에서 이뤄졌는데 이 방에서는 팀원 모두가 프로젝트의 단점을 어떠한 제약도 없이 비판토록 했다. 토론의 결과, 관객의 마음을 감동시키는 아름다운 디즈니만의 이야기가 탄생했다.

토론의 중요성은 케빈 던바Kevin Dunbar라는 심리학자가 실험을 통해 증명한 바 있다. 그는 TV 리얼리티 쇼처럼 과학자의 모든 작업

환경에 카메라를 설치하고 작업 과정을 모두 녹화했다. 그 결과는 놀라웠다. 대부분 아이디어가 떠오르는 곳은 실험실이 아니라 회의실이었다. 아이디어는 혼자만의 발견이라는 이미지와 달리, 그가 녹화한 과학자들의 작업과정을 살펴보면, 대부분 아이디어는 회의실에서 만들어졌다.

공식적인 회의보다는 회의 사이의 휴식 시간에 친한 사람들끼리 격의 없이 대화를 나누면서 더 좋은 아이디어가 활발히 나오는 것을 경험해보았을 것이다. 때로는 뜻하지 않은 소감 한 마디에도 우리는 매우 감동적인 순간을 맞게 된다. 상호 간의 소통이 진실로 필요한 순간이다.

듣기에서 가장 중요한 것은 마음의 문을 여는 것이다. 상대방의 마음으로 가는 길을 열기 위해 마음의 열쇠로 섬세하게 마음의 문을 열어야 한다. 그것이 경청이다.

요리 과정에서 재료를 물에 넣고 가열하는 방법은 재료의 형태를 유지하면서도 뜨겁게 가열하는 효과를 준다. 우리나라 음식에서 자주 사용되는 이 방법은 재료와 국물의 맛을 적설히 조화시킬 수 있는 요리 방법이다. 아이디어 요리노 마찬가지다. 물에 재료를 넣고 끓이면 아이디어에 물기가 스며들어 재료가 부드럽게 익는 효과가 있다.

가열하기는 재료를 가공하기에도 효과적인 방법이다. 재료를 잠시 담갔다가 빼는 '데치기'는 본 요리에서 재료의 살점이 흩어지지 않게 다듬어주고 단맛을 배가시켜준다. 아이디어에서도 본격적인 토론에 들어가기 전에 먼저 살짝 데쳐서 자극을 주면, 아이디어 재료를 흩트

3부 요리의 방법론

리지 않으면서도 다른 사람에게 잘 설명할 수 있게 되어 깊은 맛을 만들어낼 수 있다. 단, 지나치게 오랜 시간 가열하면 재료 본연의 모습이 사라질 수도 있으니 주의해야 한다.

소스 만들기 (방향 결정)

사람들이 늘 정성껏 요리해도 맛이 없다고 하소연할 때 가장 자주 듣는 조언은 장만 잘 만들어 놓으면 맛있다는 이야기다. 유명한 맛집에는 요리 비법이라는 것이 있다. 주인아주머니는 다음과 같이 말하곤 한다. "장에 비밀이 숨겨 있어요. 그건 못 가르쳐줘요."

실제로 어느 유명 막국수 집의 양념을 배우는 데는 수천만 원의 대가를 요구하는 곳도 있다고 한다. 그 정도로 소스는 요리의 맛을 결정하는 데 중요한 역할을 한다.

고추장과 된장과 같은 장은 양식에서 소스에 해당한다. 소스는 요리의 맛을 지배하면서 동양 음식이든 서양 음식이든 요리의 핵심적인 미감을 만들어 내는 데 큰 역할을 한다. 소스의 맛은 조림과 국에서도 작용한다. 바로 국물 맛이다. 똑같은 재료로 조리법대로 조리했지만 맛에 차이가 나는 것은 양념을 어떻게 했느냐에 있다. 맛국물을 낸 물로 국을 끓이고 무침을 만들면 그 깊은 맛이 그만이다.

소스의 어원은 라틴어의 소금sal에서 나왔다. 원래는 소금을 기본으로 한 조미용액이란 뜻으로 샐러드 역시 소금sal이란 말이 들어가 소금을 친 음식이라는 의미가 있었다고 한다. 소스는 고대 로마 시대부터 사용되어 왔으며 주요한 것만 해도 400~500종이다. 소스의 맛은 생선 · 고기 · 달걀 · 채소 등 각종 요리에 각각 알맞은 것들이 개발되어 있어 요리와의 조화에 큰 영향을 끼친다.

소스는 재료에 특정한 맛을 배게 함으로써 미감을 완성한다. 돼지고기 꼬치구이를 요리할 때에도 요리하기 전에 먼저 고기를 간장에 재워두면 돼지고기의 비린내를 잡을 수 있고 다른 소스를 발랐을 때에도 맛의 조화를 이끌어낸다.

소스에는 다양한 재료가 들어간다. 맛을 풍부하게 하기 위해서다. 간장 소스를 만들 때에도 다시마 국물, 고춧가루, 마늘, 파, 굴즙 등 다양한 음식재료가 들어가면 풍부한 맛이 난다. 또 요리하기 전에 고기에 양념이 배어들게 하면 배, 무, 마늘, 생강 등에 있는 단백질 분해 성분이 고기를 연하게 만들어준다. 아이디어를 요리할 때에도 소스에 다양한 정서를 넣어준다면 아이디어를 먹는 사람에게 풍부하고 조화로운 맛을 느끼게 할 수 있다.

소스가 맛을 지배하듯 아이디어에 담긴 정서는 아이디어의 미감을 지배한다. 밝고 명랑한 정서는 아이디어를 밝고 명랑하게 만들고 절박하고 심각한 정서는 아이디어를 맛보는 사람에게 절박함을 느끼게 하는 소스의 역할을 한다. 심각하지만 밝고 절박하지만 긍정적인 톤의 정서는 아이디어를 맛보는 사람에게 다양한 느낌을 선사할 것이다.

간 맞추기 (상황 고려)

간을 맞추는 과정은 요리를 마무리하는 과정이자 요리가 맛의 균형을 찾는 과정이다. 간을 맞추는 것을 영어로는 시즈닝 seasoning 이라고 한다. 봄이라는 계절에 꽃망울이 터지고 가을에 맞춰서 열매를 맺는 것처럼 적절한 시기를 맞추는 것이 중요하다는 의미에서 시즌 season이 간을 맞춘다는 의미가 되었다고 한다.

많은 사회 현상에서 정서라는 말이 나온다. 아이디어에서 간을 맞추는 것은 정서적인 정도를 맞추는 것이다. 정서적인 정도를 잘 맞추었을 때 호감을 이끌어낼 수 있다. 호감이란 '어떤 대상에게 갖게 되는 긍정적인 심리'로 정량적으로 설명하기는 어렵지만 아이디어 수용에 결정적 요소로 작용한다.

아무리 뛰어난 아이디어 요리도 소비자의 호감을 얻지 못하면 실패하는 법이다. 삼성과 LG의 3D TV 논쟁은 간 맞추기의 중요성을 보여주는 사례다. 삼성과 LG가 기술 방식을 놓고 서로 자신의 방식이 우수하다는 주장을 펼치면서 상호 명예 훼손까지 언급하며 치열하게 논쟁을 벌이던 때 2011년 4월 13일 자 『매일경제』에 실린 영화「아바타」를 만든 할리우드의 감독 제임스 캐머런 감독의 한 마디가 모든 논란을 잠재웠다.

"슈퍼볼 파티 도중 아이들이 실수로 안경을 깔고 앉았다 해도 그것이 심각한 꾸중의 사안이 되지 않는 것이 편광안경 방식의 장점이다."

이 한 마디에 상대적으로 고가의 안경이 필요한 삼성전자 제품은 꼬리를 내렸고 LG전자는 캐머런 감독의 지적으로 천군만마를 얻은 것처럼 콧노래를 불렀다.

요리의 간을 맞추기 위해서 미각이 필요하듯이 아이디어의 간을 맞추기 위해서는 분별력이 있어야 한다. 분별력은 아이디어의 호감을 맞추는 능력이다. 호감을 판단하는 분별력이 없다면 아무리 좋은 아이디어를 만들어도 상품 기획은 실패할 것이다. 흔히 분별력이 없는 아이디어 요리사들은 형식논리에 치우친다. 그러나 분별력의 기준은 형식논리가 아닌 내용에 달려 있다는 점을 잊어서는 안 된다.

아이디어의 간을 맞추기 위해서는 자신이 틀릴 수도 있다는 점을 인정하고 끊임없이 회의해야 한다. 그것이 데카르트Descartes가 절대 진리를 찾은 방법이다.

데카르트가 회의적 방법론을 통해 모든 비본질을 제거한 끝에 내린 절대 진리는 '나는 생각한다. 고로 존재한다.'였다. 하지만 호감만을 중시하며 눈치만 살피는 아이디어는 조미료만 뿌려댄 음식처럼 소비자의 혀를 속이려 드는 요리가 될 것이다. 조미료는 조미료일 뿐이다.

조미료가 아니라 요리의 본연의 깊은 맛을 낼 수 있는 요리사의 노력이 더 중요하다.

숙성시키기(오류 수정)

회나 육회처럼 날로 먹을 수 있는 재료도 날생선이나 날고기를 그대로 먹지는 않는다. 일식 회는 살아있는 생선을 바로 잡아먹는 것이 아니라 생선을 일정 기간 숙성시켜 맛을 변화시킨 후 회로 요리한다. 홍어회가 삭힌 맛이 있어야 하는 것처럼 말이다.

숙성은 재료의 맛을 향상하기 위해 애용되는 방법이다. 아이디어 요리에서도 숙성 과정이 필요하다. 겉으로는 그 숙성 과정이 보이지 않는다 하더라도 숙성과정은 중요하다. 성장하는 것은 전체가 아닌 한군데서부터 조금씩 자신을 진화시키므로 숙성 기간 중에 아메바처럼 증식하다 크리티컬 매스(Critical mass,임계점)에서 폭발할지도 모른다. 지나치게 숙성시키다가는 아이디어가 상할 수도 있다.

같은 재료도 숙성되는 환경에 따라 다른 맛을 만들어낸다. 어떤 재료는 굴비처럼 바닷바람에 말리면서 숙성시키지만 꽁치는 차가운 하늬바람에 말렸다가 다시 따뜻한 바람과 온도로 말렸다가를 반복하면서 맛있는 과메기로 숙성된다. 또 자주 꺼내서 햇볕에 말리는 방식이 있는가 하면 줄곧 어두운 곳에 보관하는 방식이 있다. 아이디어도 숙성 방법과 환경에 따라 다른 결과가 나온다.

숙성은 인내가 필요하다. 때로는 자신의 아이디어와 달라도 인내하며 숙성시켜야 할 때도 있다. 순간의 선택이 평생을 좌우한다는 광고 문구가 있었다. 중요한 결정에는 그만큼 신중한 선택이 필요하다.

소프트뱅크의 손정의 회장은 회고록에서 젊은 시절 미국 MBA 유학에서 돌아온 후 1년 반 동안이나 아무런 일도 하지 않은 채 보냈다. 그때문에 유학을 가서 제대로 배운 게 없다는 이야기를 들었다고 한다.

하지만 그는 이 기간에 자신이 관리하는 수백 개의 평가 항목으로 사업 아이템을 점검한 후에 평생 무엇을 해야 할지 자신의 인생 대계를 설계하고 어떤 사업을 할지 결정했다고 한다.

아이디어가 요리되고 나서 그 요리가 최종 마무리되기까지는 기다림의 시간이 필요하다. 밥에 뜸을 들이는 것처럼 말이다. 뜸이 들지 않은 밥은 고두밥이 된다. 전기압력밥솥으로 밥을 하는 데 걸리는 35

분 중 약 30퍼센트의 시간이 뜸을 드는 데 드는 시간이다.

만약 1퍼센트의 오류를 발견할 수 있다면 99퍼센트의 완성도가 100퍼센트의 완성도로 바뀌는 과정이 될 것이다. 그 차이는 그저 별것 아닌 1퍼센트가 아니라 맛없는 요리에서 맛있는 요리로 탈바꿈하는 큰 차이를 만들어내는 중요한 1퍼센트다. 완성도 기준으로만 보면 100퍼센트, 200퍼센트의 상승이 될 수 있다.

기업에서는 새로운 제품을 개발하게 되면 반드시 제품 속에 숨어있는 결함을 점검하는 과정을 거친다. 특히 IT 분야에서는 프로그램 제작상의 오류를 버그bug라고 부른다. 이 오류가 결과의 완벽성을 위협하는 벌레와도 같은 존재이기 때문이다. 그래서 이 버그를 잡는 과정인 디버깅debugging 작업이 충분하면 할수록 최종 결과물의 완성도는 높다.

뜸을 들이기 위해서는 느긋한 자세가 필요하다. 태초에 하느님이 세상을 창조하기 위해 완성될 때까지 꼬박 6일이나 걸린 이야기가 성경에 나온다. 전지전능하신 하느님조차 세상을 창조하는 데에 6일이라는 시간이 걸렸다. 하물며 인간의 머리에서 나오는 아이디어는 어떠하겠는기?

아이디어가 완성될 때까지는 괴로울 것이다. 하지만 퍼즐을 풀 듯차근히 요리가 완성되기를 기다려야 한다. 그 시간 동안 긴장을 늦추고 조급한 마음을 버리고 편안한 마음으로 자신의 요리에 아직 파악하지 못한 문제점은 없는지 하나하나 점검해본다면 아이디어가 설익은 밥이 되는 오류를 피할 수 있을 것이다.

아이디어 요리가 끝났다고 생각할 때 마지막으로 다시 뒤를 돌아보라. 그전까지 보지 못한 새로운 오류가 발견될 것이며 그 시간이 가장 효과적으로 아이디어를 발전시킬 훌륭한 기회가 될 것이다.

이 과정을 얼마나 충실히 거치는가가 아이디어 요리의 완성도를 결정짓는 분수령이다. 급할수록 돌아가라는 말처럼 뜸을 들이지 않는 아이디어는 본질에서 결함을 가지고 태어날 수밖에 없다.

시식하기(최종 점검)

요리가 다 되었다면 마지막으로 이상이 없는지 확인하는 과정이 필요하다. 요리사가 시식을 통해 요리가 지닌 문제점을 확인할 수 있는 것처럼 기획자도 아이디어 요리 후에 오류가 없었는지 점검하고 만약 오류가 발견된다면 이를 제거하는 과정을 거쳐야 한다.

글쓰기로 치면 탈고 작업에 해당한다. 아무리 자신이 생각한 글이 완성 단계라고 해도 들여다 볼 마음이 없다는 핑계로 대충 마무리하려는 안이함을 버리고 처음에 구상했던 골격까지도 모두 뒤집을 각오로 양심을 걸고 객관적으로 자신의 글을 들여다봐야 한다. 시식은 마치 도자기를 굽는 도공이 완성된 도자기의 완성도에 결함을 용납하지 않고 과감하게 도자기를 깨부수는 것과 같은 심정으로 임해야 한다.

시식은 아이디어를 만든 주체보다는 객관적으로 검증할 수 있는 사람의 참여가 필요하다. 글이 완성되면 출판사 편집자가 원고를 보도록 한다거나 기업에서 제품을 개발하면 BMTBenchmark Test를 거치는 것이 바로 그런 과정이다. BMT 담당 부서에서는 개발된 시제품을 가열하기도 하고 떨어뜨려 충격을 주면서 다양한 테스트를 통해 혹시 있을지 모르는 문제점을 확인한다.

평가자의 평가를 통과하지 못했다고 불평할 이유는 없다. 오히려 덕분에 더욱 완벽한 제품을 만들 기회가 제공된 셈이다. 문제점을 보완하면 추진하는 제품은 더욱 성공적으로 판매될 것이다.

데코레이션 (외관 정돈)

요리의 목적은 단순히 맛만이 아니라 시각적 아름다움, 분위기나 멋과 같은 종합적 체험을 통한 손님의 행복이다. 쉐라톤그랜드워커힐 호텔의 총주방장인 하영철 셰프는 요리사의 자질로 조화, 색채, 균형 등의 감각을 타고나야 한다고 말한다. 아이디어 역시 논리적인 결론뿐 아니라 그 아이디어가 적용되는 분위기, 호감도, 외형적 모습이 함께 작용하는 종합적 체험이어야 한다. 이 점이 요리가 주는 매력이며 동시에 아이디어의 매력이기도 하다.

한 온라인 커뮤니티 게시판에는 '게으른 천재 요리사'라는 제목으로 여러 장의 사진이 게재됐다. 소시지에 스파게티 면을 꽂은 채 그냥 삶은 요리로 한꺼번에 두 가지 음식을 먹을 수 있는 일명 '스파게티 소시지'다. 스파게티 소시지를 만든 이는 게으른 천재 요리사로 불리고 있다. 하지만 실제로 이렇게 음식을 먹을 사람이 얼마나 될까? '보기 좋은 떡이 먹기도 좋다'라는 말처럼 요리란 단순히 입으로만 맛을 느끼는 것이 아닌 시각적, 청각적 요인이 맛에 영향을 미치는 작업이기 때문에 비호감을 불러일으키는 요소가 있다면 과감히 정리해야 한다.

　데코레이션의 역할이 그런 것이다. 케이크 위에는 설탕 덩어리로 만들어진 예쁜 장식물들이 있다. 먹는다고 죽지는 않겠지만 이 장식물들은 먹기 위한 목적이 아닌 심미적 목적을 위한 장식이다.

　푸드 코디네이터라는 직업이 있다. 이 직업은 무슨 맛을 내야 할까 하는 고민으로 보기 좋은 음식을 만드는 직업이다. 또 어떻게 담아 멋과 청결감과 맛깔스러움을 표현할지를 날마다 고민하는 직업이다. 이를 위해서는 음식의 맛뿐 아니라 색의 혼합과 톤의 구성, 색이 미치는 심리적 효과를 고려해야 한다.

　요리와 음식의 차이는 데코레이션에 있다. 매일 먹는 음식은 대충 만들어서 먹어도 되지만, 특별한 의미가 있는 요리라면 단지 음식 맛만으로는 부족하다. 의미와 정성을 담아 시각적으로 표현해야 한다. 그래서 요리는 음식보다 시각적인 미가 강조된다. 떡국이나 비빔밥의 맨 마지막에 위에 살짝 올리는 고명은 맛도 좋지만 멋을 더해주는 데코레이션 장치다. TV 요리 프로그램에서 카메라에 찍힌 요리 과정의 모습은 보기에 아름답다. 균형 있게 자리 잡은 재료들이 보글보글 끓는 모습은 시각적으로도 아름답다.

　아이디어에도 마찬가지로 데코레이션이 필요하다. 아이디어도 기획서나 제품의 형태로 완성될 때 본연의 기능에만 주안점을 둘 필요는 없다. 좀 더 멋진 장식품이 덧붙여진다면 '보기 좋은 떡이 먹기도 좋게' 될 것이다. 보고서를 꾸밀 때에도 멋진 격언 같은 문구를 문서 앞이나 마지막에 둠으로써 아이디어가 추구하는 지향점에 감성적이고도 함축적으로 접근할 수 있다. 그것 역시 데코레이션이다.

일식은 유난히 보이는 모습에도 정성을 쏟는 요리다. 회가 나올 때도 깻잎, 오이채 같은 재료로 모양을 내 그릇에 담는다. 음식뿐 아니라 음식을 담는 접시 역시 미적인 면을 고려해서 자기를 사용하는 등 장식에 신경을 쓴다.

아이디어도 예쁜 그릇에 예쁘게 담아준다면 훨씬 더 맛있는 요리가 된다. 보고서의 장식'만' 화려하면 문제가 있겠지만 보고서의 장식'까지' 수려하다면 그 아이디어는 더욱 먹기 좋을 것이다.

이름 짓기 (명칭 확정)

메뉴판에는 요리의 이름이 적혀있다. 손님이 메뉴판을 보고 종업원에게 주문하면 그 주문은 주방으로 전달되고 요리사는 주문을 주의 깊게 살펴본다. 요리의 이름은 요리사가 요리의 가장 특징적인 면을 살려 표현한 것이다. 이 이름을 통해 손님의 미감을 자극하기 때문에 요리의 명칭은 요리의 콘셉트를 가장 잘 살리는 이름이어야 한다.

요리의 이름은 단순히 요리를 지칭하는 것뿐만 아니라 요리사와 고객이 함께 미감을 공유할 수 있는 기능이 있다. '꽃이라 부르니 꽃이 되었다'던 시처럼 이름을 붙이면 요리의 이미지가 바뀐다. 달걀부침도 '태양이 위를 향한Sunny Side-up'이라는 이름으로 부르게 될 때 훨씬 더 멋진 이미지를 갖는다.

티라미수는 오늘날 전 세계 사람들의 사랑을 받고 있는 디저트용 케이크로 이름에 멋진 뜻이 있다. 티라미수는 이탈리아어로 '끌어올리다'라는 뜻의 티라레tirare와 '나를'의 미mi, 그리고 '위로'의 수su가 합쳐진 말로 '기분이 좋아진다'라는 뜻이다. 이 이름이 붙여진 이유는 티라미수 안에 커피가 들어있어 흥분 작용을 하기 때문이다. 그 의미를 알건 모르건 티라미수라는 이름이 풍기는 이탈리아의 느낌은 이국적인 이미지를 더하면서 세계적인 디저트로 유행하는 데 도움이 되었을 것이다.

20세기에 최고로 성공한 이름은 1990년대부터 2000년대까지 전 세계적인 열풍을 일으킨 '온라인'이다. 기존에는 단지 '전화를 통한'이라는 의미로 사용되었던 온라인이라는 단어는 인터넷의 등장과 함께 '매체를 통한'이라는 의미로 확대되면서 기존의 모든 세계에 '오프라인'이라는 이름을 붙였다. 그 결과 인터넷을 통한 서비스를 오프라인과 대등한 개념으로 자리 잡게 하는 데 이바지했다. 당시 온라인은 오프라인의 기능을 일부 보완하는 정도에 불과했지만 온라인이라는 이름은 오프라인과 대등하다는 이미지를 대중에게 심어주는 데 성공함으로써 오프라인이 온라인으로 대체되는 것처럼 보였다.

'온라인' 이후 가장 큰 성공한 이름은 단연 '스마트'다. 이제 '스마트'라는 단어는 어떤 기술적인 규격에 제약되지 않고 단지 'IT가 결합한'이라는 의미로까지 확대될 정도다. 이렇게 용어가 확대 사용되는 이유는 대중이 그만큼 '스마트'라는 명칭에 호감을 느끼기 때문이다.

이제 '스마트'는 기존의 모든 서비스에 비해서 더 우수한 서비스인 것처럼 인식되고 있다. 세상은 '스마트한 제품인가 아닌가?'라는 관점을 제시하면서 우리 생활 곳곳에 스며드는 효과를 거둔 것이다.

요리의 종류

요리에 종류가 있듯이 아이디어에도 종류가 있다. 한식, 중식, 일식, 양식과 같이 나라를 중심으로 요리를 구분할 것인가 아니면 튀김요리, 찌개요리, 볶음 요리와 같이 양태에 따라 구분할 것인가의 기준이 있듯이아이디어의 종류도 기준에 따라 구분할 수 있다.

  요리하기 위해서는 먼저 요리의 종류를 결정해야 한다. 요리의 종류가 그 요리사의 진문성을 나타내듯이 사신이 즐겨 만드는 아이디어 요리의 종류를 미리 파악하는 것은 매우 중요하다. 자신의 아이디어 요리 유형은 어떤 것일지 함께 생각해보자.

요리의 분류 기준

현실 속 아이디어 요리의 종류는 매우 다양하다. 추상적으로 아이디어를 이해할 수 있는 3개의 지표에 따라 아이디어 요리를 구분할 수 있다.

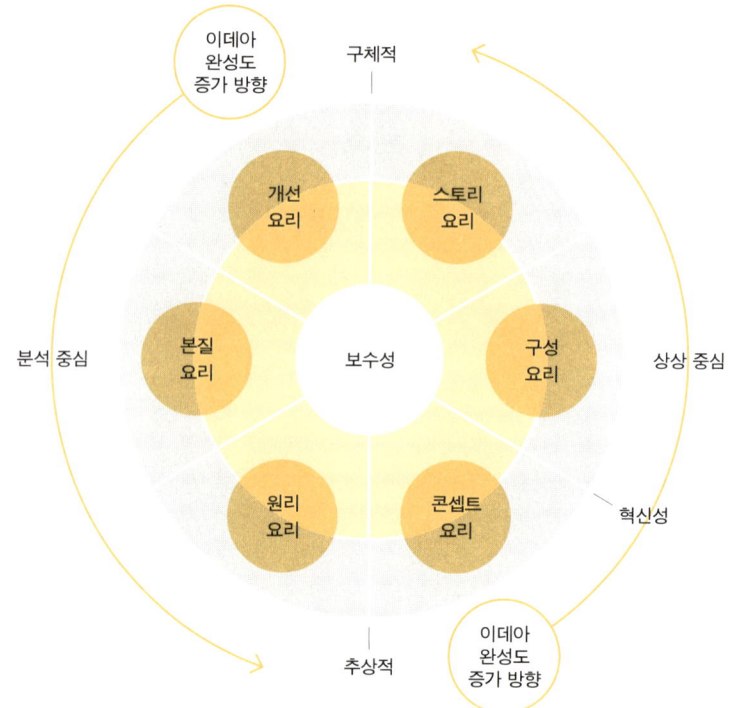

아이디어 요리의 구성도

　첫째, 분석 중심인지, 상상 중심인지에 따른 구분이다. 분석 중심 요리는 논리를 중시한 서양 문화의 정신에 기초한 서양 요리를 닮았다고 비유할 수 있다. 상상 중심 요리는 직관을 중시했던 동양 정신에 기초한 동양 요리에 비유할 수 있다.

　둘째, 구체적인 관점인지 추상적인 관점인지에 따른 구분이다. 구체적인 관점은 일상적인 생활에서 간단히 먹을 수 있는 가정식 백반 같은 느낌의 아이디어 요리이다. 추상적인 관점은 매우 깊이 있는 고찰 속에서 만들어진 아이디어로 마치 큰 규모의 연회에 필요한 코스와 같은 정식에 비유할 수 있다.

셋째, 보수적인지 급진적인지에 따른 구분이다. 정통 경제학과 같은 아이디어 유형은 모든 사람이 이해하고 공감하고 있는 내용에 중점을 두는 보수적 아이디어고 기존의 시장을 파괴하는 아이디어는 남들이 가지 않은 새로운 영역에 중점을 둔 급진적 아이디어다.

세상이 시시각각 변화함에 따라 요리도 변화하므로 전통과 혁신은 종이 한 장 차이일 지도 모른다. 그 과정에서 새로운 소비자의 입맛에 맞추기 위해 다양한 요리가 합쳐지는 혁신적인 요리가 탄생할 수 있다.

위 표처럼 아이디어는 구체성 속에서 논리와 직관이 서로 만난다. 반대로 추상성의 세계에서 상상 중심 아이디어의 끝과 분석 중심 아이디어의 끝이 맞닿아 있다. 이러한 연속성은 원처럼 이어진다.

이 원에서 좌측에 분석 중심 아이디어를 우측에 상상 중심의 아이디어를 표시했고 위쪽에 구체적 아이디어를, 아래쪽에는 추상적 아이디어를 표시했고 원의 중심에 보수성을, 원의 바깥에 혁신성을 표시했다.

현실과 이데아는 서로 연결되어 있으며 분석 중심 아이디어는 현실 속에서 이데아를 보는 활동이고 상상 중심 아이디어는 이데아를 통해 현실을 보는 활동이다. 상상 중심 아이디어는 새로운 것을 찾아 앞으로 나아가고 분석 중심 아이디어는 현실 속에서 잘잘못을 파악한다.

위에서 살펴본 바와 같이 아이디어 요리는 상상 중심과 분석 중심으로 나뉘는 성향에 따른 구분, 구체적인가 추상적인가 하는 아이디어 시점에 따른 구분, 보수적인가 급진적인가 하는 기준에 따라 구분된다.

이런 아이디어 구분 기준에 따라 아이디어는 12가지의 요리로 구분할 수 있다.

아이디어의 12가지 구분

성향 시점	분석 중심 아이디어		상상 중심 아이디어	
추상적	보수적 원리	급진적 원리	보수적 개념	급진적 개념
중간적	보수적 본질	급진적 본질	보수적 구성	급진적 구성
구체적	보수적 개선	급진적 개선	보수적 스토리	급진적 스토리

모든 아이데이션은 퓨전 요리다

아이디어 요리에 대한 구분은 각각의 성향과 아이디어 시점이 얼마만큼 들어가 있느냐에 따른 상대적인 개념이다. 또 같은 아이디어도 두 가지 측면에서 바라볼 수 있다. 새로운 커피 프랜차이즈 사업을 기획한다면 새로운 비전을 만드는 분석 중심 요리이면서 동시에 새로운 개념이 필요한 상상 중심 요리이기도 하다.

이처럼 많은 아이디어가 분석과 상상이라는 두 가지 특징을 동시에 보여 준다. 이런 면에서 모든 아이디어는 퓨전 요리라고도 할 수 있다.

퓨전 요리는 많은 요리사가 새로운 요리를 창조해내는 방법이다. 서로 다른 요소들의 상호 관계를 생각하면서 새로운 서비스 기획을 도출하는 것이 바로 퓨전 요리의 묘미다.

짬뽕은 일본에서 만들어진 중국식 요리다. 짜장면은 인천에서 만들어진 한국식 중국 음식이다. 이처럼 다른 지역으로 전해진 음식 문화는 그 지역에 특성에 맞게 변형이 일어난다. 마치 일식 김밥이 캘리포니아로 건너가 캘리포니안 롤이라는 간편한 퓨전 음식이 된 것처럼 말이다.

우리나라는 퓨전 요리를 잘할 수 있는 DNA를 갖고 있다. 6.25전쟁 이후 미군 부대에서 흘러나온 소시지나 햄 같은 음식재료와 김치찌개가 만난 퓨전 요리인 부대찌개는 우리나라 사람들이 얼마나 퓨전 음식에 소질이 있는지를 보여주는 사례다.

이제 퓨전 요리 문화가 '융합'이라는 이름으로 주목을 받는 시대가 됐다. 각자 다르게 생각하지만 서로 조화를 이루는 것, 그것이 퓨전의 원리다. 아이디어의 퓨전 요리란 서로 다른 구성 요소가 협업하며 전문적 경험치를 높여나가는 것을 의미한다. 짜장면을 만들어내듯 새로운 음식을 창조해내는 것이야말로 융합 시대에 요구되는 창의성이다.

4부

상상 아이디어
레서피

이제 요리별 조리법을 살펴보자. 먼저 이 장에서는 현실에 대한
이해보다는 상상을 중심에 놓는 요리법인 상상 아이디어 레서피를 살펴보려 한다.
상상 아이디어 레서피로 만들어진 '콘셉트 요리' '구성 요리' '스토리 요리'의
요리 방법과 대표 사례들을 익혀보자.

'콘셉트 요리'

나는 별명 짓기를 좋아한다. 회사에서 눈치가 빠르고 다른 사람의 비위를 잘 맞추는 후배에게는 '생계형'이라는 별명을 지어줬고 항상 집에서 편하게 지내는 부인은 '코알라'라는 별명으로 부른다. 또 나 자신을 소개할 때는 주변머리 없는 특징을 가리켜 '도련님'이라는 별명을 상대방에게 알려준다. 별명 짓기는 콘셉트 요리의 특징이다. 어떤 현상이나 본질에서 하나의 통일된 새로운 시각을 만들어내기 때문이다.

● 요리의 특징

콘셉트 요리는 개념화다. 개념화란 어떤 아이디어를 하나의 개념으로 표현하는 것으로 상상 중심 요리 가운데 가장 추상적인 관점의 요리다. 콘셉트 요리는 '아이디어'의 어원인 '이데아'가 Wid-es-ya, 즉 '신의 세계에 있는 사물의 원형을 보았다'는 의미가 있다는

4부 상상 아이디어 레서피

점에서 가장 아이디어의 어원에 가까운 요리다.

콘셉트 요리란 한마디로 별명 짓기다. 학창 시절 친구들끼리 별명으로 부르던 기억이 있을 것이다. 그런 별명들이 그 사람을 정확히 정의하지는 않지만 그 사람의 특징을 잘 살려주었던 것처럼 개념화를 통해 새로운 사물이나 문제를 특징적으로 파악할 수 있다.

SM엔터테인먼트의 설립자 이수만 역시 별명 짓기에 탁월했다. 그는 본격적인 연예기획사를 하기 전 인천 월미도에 '헤밍웨이'라는 커피숍을 낸 적이 있었다. 미국의 작가 헤밍웨이Hemingway의 이름이 지닌 우수 어린 이미지와 바닷가와의 조합으로 한동안 월미도의 명물로 인기를 끌었다. 이러한 개념화 능력은 SM엔터테인먼트에서도 수많은 가수의 이름을 지어내면서 빛을 보았다. 보이 그룹 'H.O.T'를 만들었을 때에도 '핫'이라고 읽으면 구세대고 '에이치오티'라고 읽으면 신세대라는 장치를 만듦으로써 젊은 세대들과의 교감에 성공했다. 그뿐 아니라 'S.E.S' '슈퍼주니어' '소녀시대' 등 만드는 그룹 이름마다 소비자의 욕구를 정확히 반영하는 개념화의 달인이다.

● 요리의 효과

콘셉트는 다양한 곳에서 활용된다. 콘셉트 프로젝트는 제품을 기획할 때 차세대 상품을 기획하기 위한 전초전과 같은 역할을 한다. 이 과정에서 콘셉트는 새로운 상품의 본질을 꺼내 보여주는 핵심 작업이다. 자동차 제조업체는 콘셉트 카를 만들어 브랜드를 판촉하고 대중에게 멋진 차라는 것을 알리는데 당장의 어려움이나 당장의 이익이 아니라 궁극적인 모습을 그리는 작업이 되어야 한다. 개념 작업은 새로운 비유 혹은 제품에 대한 새로운 구조를 만들어내는 데 도움이 되기 위한 목적을 가진 작업이다.

중국의 개혁개방 정책을 이끌었던 덩샤오핑鄧小平의 '흑묘백묘론'이라는 말은 검은 고양이든 흰 고양이든 쥐만 잘 잡으면 된다는 단순한 방식에 불과하지만, 극도로 경직된 1980년대 사회주의 국가에서 고정관념에 얽매이지 않는 탁월한 아이디어였다. 수 십 년 후 중국의 부상으로 세상을 변화시킨, 마치 콜럼버스Columbus의 달걀처럼 중국인의 발상을 바꾼 위대한 아이디어였고 덩샤오핑은 자신의 아이디어를 고양이의 색깔과 고양이의 본질로 비유한 탁월한 개념 요리사였다.

콘셉트는 명제화와 같은 효과를 만들어 그 말에 집중하게 하는 인용표 같은 역할을 한다. 어느 명배우는 '연기는 어차피 거짓이며 거짓을 최소화하는 것이 배우의 일'이라고 개념화했다. 그래서 개념을 표기할 때는 외래어로 표기함으로써 낯설게 하는 효과를 준다.

⭕ 재료

콘셉트 요리에는 다양한 경험을 통한 다량의 재료가 투입된다. 다량의 재료는 조리 과정에서 압축되고 압축되어 하나의 개념으로 남는다.

○ 조리 방법

- 재료를 국물이 쫄 때까지 가열해서 엑기스 형태로 남기면 불필요한 찌꺼기는 사라진 핵심적 개념만 남는다. 수많은 사례를 다루지만 핵심을 향해 줄이고 줄여나가면 결국 개념만이 남는다. 개념은 아이디어를 졸여서 핵심을 결정체로 만드는 것이다.
- 콘셉트는 고정관념을 깨고 본질을 찾아가는 것이다. 고정관념을 발견하고 이를 없애야 한다.

○ 조리 시간

요리는 단기간에 완성할 수 있지만 그 콘셉트를 증명하고 인정을 받기 위한 시간이 훨씬 더 많이 걸리는 편이다.

○ 팁

- 콘셉트는 상상 중심 요리에서 가장 착상을 중심으로 하는 활동이다 보니 노력보다는 무의식 속에서 불현듯 떠오르는 편이다. 따라서 콘셉트 능력을 강화하기 위해서는 사색을 자주 해야 한다.
- 거꾸로 생각하다 보면 기존의 고정관념을 깨고 새로운 콘셉트를 도출할 수 있다.
- 아무런 제약이나 장벽이 없다고 상상하는 것이 중요하다.

○ 주의사항

- 완벽한 콘셉트를 만들기란 쉽지 않다. 콘셉트는 현실 세계를 완

벽하게 설명하는 데 한계가 있기 때문이다. 유행하던 콘셉트의 단점이 주목받기 시작하면 그 콘셉트의 단점을 보완하는 새로운 콘셉트가 등장하면서 새로운 유행이 되곤 한다. 그 때문에 시류에 흔들리지 않는 자신만의 콘셉트를 만들어내는 것은 변화하는 세상 속에서 자신만의 아이디어를 발전시켜나가는 데 큰 도움이 될 수 있다.

- 처음부터 재료 그대로 가열하면 타버릴 수가 있다. 천천히 가열과 냉각을 반복하면서 개념을 정립해야 한다. 과열을 방지하기 위해서는 재료에 계속 물을 부어주어 재료가 수분을 유지하도록 조리해야 한다.

피카소

"유능한 예술가는 모방하고 위대한 예술가는 훔친다.Good Artists copy, great artists steal"

파블로 피카소가 한 말이다. 그만큼 그는 새로운 개념을 만들어내는 콘셉트 요리의 달인이었다.

그가 12세였던 때에는 리파엘처럼 그렸다. 탁월한 소묘실력과 색채감각으로 르네상스 시대 작가들의 작품을 완벽히 재현했지만, 그는 과감히 과거를 버리고 '회화는 현실의 모사'라는 수천 년의 회화의 근본 원리를 송두리째 뒤집은 큐비즘(입체주의)이라는 개념을 창시했다. 큐비즘이라는 개념에서 비로소 현대 미술이 시작됐다.

큐비즘의 계기가 된 작품은 『아비뇽의 아가씨들』이었다. 그는 이 작품을 완성하기 위해 수백 장의 데생을 그리고 열여섯 권의 스케치북을 사용할 만큼 새로운 개념 창조에 많은 아이디어를 쏟아냈다. 그러나 처음 이 작품을 공개했을 때 이 작품의 진가를 알아차린 사람은 거의 없었다.

피카소는 다음과 같이 말하며 새로운 시대를 선언했다.

"화가는 시각장애인의 작업이다. 화가는 보는 것이 아니라 느끼는 것을, 봐왔던 것에 관해서 스스로 말하고 싶은 것을 그린다."

큐비즘에 이르러 그림은 자연과 관계없는 것이 됐다. 그는 화가가 자연을 모사하는 존재가 아니라 보다 창조적 존재임을 선언했다. 그가 만든 현대 미술의 개념은 인류의 미술역사를 피카소 전과 후로 구분할 만큼 대담했다.

그는 개념의 달인이었을 뿐 아니라 정열의 상징이기도 했다. 공개적인 그의 연인이었던 여성만 다섯 명이 넘었다. 또 그는 화가가 안 되었으면 시인이 되었을 것이라는 이야기가 있을 정도로 당대 문화예술인들로부터 널리 존경받는 사람이었다. 그가 오늘날 다시 태어나 월급쟁이를 했더라도 출세했을 거라는 상상이 들만큼 그는 열정적이고 야심 있는 인물이었다. 그는 이러한 열정과 천재성을 바탕으로 기존의 관념을 뒤집는 새로운 콘셉트 요리를 만들어낼 수 있었다.

로봇과 안드로이드

오늘날 공상 과학 영화뿐 아니라 산업 현장에서도 널리 사용되는 로봇. 하지만 로봇을 처음 만든 것은 과학자가 아니라 작가였다. 원래 로봇이라는 명칭은 체코의 작가 카렐 차페크Karel Capek의 희곡 「로숨의 유니버설 로봇R.U.R.」에서 처음 사용됐다. 이 작품에 등장하는 인간 모양의 인공 생명체의 이름인 '로봇'(robot, 일꾼 노동자)은 체코어인 '로보타'(rotoba, 일 노동)라는 단어에서 비롯됐다.

제2차 세계대전 이후 미국에서는 공상과학소설이 인기를 끌면서 많은 작가가 로봇에 대한 개념을 고도화했다. 고등학교 졸업장이 전부였던 SF작가 필립 K. 딕Philip K. Dick은 뛰어난 상상력으로 다양한 개념을 창조한 존경 받는 공상과학 작가였다.

그는 할리우드에서 첫 번째로 영화화된 영화 「블레이드 러너」의 원작 소설 『안드로이드는 전기양의 꿈을 꾸는가』를 통해 로봇이 인간과 같은 수준으로 진화할 수 있다는 '로봇 진화'의 개념을 다루면서 로봇이 인간과 같은 감정을 느낄 수도 있다는 존재론적 이슈를 제기하는 데 성공했다.

이후 로봇이라는 개념은 1960년대 일본의 애니메이션 산업을 만나면서 새로운 방향으로 발전한다. 1963년 일본의 만화가이자 애니메이션 제작자였던 데즈카 오사무手塚治虫는 「우주소년 아톰」을 통해 인간형 로봇 개념을 발전시켰다. 학산문화사에서 발간된 그의 만화 『우주소년 아톰』에서는 아톰의 등장에 따른 인간들의 반응을 다음과 같이 묘사하고 있다.

"서기 2003년 전세계에서 수많은 로봇이 개발돼 인간의 도우미로 활약한다. 아직 이들은 인간의 명령에 따라 움직이는 기계에 지나지 않지만 인간의 마음을 간직한 로봇 아톰이 탄생하면서 인간 사회에

파문이 생기기 시작했다. 신기해하는 사람이 있는가 하면 어떤 사람은 몹시 두려워하게 된다."

「우주소년 아톰」이 예언한 시기와 유사한 시점에 일본의 자동차 회사들은 인간형 로봇을 만들어내기 시작했다. 혼다에서는 시속 6킬로미터로 직립 보행을 하는 휴머노이드(인간형 로봇) '아시모ASIMO'가 사이타마 현의 혼다 사무실에서 손님을 맞는 업무를 담당하고 있고, 도요타에서는 2007년 '바이올린 켜는 로봇'을 발표하는 등 다양한 기능의 로봇이 일본에서 제작되어 왔다.

구글이 안드로이드 OS를 내놓으면서 로봇에 대한 비전을 많이 언급했다. 안드로이드라는 단어 자체가 '인간을 닮은'이라는 의미로 즉 인간형 로봇을 의미한다. 실제로 구글은 검색으로 인간의 삶을 변화시키기 시작했다. 그리고 스마트폰을 거치고 무인자동차를 거치면서 '인간형 로봇'의 꿈을 향해 달려가고 있다. 어쩌면 안드로이드라는 공상과학이 만든 개념은 구글을 통해 실현될 수 있을지도 모른다.

빈민을 위한 은행

방글라데시 치타공대학교 경제학 교수였던 무하마드 유누스Muhammad Yunus는 기아의 참상을 목격하고 대학교 주변의 빈민촌 주민들에게 우선 자신의 돈을 담보나 보증 없이 저금리로 빌려주었다.

그는 사람들이 돈을 잘 갚았을 뿐 아니라 그 돈으로 자신의 삶을 개선하는 것을 목격할 수 있었다. 그는 1976년 조드라 마을 주민을 대상으로 자신의 돈 27달러 정도를 직접 빌려주면서 신용 소액대출 개

넘을 만들었다. 은행이 부유층이나 중산층에 돈을 대출해서 이익을 창출한다는 고정관념에서 벗어나서 빈곤에 시달리는 사람들에게 큰 희망을 준 것이다.

상환 능력도 없어 보이는 이들에게 대출을 해준다는 것은 많은 사람의 눈에는 '위험 관리'를 하나도 모르는 무모한 행동처럼 보였다. 하지만 유누스는 자신의 고객이 소규모 자본으로 새로운 자본을 창출함으로써 대출금을 상환 받을 수 있다고 보고 대출 서비스를 지속하기로 했다.

신용 소액대출을 받은 사람들은 빌린 돈으로 소규모 자영업을 시작했고 그 결과 빈곤인구가 감소했다. 빈곤에서 탈피하고 자식들을 학교에 보내기 시작하면서 학교 교육이 확대됐고, 교육을 받은 청소년들은 폭넓은 취업 기회를 얻었으며 급여도 향상됐다.

소액대출 사업은 1983년에 공식적으로 그라민 은행으로 전환해서 2011년 10월까지 방글라데시에서 총 가입자 835만 명을 보유하고 있으며 방글라데시 전체 마을의 97퍼센트가 넘는 8만 1,379개 지역에서 2,565지점을 거느린 국가대표급 은행으로 성장했다. 그라민 은행의 97퍼센트가 넘는 자본 회수율과 설립 후 세 개 연도를 제외하고 은행이 꾸준히 이윤을 창출해 왔다는 점은 유누스의 사회적 기업가 정신이 성과를 통해 증명되었음을 보여주는 중요한 수치다. 이후 그라민 은행을 모방한 수많은 소액 신용대출 서비스 기관이 생겨나고, 메이저 금융 기관에서도 그들의 새로운 사업으로 소액 신용대출에 주목하는 등 가난한 이들을 위한 은행을 통해 새로운 생태계가 만들어졌다.

유누스와 그라민 은행은 2006년 12월 노벨평화상을 수상했다. 가난한 사람들을 위한 은행이라는 아이디어는 현재 전 세계로 확장되고 있다. 미국에서도 그라민 은행의 모델이 그대로 도입된 그라민 아메리카가 성업 중이다. 이곳의 지점장들은 모두 방글라데시의 그라민 은행 출신들이다. 그라민 은행은 은행의 개념을 바꿈으로써 세계 최빈국 방글라데시가 최부국 미국의 심장부 뉴욕에 은행 모델을 수출할 수 있었다.

최악의 영화상

골든 라즈베리 영화제는 '단돈 1달러가 아까운 영화가 뭘까?'라는 단순한 의문에서 심심풀이로 만들어진 영화제다. 아카데미 시상식 전날 열리는 전통의 영화제가 된 이 영화제는 작은 아이디어로 시작됐지만 빠른 속도로 발전했다.

라즈베리 영화제는 잘못 만들어진 영화를 관객의 입장에서 맘껏 조롱하는 진정한 축제의 장으로, 최악의 작품상, 최악의 남우주연상, 최악의 여우주연상 등과 특별 부문으로 최악의 루저 상을 시상했다.

수상자들은 이를 하나의 조크로 받아들이는 모습을 보여주면서 「쇼걸」의 폴 버호벤 Paul Verhoeven 감독이나 「캣우먼」의 할리 베리 Halle Berry는 직접 시상식 현장에 나타나 상을 받아가기도 했다. 비판을 조크로 받아들일 줄 아는 아름다운 모습을 보여주었다.

이와 유사하게 우리나라에서도 '10만 원 비디오 영화제'라는 영화제가 영화의 팬들 사이에서 주목을 받은 적이 있다. 10만 원 비디오 영화제는 1997년 아마추어들이 자발적으로 구성한 영화제로서 자신들의 작품을 대중 앞에 선보일 마땅한 공간이 없었던 영상 작가들에게 발표의 장을 마련하면서 입소문을 통해 성장했다.

웹사이트는 상시적인 출품작 상영과 비디오 작가들의 연대를 위한 가상공간으로 자리 잡았으며 상금은 당선작 10만 원, 관객상 10만 원, 장려상 상품 수여의 단출한 상이 주어졌다. 간단한 아이디어였지만 다른 방식의 영화제라는 개념으로 골든 라즈베리 시상식은 독보적인 위치에 오를 수 있었다.

평화의 축제

1889년 프랑스 정부는 국민의 체력상태를 조사하고 체육문화를 장려하는 방법을 찾기 위해 프랑스 스포츠 경기협회 유니언을 만들고 피에르 쿠베르탱 Pierre Coubertin에게 운영을 일임했다.

그는 여러 나라를 여행하면서 다른 국가들이 어떤 식으로 국민 체력과 건강을 향상하게 하는지 조사했다. 그는 어느 나라에나 여러 가지 문제점들이 있고 각기 주장하는 체력 향상 방안도 달라 심각한 파벌이 형성되어 있다는 점을 발견했다.

그는 국제 스포츠 대회가 정기적으로 개최되어야 한다고 강력하게 주장했다. 그는 고대 그리스 올림픽을 현대식 형태로 다시 창안하자고 제안하며 1894년 파리에서 국제회의를 소집했다. 국제회의는 12개국 참가자들을 매료시켰고, 불참국 중 21개 국가의 관심을 불러일으켰다. 이 국제회의가 바로 현대 올림픽이 탄생한 계기가 됐다. 올림픽은 '인종, 피부색, 이념, 계층, 정치에 상관없이 정당하게 경쟁하는 대회'로 만들자는 아이디어였다.

어쩌면 전쟁의 분위기가 감돌던 19세기에 고대 그리스 문화에서 세계 평화를 추구하는 멋진 아이디어를 찾아낼 수 있었던 데에는 쿠베르탱의 직관력이 한몫하지 않았을까. 더구나 정기 올림픽 후에 개최하는 스페셜 올림픽 역시 또 하나의 멋진 아이디어였다. 장애인들도 일반인과 같은 인권을 가진 존재로 올림픽의 깃발 아래서 함께할 수 있다는 아이디어는 장애인에 대한 사회적 편견을 깰 수 있는 멋진 아이디어라고 평가받고 있다.

'사람 책'이라는 콘셉트

2000년 당시 27살의 로니 아버겔Ronni Abergel이 덴마크에 있는 NGO에서 교육 목적의 사회운동을 하면서 '서로 이해하자'는 취지로 '사람 책'을 대출한다는 아이디어를 만들었다. 그는 책 대신 사람을 대출해서 독서를 하듯 이야기를 나누는 리빙 라이브러리의 개념을 창안했다. 이 새로운 개념의 도서관이 유럽을 중심으로 전 세계 60개국에서 운영되고 있다. 우리나라에서도 2010년 2월 3일 국회 도서관에서 처음 행사가 열렸다.

리빙 라이브러리란 단지 '만남'의 다른 이름일 뿐이라고 생각할지도 모른다. 하지만 새로운 개념을 덧입힘으로써 리빙 라이브러리는 기존의 그렇고 그런 행사가 아니라 놀라운 확장성을 가진 새로운 문화를 만들어냈다. 대출자들은 놀라운 경험이자 즐거운 독서였다며 긍정적인 반응을 보였다.

리빙 라이브러리는 만나기 어려운 사람을 직접 만나서 육성으로 그 사람의 말을 들을 수 있다는 장점이 있다. 사람 책을 읽으면 다른 사람의 고민을 진솔하고 포용적인 태도로 듣게 되고 더 넓은 시각을 가지게 된다. 처음에는 낯설고 위험해 보이는 사람 책도 이야기를 듣다 보면 상대방을 이해할 수 있는 마음이 생긴다는 것이다.

리빙 라이브러리는 처음부터 사람들이 가진 편견을 깨는 것이 목표였다. 장애인, 노숙자, 동성애자, 국제 난민 등 우리 사회에서 소수자인 사람들이 사람 책으로 선정되어 다른 사람과 자신의 경험을 이야기할 용기만 있다면 사람 책으로 대출될 수 있는 자격을 얻는다.

반드시 어려운 주제만 대상이 되는 것은 아니다. 채식주의자, 편부모, 이슬람교도, 예술가, 장애인, 노인 등 다양한 사람들이 사람 책으로 대출되며, 경찰관, 사회복지사, 농부 등 평범한 직업을 가진 사람들도 많이 포함되어 있다. 대출시간은 40분으로 정해져 있고 연장을 신청할 수 있다.

리빙 라이브러리라는 개념은 원한다면 언제나 누구나 리빙 라이브러리 행사를 운영할 수 있다는 장점이 있다. 만약 이름을 '~와의 만남'이라는 식으로 지었다면 단기적인 관심에 그치고 말았을 것이다. 하지만 아이디어 요리사의 요리를 통해 사회를 바꾸는 멋진 도서관으로 탄생할 수 있었다

'구성 요리'

나는 구성하는 것을 좋아한다. TV 프로그램을 연출할 때에도, 책을 기획할 때에도, 회사에서 보고서를 쓸 때에도 구성력의 많은 도움을 받았다. 하지만 팀장으로서는 또 다른 구성 능력이 필요하다.

"그 맥락에서는 이 이야기가 필요하지 않아?"

임원에게 보고하다 보면 내가 생각하지 못한 약점을 짚어내는 때가 있다. 이 분야의 전문가는 나인데 왜 임원은 나보다 더 정확히 문제의 핵심을 짚어내는 것일까? 임원에게 구성 능력은 중요한 덕목이다.

임원은 모든 문제의 전문가가 아니라 문제를 짚어내는 것을 주 업무로 하는 전문가이기 때문이다. 임원은 세부 분야의 정교함은 약해도 전체적인 구성을 읽어내는 능력을 가진 사람이다. 그 때문에 임원 앞에서 보고하려고 하면 긴장이 되는 것도 사실이다.

● 요리의 특징

구성이라는 말은 구조화를 의미한다. 글에서 구조를 짠다는 의미다. 구성력이란 섬세한 이야기나 표현을 만드는 능력이 아니라 전체의 배치를 구성하는 아이디어 능력을 말한다.

메뉴판은 어떻게 구성하는 것이 좋을까? 가장 잘 팔리는 것부터 할 것인가? 가장 잘 팔고 싶은 것부터 하겠는가? 가장 비싼 것을 올리 겠는가? 가장 많이 사용하는 방식은 가장 많이 팔리며, 동시에 식당 이 가장 선호하는 메뉴를 맨 위에 놓는 것이다. 하지만 정말 잘 팔리 는 것을 잘 보이는 곳에 놓는 것이 소비자를 위한 좋은 분류 방식일 까?

요리 중에도 코스 요리가 있다. 한 개의 요리만 나오는 단품 요리와 달리 코스 요리는 다양한 구성이 가능하다. 동서양을 구분하지 않고 정식은 애피타이저에서부터 메인 요리를 거쳐 디저트까지의 코스 를 어떻게 구성할 것인지 결정해야 한다. 고급 한식당인 '삼청각'의 '산청 수라'라는 코스 요리는 '계절 죽-새우완자탕-해물냉채-대 하요리   꾸리살 구이 편채-들깨소스 관자구이-명이나물과 보쌈 김치를 곁들인 오겹살 편육-세 가지 전유어-삼겹살 두루치기-계 절 과일과 두텁떡 계절 차'로 구성되어 있고, 유명 호텔의 점심 코스 요리는 '절인 연어와 샐러드-버섯크림 수프-레몬 향 요구르트 새 우 칠리 샐러드-쇠고기 안심과 농어구이-커피 또는 차'로 구성되 어 있다.

글은 잘 못쓰는데 구성은 잘하는 사람들이 있다. 그들은 방송 프로

4부 상상 아이디어 레서피

듀서나 출판사 편집장 등 재능과 경험을 바탕으로 한 구성 전문가들이다. 이 사람들의 특징은 자기 스스로는 작업을 할 수 없으며, 누군가에게 일을 시키는 것이 일이라는 점이다. 영화감독이 시나리오를 잘 쓸 수도 있지만 그렇지 않은 경우도 많다. 스티븐 스필버그와 같은 유명 감독이 시나리오 작업에 참여한다고 해도 그것은 주로 다른 시나리오 작가와의 공동 작업일 경우가 많다. 또 이 작업에서 감독은 대개 구성이 잘못된 방향으로 가는 것을 견제하는 역할을 할 가능성이 높다.

● 요리의 효과

요즘 세상에는 정보가 넘쳐난다. 정보가 중요한 것이 아니라 어떻게 구성하느냐가 점점 더 중요한 가치를 생성하는 시대다. 구성 요리는 새로운 가치를 만들어내는 새로운 방법으로 떠오르고 있다. 구성 하나에 가치가 크게 달라진다. '소녀의 뺨이 붉으면 아름답지만 소녀의 코가 붉으면 추하다'는 말이 있다. 점 하나의 차이가 아름다움과 추함의 경계가 된다는 말이다.

● 재료

시간을 충분히 쏟을 만한 가치 있는 결과물을 목적으로 하기에 중요한 것들을 선별해야 한다.

○ 조리 방법

• 먼저 자신이 생각한 모양을 떠올린다. 그리고 그 모양에 맞춰 재료를 적당한 위치에 빚어가면서 마치 찰흙으로 인체를 만들 듯이 모양을 만들어간다. 각각의 역할에 맞게 부분을 분리하고 위치를 바꿔가며 구성을 맞춰가다 보면 목적했던 구성이 완성된다.

• 구성에서 중요한 것은 순서다. A-B-C-D로 말할 것과 A-C-D-B로 말하는 것은 엄연한 차이가 있다. 중요한 것과 중요하지 않은 것의 위치를 잡음으로써 원하는 메시지의 가장 설득력 있는 배치를 완성한다.

○ 팁

• 구성을 잘하는 것과 이야기를 잘 짜는 것은 다른 능력이다. 이야기는 기이한 방향을 추구하는 반면 구성은 중심적 방향을 추구한다. 이야기는 새로운 이야기를 선보이지만 구성은 논리적인 중심을 잡고 간다.

• 구성 요리는 상상 아이디이이지만 때로는 분석적이고 논리적인 요소가 중요하다. 제대로 이해하지 못하면 좋은 구성이 나올 수 없다.

○ 주의 사항

• 구성은 타당한 기준을 가지고 나눠야 혼란이 없다. 커피 전문점을 연다면 커피는 원산지별로 분류될 것이다. 의류 전문점을 연

4부 상상 아이디어 레서피

다면 제품은 기능별로 분류될 것이다. 1차 구분으로 어떤 기준을 선택하는가가 중요하다. 어디에 있느냐에 따라서도 달라진다. 클래식 문화는 일반적으로 대중문화와 다른 존재다. 하지만 더 큰 분류인 정치, 경제, 오락과 같은 분류에서는 클래식 공연도 오락에 속한다.

교보문고에서는 가장 잘 팔리는 책을 베스트셀러 코너로 배치해서 사람들의 관심을 집중시킨다. 반면 영풍문고에서는 새로 나온 책에 보다 관심을 집중시킨다. 구성이 잘못되었다고 해도 처음에는 큰 문제가 없을 수도 있다. 하지만 세부 카테고리까지 들어가면 이야기는 달라진다. 어린이 과학소설은 소설로 분류될 수도 있고 어린이 분야로 분류될 수도 있다. 이런 경우는 자의적인 규칙을 정하는 수밖에 없기에 누구나 쉽게 이해할 수 있게 분류해야 한다.

• 구성이 객관적이라는 착각을 하기 쉽다. 하지만 구성은 주체의 의지와 가치가 반영된 주관적인 의사결정이다. 일상생활에서 분류라고 말하는 대부분의 구분이 사실은 구성의 산물이다. 주체의 계획과 의지에 따라 얼마든지 다른 분류가 나올 수 있기 때문이다.

예를 들어 흑인과 백인으로 분류하는 것에 정치적 의도나 사회적 의도는 없었을까? 흑인은 백인에 의해 구분된 용어다. 이미 서구에서는 흑인이니 백인이니 하는 말은 사라졌다. 흑인과 백인이라는 용어는 각각 아프리칸, 코카시안이라는 말로 대체됐다.

스티브 잡스

대중은 애플의 제품에 열광했다. 애플의 제품들이 창의적이기 때문이다. 경쟁사의 제품들이 상품의 격을 갖춘다면 애플의 제품들은 문화의 격을 갖추고 있다고 할 수 있다. 그 중심에 혁신가 스티브 잡스가 있었다.

많은 사람이 스티브 잡스에게 열광하는 이유는 그는 남들과 다른 창의적 능력을 갖추고 있었기 때문이다. 애플의 슬로건인 '다르게 생각하라Think different!'는 스티브 잡스의 '삶의 철학'이기도 했다.

그는 결코 시장 조사에 기대는 스타일이 아니었다. 그는 남들과 다르게 생각했고 자신이 옳다고 믿는 것을 끝까지 밀어붙이는 설득력을 가지고 있었다. 사람들은 그의 이런 특성을 '현실 왜곡 장'이라고 불렀다. 스티브 잡스가 가졌던 엄청난 자신감은 주변 사람들의 상식을 뛰어넘는 '현실 왜곡 장'으로 나타나 혁신을 만들어냈던 애플의 원동력이 됐다.

날카로운 직관으로 일가견이 있는 작가 말콤 글래드웰은 스티브 잡스를 자동 물 방적기를 만든 리처드 로버츠Richard Roberts에 비교했다. 방적기를 만들기 위해서는 새로운 방적기의 설계가 아니라 기존의 제품을 개량하는 능력이 중요했다. 스티브 잡스의 능력은 이미 나온 제품을 개량해서 완벽하게 만드는 것에 재능을 보이는 이른바 '트위커tweaker'라는 설명이다. 트위크tweak라는 말은 '잘 조정하다 Fine Adjustment라는 뜻이다. 아이팟과 아이폰은 최초의 MP3와 스마트 폰에 비해 5~8년이나 늦었다. 하지만 디지털 혁신의 대표작으로 평가받고 있다.

그가 개량해서 완벽한 제품을 만들 수 있었던 데에는 애플, 아이팟, 아이폰을 연결하는 구성능력이 큰 작용을 했다. 에디슨이 소비자의 생활에서 느끼는 불편함을 해결하기 위해 발명을 했다면 잡스는 다른 사람의 기술을 편집, 가공했다.

하지만 그는 사람들이 원하는 것을 파악하고 통합적으로 이해해서 하나의 제품 속에서 구현할 뿐 아니라 각각의 제품들을 서로 연결하는 능력을 갖춘 구성의 천재였다. 잡스의 구성 능력은 그의 사후에도 애플의 전통으로 남아 당분간 경쟁사를 압도하는 핵심 역할을 할 것이다.

조직의 구성

유명 TV 리얼리티 프로그램인 「헬스 키친」에서 주인공 셰프 고든 램지Gordon Ramsay는 한 레스토랑을 방문하는데 그 식당에는 웨이터와 웨이트리스가 3명 나온다. 그중에는 헤드 웨이터라는 직책을 가진 웨이트리스가 있었다. 헤드 웨이터는 책임감을 명확히 부여한 직책이다. 이처럼 조직에 대해 어떻게 생각하는가 하는 아이디어는 조직 구성에 특별한 의미를 부여한다.

조직은 과학이 아니라 예술이라는 말이 있다. 조직은 객관적인 분류가 아니라 주관적인 구성이기 때문이다. 자연 현상이나 종은 객관적인 분류에 가깝다. 하지만 사회 현상은 대부분의 분류가 주관이 개입된 경우가 많다. 순수한 의미의 분류가 자연과학이라면 구성은 사

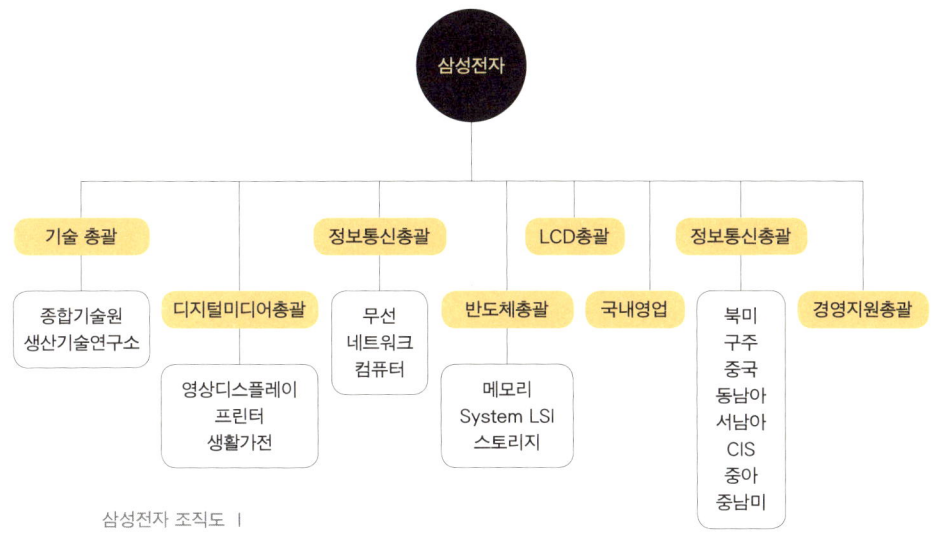

삼성전자 조직도 |

회과학적 분류이다. 그만큼 공정성의 이슈가 뒤따르기 마련이다.

삼성전자는 완제품과 부품 부문으로 조직 구조를 운영하고 있다. 완제품과 부품의 효율적 관리를 위해서 각각 독립 법인 같은 형태로 움직이는 편이 경쟁력에서 유리하다는 판단이다. 하지만 이와 같은 조직이 객관적인 분류는 아니다. 그동안 삼성전자의 조직 개편을 보면 완제품과 제품이라는 기준의 분류를 사용할 때도 있다. 하지만 다른 기준을 중심으로 구성할 때도 있다.

객관적 분류보다 중요한 것은 해당 업무를 관리할 수 있는 적당한 임원이 있는지다. 이것이 바로 구성 요리의 특성이다. 조직은 임원의 의중에 따른다. 임원이 힘이 있으면 그 임원에게 중요한 조직이 주어

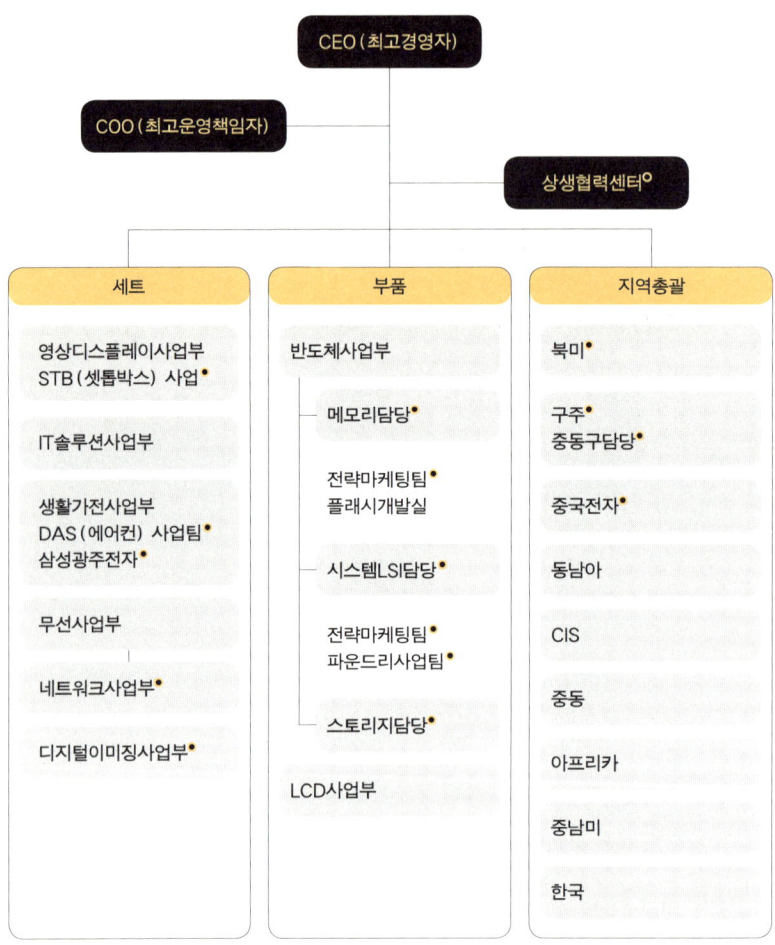

삼성전자 조직도 || ●는 신설 · 이동 또는 신규 선임

지거나 임원이 총애하는 팀원에게 중요한 기능이 몰려있기 마련이다. 하지만 정도를 넘어서지 않도록 조직은 과학적 기준을 가지고 분류할 수 있는 아이디어가 필요하다.

포지셔닝과 구성

포지셔닝이 무슨 구성이냐고 생각할지도 모르겠다. 하지만 포지셔닝은 구성력을 가진 아이디어 요리사가 잘할 수 있는 요리다. 구성력이란 다른 것들을 조화롭게 구성하는 역량이다. 그리고 포지셔닝은 다른 상품들 사이에서 가장 두각을 나타낼 수 있도록 소비자의 인식 속에 해당 상품을 위치시키는 구성이다. 그런 점에서 구성력은 포지셔닝에 가장 잘 맞는 능력이라고 할 수 있다.

사람들은 포지셔닝을 쉽게 말하지만 포지셔닝이 말처럼 쉬운 것은 아니다. 수많은 상품이 소비자에게 인식되기 위해 목숨을 건 사투를 벌인다. 그중에서도 요즘 최고의 인기를 누리는 대중 문화상품인 걸그룹의 활동을 보면 포지셔닝이 얼마나 치열하게 이뤄지는지 알 수 있다.

현재 최고의 걸그룹은 '소녀시대'다. 소녀시대가 소녀와 숙녀에 걸친 넓은 이미지 변신이 가능하다는 점과 수적으로 우세한 구성원 구성으로 다양한 개인적 특징을 부각할 수 있다는 점이 크게 작용한 것으로 보인다. 또 개개인의 능력이 결합하면서 도시적이면서도 친근한 이미지를 대중에게 보여줄 수 있다는 이유도 있다.

소녀시대 이전에 국내 무대를 장악했던 최고의 걸그룹 '원더걸스'가 미국 활동을 위해 국내 무대를 비운 것도 영향이 없지는 않다. 하지만 소녀시대는 대형 매니지먼트사의 철저한 관리, 성실한 노력, 뛰어난 음악성, 예능 프로그램 활약 등으로 정상의 자리를 유지할 수 있었다.

4부 상상 아이디어 레서피

가장 폭넓은 위치를 지킨 것은 '카라'다. 그들은 친근함과 섹시함을 함께 보여주면서 '핑클' 이래 가장 편안한 느낌이 드는 걸 그룹으로서 폭넓은 팬층을 만족시키는 그룹이다. 핑클이 2000년대에 최초의 걸그룹 전쟁에서 선발주자인 SES를 누르고 장수 그룹으로 성공했던 것은 핑클이 편하면서도 섹시한, 폭넓은 호감을 불러일으켰기 때문이다. 카라는 제2의 핑클이라고 해도 과언이 아닐 만큼 '친근함'과 '여성스러움'이 결합해서 대중에게 폭넓은 호감을 줄 수 있는 위치에 있다. 이 때문에 카라는 오랫동안 대중의 사랑을 받는 걸그룹이 될 것이다. '카라'는 '핑클'을 만든 기획사의 '작품'이다.

'애프터스쿨'은 가장 섹시미를 드러내는 스타일이었지만 그들의 인기는 주로 남성들에 제한되면서 여성 청소년층의 인기를 얻기에는 한계가 있었다. 애프터스쿨은 그런 문제점을 보완하는 차원으로 귀여움을 더해 변화를 꾀했지만 늦었다. 애프터스쿨이 주춤하는 사이 섹시함과 상큼함을 더해 소비자들의 마음을 사로잡은 것은 '씨스타'였다. 그들은 '좀 더 귀엽게'를 결합해서 부담스러운 섹시함을 적절히 보완한 포지셔닝으로 애프터스쿨에 부담감을 느끼던 소비자층에게 어필했다.

구성은 기획자의 머릿속에서 현실을 정확히 이해하고 자신만의 상품을 포지셔닝 하는 데 가장 중요한 역할을 하는 상상 중심의 아이디어 요리다.

「무한도전」의 구성

프로듀서의 가장 큰 능력이 구성 능력이다. 어떻게 정해진 시간을 끌고 갈 것인가에 대한 촉이 빠른 사람이 프로듀서들이다. 예능 프로그램을 연출할 때 프로듀서들은 구성의 힘에 크게 의존한다. 오죽하면 예능 작가들을 부르는 명칭이 '구성 작가'겠는가?

MBC의 대표 예능 프로그램인 「무한도전」은 새로운 프로그램 형식의 구성 변경을 통해 혁신적인 예능 방송을 구현한 인기 아이디어 요리다. 「무한도전」은 가장 시청률이 높은 예능 프로그램은 아니지만 마니아가 가장 많은 예능 프로그램으로 손꼽힌다. 그 이유는 「무한도전」이 엄숙주의를 거부하는 새로운 시청자층의 취향을 만족시키는 프로그램이기 때문이다.

「무한도전」의 구성은 새로웠다. 출연진들은 연예인이 아니라 실제 형, 동생 같은 인간관계를 보이며 마치 영화의 한 장면 같은 설정 속에 놓이게 되고, 시청자들은 이들의 행동을 긴장감 있게 지켜보는 「빅브라더」 같은 느낌을 받게 된다. 물론 「무한도전」 이전에도 리얼리티 프로그램이 없었던 것은 아니다. 해외 인기 리얼리티 프로그램인 「서바이벌」의 영향으로 국내에도 일반인들이 실제 환경에서 적응해 나가는 방식으로 진행되는 정통 리얼리티 방식이 도입되었다. 하지만 「무한도전」은 연예인을 등장시켜 실제 호형호제하는 관계의 호칭으로 방송에서 현실과 가상의 경계를 허물었다.

초창기 「무한도전」은 반말과 존댓말이 섞인 출연자들의 어정쩡한 관계로 현재의 인기를 짐작하기 어려울 만큼 불안한 출발을 했지만,

곧 시청자의 마음을 사로잡을 수 있었다. 전통적으로 엄숙주의가 존중받던 지상파 방송에서 MC 유재석은 존댓말과 반말을 섞으면서 방송 어법의 변화를 시도했고, 시청자들의 호의적 반응을 바탕으로 출연자들과 자연스러운 반말 어법을 보여주었다. 그 결과 기존의 지상파 예능 방송에서 새로운 유형의 예능 프로그램이 자리를 잡았다.

'스토리 요리'

많은 사람이 KBS「명작 스캔들」이라는 프로그램을 좋아했다. 아마도 역대 순수 예술 소개 프로그램 가운데 가장 시청률이 높은 프로그램이 아니었을까 생각한다. 가장 비대중적 분야인 순수예술 분야를 다루는 이 프로그램이 인기를 끈 이유는 무엇일까?

이유는 명확하다. 순수 예술 뒤에 숨겨진 스토리를 끄집어냈기 때문이다. 이 프로그램은 예술 작품 뒤에 담긴 비하인드 스토리를 들려주었다. 그래서 프로그램 제목이「명작 스캔들」이다. 가장 비대중적인 순수 예술을 가장 대중적인 방식으로 접근한 것이다. 그만큼 사람들은 스토리에 열광한다.

● 요리의 특징

요리에는 스토리가 담겨 있다. '브라우니'라는 과자는 스코틀랜드 전설 속 요정의 이름을 빌렸다. 브라우니는 가족이 잠든 사이에 부엌을 정돈하거나 접시를 닦아 놓는, 깨끗하고 인간에게 호의적인 요정이다. 브라우니는 그 요정을 위한 빵으로 만들어졌다는 스토리가 있다.

샌드위치는 영국 해군 제독을 지냈던 샌드위치 백작이 카드놀이를 무척 좋아해서 만들어졌다. 백작은 점심시간조차 아까워서 빵과 빵 사이에 채소와 베이컨을 넣어 먹었는데 이런 모습을 본 다른 사람들이 신기해서 따라 먹던 것이 점차 널리 퍼졌다고 한다.

우리의 생활 속에서도 음식에는 스토리가 담겨 있다. 짝사랑하던 이성 친구와 밸런타인데이에 만나 처음 식사를 하는데 곱창집에 가는 사람은 없을 것이다. 처음 만난 중요한 비즈니스 파트너와 짜장면을 먹으러 가는 사람은 없다. 초상집에서 잔을 부딪치는 일은 없다.

스토리 요리는 광범위하게 사용되는 아이디어 요리다. 스토리라는 단어는 '과거에 있었던 일에 관한 서술'이란 뜻으로 역사를 뜻하는 히스토리와 같은 어원을 가지고 있다. 아무리 딱딱한 소재라고 하더라도 그 속에 담긴 스토리를 들려주면 듣는 사람들의 관심을 끌어낼 수 있다. 스토리는 인간의 본능적 욕망이기 때문이다. 그것이 스토리의 힘이다.

스토리를 만드는 대표적인 사람들은 창작자들이긴 하지만 스토리 요리가 꼭 창작자의 몫만은 아니다. 스토리의 소비자는 동시에 스토리 재생산의 주체가 되기도 한다. 스토리 소비자는 전파와 복제를 거

처 스토리를 재생산하기 때문이다. 오늘날 SNS의 인기는 스토리 소
비자의 재생산 기능을 보여주고 있다.

⭕ 요리의 효과

스토리는 많은 사람을 감동하게 하는 힘을 가지고 있다. 공연 〈난타〉
의 제작자 송승환 PMC프로덕션 대표는 2010년 9월 12일 자 『한국
경제』와의 인터뷰에서 콘텐츠의 핵심 역량을 묻는 말에 '스토리텔
링'이라고 말했다.

"콘텐츠의 본질은 스토리텔링이죠. 연극, 영화, 강의가 다 마찬가지
입니다. 강의 내용에 스토리가 담겨 있으면 학생들이 재미를 느낄 겁
니다. 흥미로운 스토리는 관객의 상상력을 뛰어넘는 반전을 갖고 있
습니다. 관객의 뒤통수를 치는 획기적인 아이템이 있을 때 스토리텔
링은 성공합니다."

⭕ 재료

수많은 일상생활 속의 이야기가 스토리 재료가 된다. 때로는 오래전
부터 내려오는 전통 신화뿐 아니라 새로운 과학 지식도 좋은 스토리
의 재료가 되기도 한다.

⭕ 조리 방법

- 단순한 '이야기'와 '스토리'의 차이는 인과관계에 있다. 스토리는
  이야기 간의 인과 관계를 만드는 것이다. 흔히 '왕이 죽었고 왕비

도 죽었다'(King died and then queen died)는 하나의 사건일 뿐이지만, '왕이 죽었고 그 슬픔으로 여왕도 죽었다'(King died and then queen died of grief)는 그 안에 인과관계가 있기 때문에 스토리가 된다.

- 스토리는 시적인 작업이다. 영감을 받아 백지장 위에 무언가를 그려내는 일이라는 의미이다. 각각의 부분이 역할과 의미를 지니도록 거듭 다듬으면 엉클어진 생각의 짝이 맞으면서 스토리의 마술이 나타날 것이다.

⊙ 조리 시간

요리의 규모에 따라 다르다. 간단한 요리는 즉시 완성되지만 상업 영화 시나리오나 장편 소설은 1년에서 2년 정도의 기간이 소요되기도 한다.

⊙ 팁

- 스토리를 흥미롭게 만들려면 독자의 관심을 끌 수 있는 소재가 필요하다. 거기에 홍합을 하나씩 까먹는 홍합탕처럼 하나씩 빼먹는 재미를 더함으로써 지속적인 관심을 유도해야 한다. 뛰어난 작가는 자신이 이야기하고자 하는 메시지를 자세한 묘사 속에서 캐릭터가 돋보일 수 있는 입체적인 스토리로 제공하곤 한다.

- 약간의 과장만으로도 스토리는 흥미로워진다. 영화 〈찰리와 초콜릿공장〉의 원작 소설가인 로알드 달Roald Dahl은 작품들을 전세계에 1억 부 이상을 판매한 아동문학가다. 그는 자신의 스토리텔

링 방식에 대해 이렇게 말했다.

"전 거짓말을 하지 않습니다. 그저 진실을 조금 흥미 있게 만들 뿐이죠. 전 한번 한 약속은 깨지 않습니다. 그저 살짝 바꿀 뿐이죠"

● **주의사항**

고객의 눈을 끌기 위해 스토리는 자극적일 정도로 특이한 재료를 찾아야 한다.

스토리의 중요성

스토리는 사람을 움직인다. 스토리가 참이든 거짓이든 그 점은 상관없다. 이를테면 크리스마스는 기독교를 믿지 않는 사람들조차 들뜨게 한다. 추운 겨울 속 예수 탄생이라는 성스러운 신화와 산타클로스와 선물이라는 스토리가 덧붙여지면서 12월 24일 밤은 모든 사람을 위한 마법의 시간이 됐다.

학자들은 예수님이 태어난 날짜는 12월 24일이 아니라고 주장한다. 대략 12월 조였던 것을 이교도들에게 기독교가 전파되는 과정에서 동지 시점으로 옮기게 되었다는 것이다. 일 년 중 가장 밤이 길다는 동지는 고대부터 동서양에서 보편적으로 경사스런 밤이었기 때문이다. 신비한 의미를 부여하는 선의의 거짓말을 좋아하는 성향이 바로 인간의 스토리 본능이다. 어느 성공한 영화감독은 영화의 성공 3요소에 대한 질문에 다음과 같이 대답했다고 한다.

"스토리, 스토리, 스토리."

그만큼 영화 제작에서 스토리의 위상은 절대적이다. 영화의 시나리오 작업은 스토리를 요리하는 과정이다. 처음 떠올렸던 소재나 스토리를 완벽한 대본으로 완성하는 것은 영화 성공에 직접적 영향을 미치는 중요한 작업이다. 이 단계에서 스토리의 설정 작업이 시작되고 자신이 생각하는 스토리의 원형을 잡기 위해 자세한 구상 작업을 거치게 된다. 바로 그 과정이 스토리 요리의 본 모습이다.

스토리는 흥미로워야 한다. 독자의 눈을 끌기 위해 스토리는 자극적일 정도로 특이한 재료를 찾는 경향을 띤다. 오늘날 TV 드라마를 보며 막장 드라마라고 비판하지만 영문학의 고전이라고 일컬어지는 셰익스피어Shakespeare의 작품들도 오늘날의 막장 드라마와 다르지 않다.

『햄릿』에서 아버지를 살해한 삼촌이 어머니와 결혼하고 왕위를 차지하자, 왕자는 죽은 망자의 유령과 대화하며 복수의 칼을 간다. 정말 끝내주게 자극적인 스토리가 아닌가? 『로미오와 줄리엣』도 마찬가지다. 원수 집안의 남녀가 만나 사랑에 빠지고 남자는 사랑을 이루기 위해 독약을 먹고 자살한 것으로 위장하고 여자를 기다린다. 하지만 여자는 실제로 남자가 이미 목숨을 끊은 것으로 믿고 독약을 먹는다.

소위 오늘날의 막장 드라마가 이보다 훨씬 자극적인 소재를 택하고 있다고 말할 수 있을까? 문제는 자극적인 소재냐 아니냐가 아니라 작품으로서의 품격을 유지하는가 하는 완성도다.

재료가 낡았다고 우려할 필요는 없다. 지나간 재료도 새롭게 각색해서 요리할 수 있다. 작가의 역할은 신과 같이 무에서 유를 만들어내는 것이 아니라 익히 알려진 이야기 요소들에 일정한 질서를 부여하는 것이다. 작가의 뜻이 이야기를 만든다는 뜻이기는 하지만 '만든다'라는 개념은 100퍼센트 창작일 수 없다. '모방은 창조의 어머니'라는 말처럼 하늘 아래 새로운 이야기는 없다. 작가의 역할은 새로운 이야기를 쓰는 것이 아니라 기존의 이야기를 새롭게 각색하는 것이다.

현실과 스토리

작가는 세상의 다양한 경험을 해야 한다는 말이 있다. 현실은 많은 스토리의 재료를 제공하기 때문이다. 소설 『백경』의 작가 허먼 멜빌 Herman Melville이 외항선 선원 경험을 바탕으로 포악한 고래에 집착해서 자신의 생명을 던지며 고래를 추격하는 선장의 이야기를 그려냈듯이 말이다. 스토리는 현실에서 나온다. 많은 영화가 실화를 바탕으로 했거나 실화에서 아이디어를 얻었다.

영화 〈머신건 프리처〉는 실존인물 샘 칠더스Sam Childers 목사의 이야기를 그리고 있다. 칠더스 목사는 아프리가 수난에서 약자를 놉기 위해 총을 들고 무장 세력에 맞서고 있는 사람이다. 그는 1998년 수단의 집짓기 봉사에 나섰다가 어린이들이 학살되고 소년병이 되거나 성 노예로 팔려나가는 것을 목격한다. 이 아이들을 구하기 위해 고아원을 짓고 아이들을 보호하는 활동을 펼치지만 평화적인 방법으로 아이들의 안전을 확보할 수 없게 되자 마침내 총을 들게 된다.

2012년 5월 21일 자 『조선일보』의 '선善을 위해 총을 든 사나이,

신이여 용서하소서' 기사에는「머신건 프리처」의 엔딩 크레딧 장면에서 칠더스 목사가 직접 등장해서 했던 말이 실려 있다.

"미친 사람이나 테러범이 들어와 당신의 가족이나 아이들을 유괴했을 때 제가 여러분의 아이를 집으로 데려올 수 있다고 말한다면, 어떻게 데려오든 방법이 문제가 될까요?"

영화보다 더 영화 같은 것이 현실이며 스토리는 그 현실의 경험에서 영양분을 흡수한다. 시나리오 작가 로버트 매키Robert McKee는 할리우드의 스토리 대부로 불린다. 그가 운영하는 '스토리 세미나'에는 수많은 할리우드 시나리오 작가들이 참여한다.「반지의 제왕」「다빈치 코드」「뷰티풀 마인드」등 수많은 작품이 그의 제자들의 작품이다. 할리우드에서는 스티븐 스필버그 감독을 제외하고는 모두 그의 스토리 세미나를 들었을 것이라는 말이 있을 정도다.

영화「어댑테이션」속에서 한 감독이 영화 줄거리 구상이 안 되자 답답한 마음에 로버트 매키의 스토리 세미나에 참석한다. 그는 매키에게 어떻게 하면 실제 세상이 반영된 시나리오를 만들 수 있겠느냐고 질문을 던진다. 로버트 매키는 이렇게 답한다.

"실제 세상? 매일 사람들이 죽어나가는 것을 보지 못해? 대량 학살, 전쟁, 부정부패, 매일 세상에서 다른 사람을 살리기 위해 목숨을 던지는 사람들이 있는데! 매일 누군가는 다른 사람을 파괴하려는 결정을 내리고 있어. 사랑을 찾았다가 잃어버리기도 하지. 세상에! 아이가 엄마가 맞아 죽는 장면을 목격하기도 해. 누군가는 굶어 죽어가고 있다고. 여자 때문에 절친한 친구를 배신하는 세상이야. 세상에서 이런 스토리를 찾아내지 못한다면, 당신은 세상에 대해 전혀 모르고 있다는 거야! 왜 그런 쓰레기 같은 영화로 내 소중한 2시간을 낭비하겠다는 거야?"

「캣츠」의 스토리

뮤지컬 「캣츠」는 전무후무한 성공을 거둔 전설적인 작품이다. 이 작품의 원작은 1948년 노벨 문학상을 탄 T. S. 엘리엇T.S.Eliot의 작품 『지혜로운 고양이가 되기 위한 지침서』다. 작곡가 앤드류 로이드 웨버 Andrew Lloyd Webber는 1972년 공항에서 우연히 이 시집을 손에 쥐면서부터 이 작품을 뮤지컬로 표현해보면 어떨까 하는 아이디어를 어렴풋이 품기 시작했다. 그가 이 시집에 주목한 것은 시집을 읽으면서 어린 시절 어머니가 그 시를 읽어주던 기억을 떠올렸기 때문이다.

웨버는 그 후 1977년 무렵부터 틈틈이 멜로디를 작곡하면서 종종 친구들에게 피아노 반주로 작품들을 들려주었다. 어린 시절부터 좋아했던 작품이기도 하고 기존의 뮤지컬을 뛰어넘는 완성도 있는 시적 언어를 뮤시컬에 도입하고 싶었기 때문이다. 전재적인 뮤지컬 작곡가 웨버는 자신이 만든 음악에 작사가들이 가사를 붙이는 방식은 작품을 장악하기에는 미흡하다고 생각했던 것 같다. 그렇다면 반대로 자신이 원하는 가사에 곡을 붙이는 방식을 시도해보면 어떨까 하는 호기심을 가지게 된 것 같다.

하지만 이 작품이 탄생하기까지는 많은 어려움이 있었다. 어린이를 위한 시집을 소재로 과연 어른들을 위한 공연을 만들 수 있을까 하는

4부 상상 아이디어 레서피

의구심에 사람들의 태도는 회의적이었으며 배우들이 고양이 흉내를 내는 것을 좋지 않게 생각했다.

웨버는 춤과 노래, 연기 등 뮤지컬의 세 요소를 골고루 보여주는 배우들의 빼어난 몸놀림으로 시종일관 관객들을 매료하며 어린이용이라는 우려를 멋지게 불식시켰다. 작품은 누구나 알기 쉬운 고양이의 캐릭터를 인생에 비유해 원작에 대한 이해 없이도 감상할 수 있도록 했다.

연출을 맡은 트레버 넌Trevor Nunn은 전체적인 스토리의 연결이 부족하다는 점을 재빨리 파악했다. 이를 해결하기 위해 작곡가 웨버와 함께 기존의 곡들을 모아 하나의 스토리로 연결하면서 원작 시인인 T.S 엘리엇이 의도했던 고양이들의 특성을 최대한 살리는 방향으로 공연의 흐름을 정리해 나갔다. 그는 『이상한 나라의 앨리스』의 흰 토끼 같이 전체 이야기를 연결할 등장인물을 창조하는 데 노력을 기울였다.

매력적인 고양이 '그리자벨라'는 그에게는 구세주와도 같았다. 트레버 넌은 그리자벨라를 통해 인간의 희로애락, 죽음에 대한 인식, 과거에 대한 그리움 등 작품 전체에 깔린 주제를 구체적으로 표현하고자 했다.

그가 무엇보다 중요하게 생각했던 점은 원작 시를 변질시키지 않으면서도 새롭게 표현될 수 있도록 각색하는 것이었다. 이를 위해 엘리엇의 편지로 불완전한 『캣츠』의 스토리들을 하나로 이어주는 '모든 고양이는 언젠가는 헤비사이드 레이어로 올라가게 된다'는 주제를 만들어냈다. 뮤지컬 「캣츠」는 이러한 과정을 통해 완성도 있는 스토리를 바탕으로 최고의 뮤지컬로 거듭날 수 있었다.

「뽀로로」의 스토리

우리 아이들의 대통령은 「뽀통령」 즉 「뽀로로」라는 우스갯소리가 있다. 뽀로로는 우리나라의 애니메이션 기획사인 아이코닉스가 만든 TV 애니메이션 '뽀롱뽀롱 뽀로로'의 주인공 캐릭터다.

어린이들에게 뽀로로의 인기는 국민 여동생 김연아의 인기를 뛰어넘는다. 뽀로로 캐릭터가 등장하는 '뽀롱뽀롱 뽀로로' 기념우표는 김연아 선수 및 빙상 스포츠 선수 10명의 모습을 담아 발행한 '2010년 밴쿠버동계올림픽 빙상 세계 제패 기념우표'보다 많은 판매 수치를 기록할 정도로 어린이들의 사랑은 확고하다.

뽀로로는 우리 어린이들만의 친구가 아니다. 「뽀롱뽀롱 뽀로로」는 2004년 프랑스 최대 지상파 채널인 TFI에서 57퍼센트의 평균 시청률을 기록했다. 2007년에는 '아랍권의 CNN'으로 불리는 알자지라 방송에도 방영되는 등 전 세계 82개국에 수출되었다. 뽀로로는 우리나라를 넘어 아시아, 유럽, 아메리카 대륙에 이르는 전세계 어린이들의 친구가 된 자랑스러운 한류 스타 캐릭터다. 뽀로로가 이렇게까지 크게 성공할 수 있었던 비결은 무엇일까?

그 비결은 무엇보다도 어린이들을 매료시키는 매력적인 스토리에 있다. 눈으로 뒤덮인 마을에 사는 뽀로로(펭귄)는 에디(여우), 크롱(아기 공룡), 루피(비버), 해리(벌새)와 같은 동물 친구들과 행복하게 살아

간다. 뽀로로와 친구들의 소소한 일상생활 속에서 일어나는 작은 소동을 소재로 이야기가 전개된다. 이러한 기본 스토리라인은 친구들과 함께 행복하게 살고 싶은 어린이들의 꿈의 세상을 반영하는 매력적인 부분이다.

스토리의 특징은 캐릭터의 외형에도 그대로 반영된다. 주인공 뽀로로는 꼬마 펭귄이다. 펭귄이라는 설정은 날개가 있어도 날지 못하는 안타까운 숙명을 상징한다. 뽀로로가 조종사 모자와 고글을 쓰고 있는 것은 하늘을 날고 싶다는 어린이들의 꿈을 반영하면서도 캐릭터의 귀여운 특징을 살려주는 설정이 된다.

최종일 대표는 이 작품의 주인공은 이전의 애니메이션 작품들에서 많이 다뤄지지 않았던 동물이면 좋겠다고 판단했다. 2011년 7월 15일 CBS라디오 「김현정의 뉴스쇼」에서 그는 다음과 같이 말했다.

"펭귄은 굉장히 재미있는 특징들이 있거든요. 새이면서도 못 날고, 또 대신에 다른 어떤 새들보다 바닷속에서 수영을 잘하죠. 또 한 가지는 마치 걸음마를 배우는 아이들처럼 아장아장, 이렇게 귀여운 모습들이 굉장히 독특하다는 생각을 했습니다."

극지방이라는 배경 설정 역시 스토리의 장점을 보여준다. 뽀로로와 친구들이 사는 공간은 사계절 내내 눈과 얼음으로 뒤덮인 극지방의 어느 마을로 이곳은 마치 세상에 존재할 법한 자연스러운 공간인 동시에 어린이들이 꿈꾸는 멋진 세계를 보여준다. 이러한 설정은 인공적인 가상의 환상 공간이 아닌 자연 친화적이면서도 비현실적인 양면성을 갖춘 공간이 만들어냈다. 어린이들은 「뽀롱뽀롱 뽀로로」를 보면서 저 멀리 북극 세계에 대한 공상의 나래를 펼치게 될지도 모른다.

등장인물들의 이름도 성공적이다. 이름을 직접 지은 최종일 대표는 CBS라디오 「김현정의 뉴스쇼」에서 이렇게 설명했다.

"일단 발음하기 편하고 친근해서 뽀로로, 뽀로로하다 보면 아이들이 내 친구라는 착각을 하게 돼요. 집에서 제 아이들이 막 정신없이 뛰면서 노는데요. 집사람이 아이들이 온종일 쪼르르 이쪽으로 왔다가, 쪼르르 저쪽으로 몰려가고 그래서 정신없다고 얘기를 했었는데 그 '쪼르르'라는 단어가 주는 느낌이 굉장히 귀엽다고 생각했습니다."

'쪼르르'라는 표현은 포르르, 뽀르르처럼 좀 더 귀여운 발음으로 바뀌어 갔고 마침내 뽀로로라는 이름이 탄생했다. 어쩌면 알게 모르게 뽀로로의 이름은 당시 한참 인기를 끌던 일본 인기 애니메이션 「케로로」의 영향을 조금 받았을지도 모른다. 어쨌든 이로써 세계 어디에 내놓아도 손색없는 기획이 완성됐다.

이제 뽀로로는 2,000가지가 넘는 캐릭터 상품이 출시되는 '국민 애니메이션'이 됐다. 우리 어린이들은 뽀로로 놀이공원에서 뛰어놀고 뽀로로 3D극장에서 뽀로로 영화와 공연을 보고 뽀로로 전시회에 가서 뽀로로와 함께 교육적인 전시회를 감상한다. 뽀로로의 전성시대가 열린 것이다. 뽀로로의 열기는 곧바로 모바일 어플리케이션 등으로 확대되면서 장기 흥행 가도에 올랐다.

스토리와 스폰서

일본 애니메이션의 스토리는 누가 결정할까? 물론 일본 애니메이션은 대부분 원작 만화를 바탕으로 만들어진다. 하지만 애니메이션으로 가공되는 과정에서 사업성이 개입되면서 애니메이션 대본은 상업적 성격이 강화된다.

그중에서도 완구 회사들은 애니메이션 산업과 떼려야 뗄 수 없는 관계를 형성한다. 심지어 애니메이션이 기획되면서 '어떤 시청자층에게 완구를 사도록 할 것인가'마저 고려해서 스토리를 구성할 정도로 오랜 기획의 비결을 자랑한다.

완구 기업인 반다이는 자신의 특성을 살려 「기동전사 건담」 「드래곤볼」과 같은 애니메이션의 플라스틱 모델이나 피규어 제품을 판매할 수 있도록 기획해 왔다. 「기동전사 건담」은 1979년 첫 번째 시리즈가 방송된 이후, 후원자인 반다이의 완구 판매를 목적으로 무수한 로봇이 등장하는 구조를 취하고 있어 건담의 팬들조차 그 상업성에 반기를 든 프로젝트다.

건담 시리즈는 반다이로서는 놓칠 수 없는 효자 아이템이었다. 그래서 반다이는 성인이 되어버린 건담 소비자를 위해서 그에 맞는 새로운 시리즈를 기획하고 그에 맞는 제품을 내놓는 등 꾸준히 소비자를 붙잡아두기 위한 노력을 아끼지 않고 있다.

건담의 원작자로 전 세계 애니메이션 팬으로부터 깊은 존경을 받는 감독 도미노 요시유키高野 山悠季조차 건담은 완구사의 의도에 따라 스토리가 많은 영향을 받는다는 점을 인정했다.

완구 상품은 크리스마스 시즌에 많이 판매되므로 후원자인 완구회사들은 기획단계에서부터 스토리의 극적 전개가 크리스마스 시즌 직전에 전성기에 이르도록 철저하게 계산한다. 이를테면 로봇 애니메이션의 경우, 가장 멋진 로봇이 나온다거나 새롭게 중요한 소품이 등장해서 큰 역할을 하는 등의 내용은 모두 11월에 나온다. 판매를 극대화하려는 완구 회사의 전략이 반영된 것이다.

일본의 애니메이션 산업은 엔터테인먼트 산업에서의 스토리 창작이 제한 없는 자유를 만끽하는 것이 아니라 주어진 환경을 고려한 창작이 될 수밖에 없음을 보여주는 좋은 예다.

CEO와 스토리텔러

작가가 CEO가 되는 것이 흔한 일은 아닐 것이다. 작가가 회사를 경영한다면 무슨 일이 일어날까?

우리나라에서 작가가 CEO가 된 경우는 주식회사 남이섬의 강우현 대표를 들 수 있다. 그는 동화작가이자 그래픽 디자이너였다. 경영자로서는 매우 특이한 경력이었다. 처음 월급은 단돈 100원. 하지만 그는 남이섬에서 아이디어 요리사로서 자신의 아이디어를 현실화시키며 성공적인 경영자의 모습을 보여주었다.

그는 남이섬 경영 비결로 '리모밸리'를 바탕으로 한 문화관광단지를 만들겠다는 아이디어를 만들었다. 리모밸리란 쓸모를 찾지 못하는 강River, 산Mountain, 골짜기Valley를 뜻하는 말이다. 그는 사장 취임 10년 만에 남이섬을 빈 술병이 나뒹굴던 퇴락한 행락지에서 한류

4부 상상 아이디어 레서피

의 대표적인 관광지로 만들어냈다.

모든 CEO가 강우현 사장처럼 작가일 필요는 없지만 스토리텔링을 할 필요는 있다. 하워드 가드너Howard Gardner는 『통찰과 포용』에서 리더란 곧 스토리텔러라고 말한다. 리더란 자신만의 독특한 스토리를 만들어 이를 타인에게 전달하는 능력이 탁월한 사람들이라고 설명한다. 어쩌면 스토리에는 사람의 마음을 움직이는 마법의 힘이 담겨 있는지도 모른다. 스토리야말로 우리가 알고 있던 협의의 개념을 벗어나는 큰 개념이다.

리더는 의견 조정자다. 세부적인 내용에 정통할 필요는 없지만 이야기의 맥락을 잘 이해하고 판단하는 능력이 중요하다. 스티브 잡스처럼 주변을 강하게 설득시키는 '현실 왜곡 장'을 가질 정도는 아니더라도 자신이 전하고자 하는 메시지로 구성원을 끌고 가야 하기 때문이다. 그래서 많은 유능한 CEO들은 잭 웰치Jack Welch와 같은 교주 스타일이거나 스티브 잡스나 마이클 아이즈너처럼 강력한 언변을 자랑하기 마련이다.

심지어 어떤 역사학자는 한 나라의 리더를 무대 감독에 비유하기도 한다. 영사학자 맥스 해스팅스Max Hastings는 2차 대전 당시 영국의 총리였던 윈스턴 처칠Winston Churchill이 독일군의 무차별 공습으로 공포를 느끼던 영국 국민에게 국민이 한마음으로 행동한다면 전쟁에서 이기고 영국의 자존심을 다시 찾을 수 있을 것이라는 스토리를 전달했고 이를 통해 실제로 전쟁에서 승리했다고 평가했다.

기업 속의 작가

우리 문화에서 작가란 말은 글을 쓴다는 의미의 라이터writer라기보다 이야기를 만드는 사람, 즉 스토리 메이커story maker의 의미다. 직장인들에게는 그런 스토리 역량이 필요 없을까? 그렇지 않다. 기업에서도 사업을 기획할 때 딱딱한 숫자보다는 먼저 스토리를 떠올릴 필요가 있다. 스토리는 많은 사람에게 재미를 주는 요리지만 기업에서도 활용될 수 있다.

어느 사업 기획부서의 연말 회의풍경이다.

"내년도 사업 계획을 어떻게 잡을까? 어떤 스토리라인을 가져가는 게 좋을까? 내년에는 돈을 못 벌지만 내후년에는 돈을 벌게 된다. 이런 스토리라인이 되어야 하지 않겠어?"

회의에 참석한 사람들 모두 숫자를 이야기하기 전에 먼저 어떤 맥락에서 사업 계획을 짜야 하는지 먼저 스토리를 만들어 내고자 애를 쓴다. 직장인들의 모습 역시 작가의 모습과 다르지 않다. 스토리를 만든다는 것이 나쁜 의미는 아니다.

기업에서 전략 기획 부서에 근무하는 직원들의 주 업무는 보고서를 만드는 일이다. 상사는 보고서의 독자라고 할 수 있다. 독자 중에서도 VIP 독자다. 기업에서 작성되는 보고서에도 독자를 감동시킬 수 있는 멋진 문구가 필요하다. 바로 그 지점에 좋은 기획과 구성을 좋은 글로 완성하는 스토리의 역할이 있다.

기업에서 일하는 작가들은 스토리 속에 새로운 비전을 담아주는 역할을 해야 한다. 비전을 담아내지 못한다면 사업기획부서는 아이디어를 담당하는 팀이라 할 수 없다. 아이디어 자체에 주목하지 않는다면 전략팀 역시 형식적인 전략만을 도출하게 될 것이다. 그러므로 형식적인 전략 도출이 아닌 원형으로서 추상적인 비전을 생각하는 아이디어가 필요하다.

같은 이야기라도 어떻게 이야기를 하느냐에 따라 설득력이 달라지기 때문이다. 스토리를 잘 전하는 이야기꾼이 있다. 말콤 글래드웰처럼 아이디어 요리사는 그 상황에서 가장 흥미로운 이야기를 끄집어내는 능력이 있어야 한다.

COOKING

5부

이해 아이디어
레서피

이 장에서는 이해 요리 조리법을 소개한다.

이해하는 데에도 창의적 아이디어가 필요하다.

분석 중심 요리는 '원리 요리' '본질 요리' '개선 요리'로 구성된다.

'원리 요리'

회사에서 교육 사업을 담당하게 되면서 사업 추진 방향에 대해 여러 가지를 검토하는 업무를 맡은 적이 있었다. 교육이라는 분야야말로 책상 위에서 피상적으로 접근하기 딱 좋은 분야인 탓에 많은 시행착오를 겪었다.

새로운 사업을 시작할 때에는 그 '업業'의 원리를 파악하는 것이 중요하다. 교육 사업의 본질적인 원리를 파악할 수 있었다면 그때 좀 더 좋은 결과를 만들었을 텐데 하는 아쉬움이 남는다.

● 요리의 특징

원리 요리는 많은 양의 재료에서 핵심을 짜내어 다양한 현상을 아우를 수 있는 아이디어를 제공하는 요리다. 원리 요리는 사물이나 현상의 핵심 원리를 발견하는 것이다. 비전이나 발명도 사물의 본질을 파악하는 것이지만 원리 요리는 본질을 추상적인 수준으로 명제화해 핵심을 파악하는 요리다. 가장 추상적인 관점에서 바라보는 요리라는 점에서는 상상 중심 요리의 '콘셉트 요리'와 유사하다.

세상은 모두 다른 분자로 이뤄졌지만 그 분자를 이루는 원자 단위에는 각각의 공통된 구성요소가 갖춰져 있는 것처럼 세상 모든 일에 각자의 원리가 따로 존재하는 것 같아도 그 기저에는 공통으로 흐르는 원리가 있다. 원리를 파악하고자 하는 것은 진리를 향한 인간의 본질적인 본능이고 원리가 가진 오류는 점진적으로 극복될 수 있기 때문에 원리 요리는 인간의 지적 발전에서 중요한 가치를 지닌다.

하지만 완벽한 원리를 발견하기란 쉽지 않다. 뉴턴의 만유인력의 법칙과 같은 위대한 자연과학의 법칙들도 시간의 흐름에 의해 완벽성이 무너지면서 새로운 도전을 받기도 한다. 하지만 원리 요리는 후대를 거치면서 보완해나갈 수 있다는 데 그 의미가 있을지도 모른다.

● 요리의 효과

원리란 현실의 다양한 현상을 단순화시켜 종합적으로 이해하는 것이다. 진리를 단순화해서 볼 수 있게 만든다는 점이 원리 요리의 진정한 맛이다. 다윈의 진화론이 가진 가장 큰 장점도 이 간결함에 있다. 『이것이 생물학이다』(에른스트 마이어 저, 최재천 외 역, 몸과마음)의 저자 에른스트 마이어Ernst Mayr는 진화를 '이 세상을 설명하는 가장 포괄적인 원리'라고 보았다.

동양 최고의 이론서라고 할 수 있는 『주역』이나 아인슈타인의 '상대성 이론' 등이 그 예다. 뉴턴의 『프린시피아』 찰스 다윈의 『종의 기원』과 같은 책들은 인류의 지적 자산을 확장시켜온 고전이다. 고전은 후대에 특별한 의미와 가치를 가진다. 기존에 없던 원리를 발견하는 과정을 우리에게 그대로 보여주기 때문이다.

⭕ 재료

많은 양의 사물이나 현상에 대한 데이터

⭕ 조리 시간

1~2년

⭕ 조리 방법

많은 양의 재료에서 불필요한 부분들을 칼질해서 군더더기를 버리고 잘 정리된 본질만을 채에 담아 차가운 물로 식힌다.

⭕ 팁

- 원리 요리는 충분한 정보를 바탕으로 적당한 거리를 두고 현실을 바라봐야 한다. 얼음을 올려놓듯 감정을 배제하고 냉철하게 문제를 바라봐야 한다.
- 간결하고 단순할수록 원리 요리의 맛이 더 좋다.

○ 주의 사항

- 감정에 치우치면 객관성을 잃어버릴 우려가 있다. 원리를 생각할 때에는 흔히 뜨거운 열정으로 요리하는 오류를 범하곤 하므로, 이를 피하기 위해서는 거리를 두고 차갑게 냉각시켜야 한다.

아인슈타인의 상대성이론

아인슈타인이 발표한 특수상대성이론에서 도출된 'E=mc²' 방정식은 세계에서 가장 유명한 공식이다. 그는 1905년 특수상대성이론과 관련한 첫 번째 논문 발표 3개월 후 짧은 부록 성격의 논문을 발표한다. 이 논문에서 그는 'E=mc²' 방정식을 통해 모든 질량은 그에 상당하는 에너지를 가지고 그 역 또한 성립한다는 것을 보여주었다.

'c²'이라는 변환 인수는 동전 한 개처럼 아주 작은 질량도 발생하는 에너지의 양은 엄청나게 커진다는 것을 보여준다. 이 공식은 원자핵 폭탄과 원자력 발전의 이론적 기초가 되었고, 태양과 같은 별들이 어떻게 많은 에너지를 계속 생산하는지를 설명할 수 있게 되면서 핵무기와 원자력발전소 등 분야에서 응용되고 있다.

마이클 겔브Michael J. Gelb는『위대한 생각의 발견』에서 아인슈타인의 생각 방법을 밝혔다. 아인슈타인은 다음과 같이 말했다.

"나는 생각할 때 언어에 그다지 의존하지 않는다. 대신 시각적 이미지와 일부 근육조직에 주로 의존한다." "먼저 어떤 특정 주제를 시각적으로 연상한다. 그리고 연상이 충분히 이루어지면 그때 부차적인 단계로 그것을 적절히 표현할 용어를 찾는다."

5부 이해 아이디어 레서피

아인슈타인은 이런 과정을 '조합 게임'이라고 불렀고 '생산적 사고의 기본적 특징'이라고 생각했다. 아인슈타인에 대한 선입견은 논리적 사고만으로 이론을 만들었을 것이라는 추측이다. 하지만 마이클 겔브에 따르면 아인슈타인은 자신의 천재적 능력은 모든 문제를 어린이처럼 상상의 눈으로 보는 데 있다고 말했다고 한다.

아인슈타인은 취리히 과학기술전문학교에 입학했지만 매일 수업에 빠지고 상상을 하면서 시간과 공간의 문제를 연구했다. 그는 말했다.

"보통 어른들은 시간과 공간의 문제를 생각하기 위해서 모든 것을 멈추고 생각에 잠기지는 않는다. 그런 몽상들은 대부분 어렸을 적에 나 즐겼던 것들이기 때문이다. 하지만 나는 다른 사람들에 비해 지적 발달이 늦어 어른이 되어서야 시간과 공간에 대해 호기심을 갖기 시작했다."

상상력은 물리학자처럼 시간과 공간을 연구하는 사람들의 공통된 능력인 듯하다. 푸앙카레Poincare나 뉴턴 역시 상상을 통해 이론을 구축했다. 아인슈타인은 젊은 시절 물리적 직관만을 중시하는 연구 스타일을 고수하며 수학적인 개념 정리는 필요 없다는 내용의 논문을 출판했을 정도였다.

이러한 태도는 점점 누그러져 수학적 관념도 유용하다고 인정하게 됐다. 1912년부터는 친구인 수학자 마르셀 그로스만Marcel Grossmann과 함께 일반상대성이론에 사용하기 위한 미분기하학을 직접 공부했다. 만약 그가 수학을 공부하지 않았다면 상대성이론은 그와 경쟁했던 프랑스의 푸앙카레가 완성했을 것이라는 의견도 있다.

다윈의 진화론

다윈의 진화론은 역사상 가장 뜨거운 논쟁을 일으킨 이론이다. 창조론과 진화론이라는 대결구도에서 알 수 있듯이 다윈의 진화론은 논쟁적인 이론이다. 『신과 다윈의 시대』에 따르면 다윈은 자신의 발견에 대해 마치 '살인을 자백하는 기분'이라고 표현할 정도로 불안해했다고 한다. 인간이 창조된 것이 아니라 진화된 것이라는 자신의 주장이 당시 기독교적 세계관에 반한다는 점도 큰 영향을 미쳤을 것이다. 그 때문에 그는 1838년 진화론을 발견했지만 무려 20여 년 동안 발표를 유보한다.

그렇게 시간을 끄는 사이에 진화론의 주인이 바뀔 운명에 처했다. 1858년 다윈은 한 통의 편지를 받아 읽어보고 소스라치게 놀라고 말았다. 그 편지에는 자신이 수십 년 동안 연구해온 이론과 거의 완벽하게 일치하는 연구 성과가 적혀 있었다.

편지를 보낸 이는 말레이 반도 등을 탐험하면서 동식물 표본 채집을 바탕으로 독자적으로 진화론을 연구해 온 측량기사 알프레드 러셀 월래스였다. 그는 '생존 투쟁이 새로운 종을 탄생시기는 배커니즘'이라는 자신의 연구 성과를 검증받기 위해 영국 자연과학계에서 권위를 가진 지질학자 찰스 라이엘에게 편지를 보냈다.

하지만 찰스 라이엘은 다윈이 진화론에 대한 연구 결과를 발표하도록 서둘러 런던의 린네 학회에 발표할 기회를 마련해 주었고 다윈은 1858년 7월 1일 월래스에게 동의도 받지 않은 채 '합동 논문joint paper'이라는 뻔뻔한 방식으로 자신의 이론을 발표한다. 『신과 다윈의 시대』에는 월래스의 편지에 적힌 연구 결과를 보고 자신의 연구 성과가 묻힐까 봐 놀란 가슴을 쓸어내린 다윈의 소회가 실려 있다.

"이런 우연적인 일치는 난생 처음일세. 만약 월래스가 집필 과정에서 내가 그린 그림들을 볼 수 있었다면 그는 더 완벽한 연구결과를 만들 수 있었을 것이네."

한편으로 다윈의 진화론은 역사상 가장 위대한 이론으로 평가받는다. 그의 이론은 어느 분야에서 적용하더라도 손색이 없는 보편성을 지녔기 때문이다. 노벨 생리의학상 수상자인 제임스 왓슨James Watson은 말했다.

"다윈은 이 지구상에 살다 간 사람 중에 가장 중요한 인물이다. 그는 세상을 있는 그대로 본 첫 번째 인간이다."

리처드 도킨스Richard Dawkins는 다음과 같이 극찬했다.

"우리 존재의 미스터리를 풀 수 있는 '유일한' 이론이다. 우리가 사는 이 행성뿐만 아니라 생명이 발견되는 곳이라면 우주 어디에서도 적용되는 진리다."

혹자는 다윈의 진화론이 아담 스미스의 '보이지 않는 손'보다 더 자유 시장 경제를 잘 설명하는 경제학 이론이라고 말하기도 한다.

최재천 교수의 『다윈 지능』에 따르면 미국에서는 학자와 예술가들을 상대로 설문 조사를 해서 지난 1,000년 동안 인류에게 지대한 영향을 미친 인물 1,000명을 선정해 발표했다. 서양에서 처음으로 금속 활자를 발명, 서적의 대량 생산을 가능케 한 구텐베르크가 지난 1,000년 동안 가장 중요한 역할을 한 인물로 평가되었으며, 신대륙을 발견한 콜럼버스가 2위, 종교 개혁가 마틴 루터 Martin Luther가 3위에 올랐다.

4, 5, 6위는 각각 근대 과학의 아버지 갈릴레이와 위대한 천재 문학가 셰익스피어, 만유인력의 법칙을 발견한 뉴턴이 차지했다. 그 뒤를 이은 7위에 다윈이 선정됐다. 10위 안에 든 인물들 대부분이 1000년의 중반기인 15세기와 16세기에 중점적으로 활동했다. 그 점을 고려한다면 뒤늦게 19세기에 나타난 인물인 다윈이 순위권 안에 들었다는 것은 곧 다윈의 진화 이론이 단시간 동안에 엄청난 영향력을 미쳤음을 뜻한다. 또 다윈은 과학자 중에서도 아인슈타인이나 케플러 Kepler 등을 제치고 높은 순위를 차지했다.

2011년 영국의 유명 출판사인 아이콘북스의 아이디어 순위 프로젝트에서도 다윈의 진화론은 7위를 차지했다. 세상에서 가장 위대한 아이디어를 뽑아보자는 기획의도를 가지고 영국의 권위 있는 전문가들이 심사위원으로 참여한 이 프로젝트에서는 인류가 만든 수많은 사상과 이념, 제도와 발명품 등의 발상을 살펴보았다.

서자와 편집진은 프로젝트의 홈페이지를 열어 '세상에서 가장 위대한 아이디어'에 대한 네티즌 순위 투표를 진행했다. 존 판던 John Farndon의 저서 『오! 이것이 아이디어다』에 실려 있는 투표 결과에 따르면 진화론은 1위 인터넷, 2위 문자, 3위 피임, 4위 음악, 5위 불, 6위 노예제 폐지에 이어 7위를 차지했다. 진화론에 대한 역사적 존재감을 느껴지는 결과다.

프로이트의 정신분석학

마르크스, 니체 등과 함께 현대 3대 혁명적 사상가로 꼽히는 프로이트는 정신분석학의 창시자라고 불린다. 프로이트의 정신분석학은 무의식의 발견과 그 작동 방식에 관한 연구다. 사상적 혁명에 비견되는 독창적 아이디어로 20세기를 상징하는 가장 중요한 연구성과 중 하나로 평가받고 있다.

프로이트의 정신분석학의 핵심은 성 충동과 공격 본능, 그리고 이에 대한 방어 기제가 서로 우위를 차지하기 위해 경쟁하고 있는 무의식이 존재한다는 가설이다. 그의 이론은 인간의 심리 발달 과정과 비정상적인 정신 상태의 이해에 근본적인 변화를 가져왔다. 심리학, 철학, 사회학, 문예학, 교육학, 신학 등 많은 학문 영역에서 새로운 패러다임을 여는 인식의 도구로 환영받았다.

하지만 처음부터 그의 이론이 학계의 인정을 받았던 것은 아니었다. 1899년 자신의 가장 위대한 업적으로 평가받을 것이라고 기대했던 『꿈의 해석』이 출판됐다. 그러나 오이디푸스 콤플렉스, 엘렉트라 콤플렉스와 같이 모든 인간의 무의식을 성적 측면으로 해석하는 그의 이론에 많은 사람이 거부감을 느꼈다. 그는 우울증에 빠질 정도였다.

그만큼 프로이트의 이론은 기존 사회의 터부를 깨는 강렬한 에너지를 가지고 있었다. 한때 그의 제자였지만 후에 결별을 선언했던 칼 융Carl Jung의 이론이 그의 이론보다 후세에 더 많은 영향을 끼쳤지만 프로이트의 이론은 칼 융의 이론보다 대중적으로 더 대표적인 무의식에 대한 이론으로 평가받는다. 그 이유는 원리 요리의 특징인 강렬함을 칼 융의 이론보다 더 많이 가지고 있기 때문이다. 흑과 백의 대비가 강렬하면 할수록 사람들은 원리 요리의 핵심 경쟁력인 단순 간결함을 더 많이 느끼기 때문이다.

가설과 이론

이론은 개개의 여러 사항을 통일적으로 설명하기 위해, 또 인식을 발전시키기 위해 이미 인식되고 정식화된 경험적 법칙을 기본적 원리에 기초해서 체계화한 것이다. 이론은 개념으로 수행되는 객관적 실재의 반영 중 최고의 형태이고 과학의 본질을 이루는 부분이며 과학 연구의 주요한 목표다.

과학적 본질에 대해 증명할 수는 없어도 가설을 세울 수는 있다. 가설은 원리 파악의 과정이다. 뉴턴의 만유인력의 법칙이나 아인슈타인의 상대성 이론 역시 최초의 깨달음도 당시에는 하나의 가설이었다. 다만 뉴턴 혹은 아인슈타인이 스스로 풀 수 있었던 가설이었을 뿐이다. 이론은 가설의 형태로 제기된 후 진리성이 확인된 가설은 이론이라는 지위를 얻게 된다.

가설은 미지의 세계를 향한 길잡이다. 과학자들 역시 가설을 많이 내세운다. 특히 가설적 개념은 실험의 길잡이다. 현상을 보면서 증명되지는 않았지만 이럴 것이라는 아이디어를 구상하는 것이다. 현재 증명 단계에 온 힉스Higgs라는 입자 역시 물질에 질량을 주는 미지의 것에 대한 가설적 개념이다. 가설은 보이지 않는 본질을 직관의 힘으로 이어붙인 가상의 본질이다. 현실의 본질을 증명하지는 못했지만 증명할 수 있는 문제를 제시한다면 본질 파악의 반을 이룬 셈이기 때문이다.

오랫동안 풀리지 않는 가설도 많이 있다. '푸앙카레 추측'은 수학계에서 오랫동안 많은 사람에게 도전정신을 불러일으켰던 가설이다.

"어떤 하나의 닫힌 3차원 공간에서 모든 폐곡선이 수축해 하나의 점이 될 수 있다면 이 공간은 반드시 원구로 변형될 수 있다."

프랑스의 푸앙카레는 뛰어난 직관이 있는 수학자였다. 그는 우주가 구체의 모양인지 알고 싶어 했다. 우주의 모양을 추측하면서 이 가설을 만들어냈다. 푸앙카레 추측은 미지의 세계를 향한 인간의 본능을 자극한다. 그 점이 푸앙카레 추측이 대중적으로 인기를 끄는 이유이기도 하다.

수학자들은 문제를 푸는 사람이 아니라 문제를 내는 사람들이라는 말이 있다. 어쩌면 푸앙카레의 재능은 가설을 푸는 것이 아닌 가설을 발견하는 데 있었는지도 모른다. 가설은 수학자나 과학자가 원리를 찾아가는 하나의 방식이다.

원리의 발전

과학사를 되돌아보면 수많은 과학자가 거의 같은 시점에 위대한 과학적 발견을 했고, 누가 최초인가를 놓고 치열하게 싸운다는 점을 확인할 수 있다. 1920년대 컬럼비아 대학교 윌리엄 오그번William Ogburn과 도로시 토마스Dorothy Thomas는 '발명은 필연적으로 발생하는 것인가?'라는 주제 연구를 통해 시대의 발전이라는 환경의 변화에 따라 같은 시대에 같은 주제를 가진 다수의 연구가 중복적으로 이뤄진다는 것을 발견했다.

태양 흑점은 서로 다른 나라에 사는 4명의 과학자가 1611년에 발견했고, 건전지는 1745년과 1746년에 각각 서로 관련 없는 과학자들이 발명했다. 산소 역시 1772년에 조셉 프리슬리Joseph Priestly가, 1774년에 칼 빌헬름 셸레Carl Wilhelm Scheele가 발견했으며 에너지 보존의 법칙은 1840년대에 4번이나 각각 다른 과학자들이 정립했다.

17세기 영국의 뉴턴과 독일의 라이프니츠Leibniz는 거의 동시에 위대한 수학적 발견인 '미분' 개념을 발견했다. 누가 먼저 발견했느냐를 놓고 영국과 유럽 대륙의 학자들은 자존심 싸움을 벌였고 결국 라이프니츠는 자신과 뉴턴이 회원으로 소속된 권위 있는 기관인 영국 왕립학회에 저작권자를 규명해달라는 요청을 하는 지경에 이른다. 영국 왕립학회는 미분의 최초 발견자는 라이프니츠가 아니라 뉴턴이라고 판정한다. 당시 뉴턴은 영국 왕립학회의 회장이었다. 라이프니츠는 이 일로 좌절한 뒤 쓸쓸히 세상을 떠났다.

20세기 특수상대성이론 역시 아인슈타인과 푸앵카레의 동시발견이라고 할 수 있다. 프랑스의 수학자이자 고위 공무원이었던 푸앵카레도 이와 비슷한 내용을 담은 논문을 1개월 늦게 완성했지만 영광은 아인슈타인에게 돌아갔다.

동시대에 위대한 발견이 반복되어 나타나는 것은 치졸한 경쟁도 운명의 장난도 아닌 지식 발전의 보편적인 현상일 뿐이다.

5부 이해 아이디어 레서피

역사적인 발견들도 한 명의 천재에 의해 만들어지는 것이 아니라 전 세대의 성과를 바탕으로 동시에 발생하는 것이다. 흔히 인정받지 못한 천재를 가리켜 '시대를 너무 일찍 태어났다'라고 평가하지만 인류의 지적 진보는 그 앞 세대가 이룩한 것을 토대로 한걸음 발전해왔을 뿐, 어떤 천재도 자기 혼자서는 문제를 해결할 수 없다.

'본질 요리'

누구나 한 번쯤은 세부적인 사항에 매달리며 논쟁을 할 때 무심한 듯 핵심을 찌르는 의견을 툭 던지는 한 마디에 대한 기억이 있을 것이다. 그런 지적이 가능한 것은 경험이 부족한 사람들이 세부사항에 집착하고 있을 때 경험이 많은 사람들은 직관적으로 문제 해결의 본질을 발견하기 때문이다.

　내가 모시는 한 임원은 게임을 좋아했다. 그 임원은 회사의 복잡한 문제를 난순화시키는 데에도 탁월한 재능을 보였다. 게임에서 가장 중요한 것은 게임의 규칙인 것과 마찬가지로 회사에서의 의사 결정을 하는 방식도 그 상황을 규정하는 규칙이라는 관점에서 핵심을 신속하게 짚어낼 수 있었기 때문이라고 생각한다.

🟠 요리의 특징

미국 레스토랑 최초로 『미슐랭 가이드』에서 별 3개를 받은 '더 프렌치 론드리'의 수석 셰프를 지낸 한국계 요리사 코리 리Corey Lee는 프랑스 요리에 동양적인 미각을 도입한 퓨전 요리 스타일로 유럽과 미국에서 신선한 반응을 일으킨 스타 셰프다. 그는 이제 샌프란시스코에 자신의 첫 번째 레스토랑인 '베누'에서 본격적으로 한식의 세계화라는 주제를 더 높은 수준으로 발전시키고 있다. 그가 미각에 강렬한 인상을 받은 첫 기억에는 외할머니가 있다고 말한다. 어릴 적 외할머니가 만들어주시던 음식은 그의 미각 속에 남아 있다는 것이다. "제 요리의 배경에는 한국인이라는 정체성이 있습니다. 프랑스 요리를 하고 있지만, 미각은 아시아에 바탕을 두고 있지요"

코리 리의 요리가 한국인이라는 정체성에 기반을 두고 있는 것처럼 본질은 겉으로 보이는 것과 달리 그 사람, 또는 그 대상의 변치 않는 속성을 의미한다. 이처럼 본질 요리란 본질을 파악하는 요리다. 외형적으로 보이는 현상과는 달리 본질에서 다른 것을 구분해내는 것이다. 본질은 그 개체와 다른 것과의 차별점을 구분하는 개념으로, 본질을 파악한다는 것은 남과 다른 그 대상만의 정체성을 발견하는 일이다.

본질을 파악하는 것은 전략을 세우기 위한 전제조건이 되기도 한다. 전략도 상황 판단이 반이며, 상황 판단을 잘못한다면 그 전략은 백전백패할 수밖에 없다. 전략은 주어진 상황에 따라 바뀔 수 있지만 본질은 쉽게 바뀌지 않는다.

⭕ 요리의 효과

현상은 겉으로 보기에 다른 것이 같은 것일 수 있고 겉으로 보기에 같은 것이 본질은 다른 것일 수 있다. 그런 착시 현상 속에서 핵심을 파악해낼 수 있는 것이 본질 요리의 효과다.

⭕ 요리법

1) 사물이나 현상이라는 재료에 물을 붓고 은근한 불로 오랜 시간 천천히 가열하면서 뭉쳐져 있던 것들이 분리되면서 본질적인 구분이 이뤄진다.

⭕ 팁

- 비전 진술서(mission statement)는 개인이나 조직 모두에게 자신의 본질을 구체화하는 훈련 방법이 될 수 있다.
- 본질은 현상 속에 숨겨져 있는 경우가 많기에 아이디어의 눈으로 예리하게 현상을 바라보지 않는다면 본질은 발견되지 않는다.
- 누군가 문득 던진 말에 자신의 숨겨진 본질을 새롭게 발견하게 될 때도 있다.

⭕ 주의사항

- 본질을 파악할 때는 정확히 짚어야 한다. 유사해 보이는 것이 다를 가능성이 아주 높다. 유사해 보이는 것은 본질이 아니다. 오히려 유사해 보이는 것은 오류로 빠지게 되는 함정일 가능성이 높

다. 욕심은 판단을 망치고 본질을 놓치게 한다. 욕심을 버리는 것이 본질을 파악할 때 중요하다.

예를 들어 방송 업계의 프로듀서라고 해도 다큐멘터리 연출자와 예능 프로그램 연출자가 하는 일은 완전히 다를 것이다. 예능 PD에게 다큐멘터리를 연출하라고 한다면 아마 적성에 맞지 않아 상당히 괴로워할 것이다.

서커스의 본질

우리나라의 마지막 남은 서커스인 동춘 서커스는 많은 이들의 성원에도 인기를 잃어가고 있다. 하지만 세계의 모든 유명 서커스가 퇴락의 길을 걸은 것은 아니다. 오히려 '태양의 서커스'는 전 세계적으로 최고의 인기를 유지하고 있다.

캐나다의 서커스 기업인 태양의 서커스는 전 세계 5,000여 명의 배우와 스태프들이 일하고 있고, 하나의 레퍼토리를 개발하는 데 500억 원 이상의 돈을 투자하는 초대형 기업이다. 이 회사가 창작한 20여 개의 레퍼토리는 미국 라스베이거스, 올랜도, 마카오, 도쿄의 전용 극장에서 매일 공연되었고 그 결과 누적 1억 명 이상의 관람객이 입장한 최고의 서커스 회사로 성장했다. 태양의 서커스에는 있고 동춘 서커스에는 없는 것은 무엇일까? 그것은 본질에 대한 아이디어였다.

캐나다의 공연 환경도 좋았던 것은 아니다. 태양의 서커스가 창업된 1980년대 캐나다 역시 서커스가 사양길에 접어들고 있었다. 주요 고객이던 어린이들은 텔레비전과 컴퓨터, 게임기에 열광했다.

외부적으로는 어려운 상황이었지만 당시 20대였던 CEO 기 라리베르테Guy Laliberte는 단원 10여 명의 단출한 유랑극단이 가야 할 방향을 정확히 짚는 데 성공했다. 그는 기존 서커스와 달리 연극이나 뮤지컬처럼 스토리를 도입하고 춤, 체조, 음악, 의상, 무대 디자인을 창조적으로 도입했다.

기 라리베르테는 서커스의 구성요소를 세 가지로 보았다. 텐트, 광대, 그리고 곡예. 스스로 거리에서 공연하던 광대 출신이기도 한 그는 자신의 서커스에서 비싼 비용이 드는 사자와 코끼리와 같은 동물을 빼는 대신 스토리와 예술성이라는 옷을 입히는 전략을 구사했고 그 결과 성인 관객층이 늘기 시작하면서 서커스는 고급스러운 종합 예술로 탈바꿈했다. 그가 정체성에 대한 아이디어를 훌륭히 개척해낸 결과다. 만약 그가 '이제 서커스의 시대는 끝났어' '서커스는 아무런 장점도 없어'라고 불평했다면 오늘날 태양의 서커스의 성공은 불가능했을 것이다.

그는 서커스만이 가지고 있는 장점을 발견했고 그를 더욱 극대화하는 전략을 택했다. 경영학자들은 이런 전략에 '블루오션 진략'이라는 이름을 붙였고 2004년 하버드 비즈니스 리뷰에 태양의 서커스의 전략을 소개하는 논문이 실릴 만큼 성공 사례로 인정받았다.

루이뷔통과 에르메스의 본질

루이뷔통은 세계 럭셔리 브랜드 가치 순위에서 수년째 1위를 고수하는 명품 브랜드다. 루이뷔통의 아이디어 DNA는 '여행'이다. 루이뷔통이 여행용 트렁크에서 출발했기 때문이다. 1854년 브랜드를 만든 창업자 루이 뷔통Louis Vuitton은 원래 트렁크를 만드는 장인이었다.

1837년 '파리 생제르맹 선'이 개통되면서 철도가 세상의 흐름을 바꿔놓았다. 자동차의 시대가 뒤를 이으면서 여행과 이동에 대한 욕구가 피어났고, 이는 곧 여행용 가방에 대한 수요로 이어졌다. 루이뷔통은 '여행의 본질은 상상력'이라는 생각을 했고 모든 제품은 여행용 목적에 맞게 고안됐다.

루이뷔통이 세계적인 브랜드로 발돋움하게 된 데에는 나폴레옹 3세의 왕비 몬티조의 유제니Eugenie de Montijo의 역할이 컸다. 그녀는 여행을 즐겼는데 자신의 여행 짐을 싸는 일을 루이뷔통에 일임했다. 당시 왕족은 패션 리더로서 대중의 유행을 이끌어내는 존재였기 때문에 루이뷔통은 대중에 이름을 알릴 수 있었다. 또한 1867년 파리 세계 박람회에서 루이뷔통의 제품이 수상하면서 브랜드 가치를 인정받기 시작했다.

반면 에르메스의 아이디어 DNA는 마구馬具다. 1837년 창업주 티에리 에르메스Thiery Hermes는 말안장과 마구를 만들어 파는 사업으로 시작했다. 그래서 모든 제품은 튼튼한 가죽 제품을 지향한다.

가방과 의류를 만드는 패션업체로 탈바꿈할 때도 이 전통과 스타일은 유지하면서 혁신을 추구했다. 말안장을 만들 때 쓰던 독특한 박음질법과 고급 가죽을 그대로 써서 전통을 이어갔다. 맞춤복, 기성복, 타이, 향수, 시계, 문구류, 자기류, 은 식기류까지 제품분야도 매우 다양해졌다.

에르메스는 명품으로 세계적인 성공을 거둔 현재도 말안장을 팔고 있다. 자신의 뿌리를 잊지 않는 것이 세계적인 명품의 공통점 중 하나다. 그런 노력은 바로 아이디어 DNA를 잊지 않고 있다는 것을 보여준다.

글로벌과 로컬의 본질

『미슐랭 가이드』별점 3개를 받은 벨기에의 '호프 판 클레버'의 셰프 페터르 호선스Peter Goossens는 세계적인 요리사다. 그는 뼛속까지 벨기에를 사랑하는 벨기에인으로, 벨기에인의 정체성을 가장 중요한 요리의 신조로 삼고 있다. 그는 모든 음식재료를 벨기에산 로컬 푸드로만 요리하는 것으로 유명하다. 그는 현지에서 생산한 농산물과 '회저 본' 같은 벨기에 전통 맥주를 요리에 적극 활용했다.

회저 본은 벨기에 특산 곡물 머스터드인 '티렌테인 머스터드'와 특유의 자연 발효법으로 만든 맥주다. 레스토랑의 벽은 20세기 벨기에 예술가들의 작품으로 채워져 있다. 벨기에 특유의 레몬 소스를 곁들인 가자미 요리인 솔 뫼니에르나 넙치류의 요리를 선보이고 코스 요리의 마지막은 벨기에의 자랑 초콜릿을 디저트로 활용하곤 한다. 역설적이게도 그의 레스토랑은 가장 벨기에의 지역적인 특징을 가지고 있기 때문에 가장 글로벌한 명소가 됐다.

파스타 역시 오늘날 가장 국제적인 요리 중 하나지만, 이 요리는 중국에서 기원해서 실크로드를 거쳐 이탈리아로 넘어온 로컬 음식이다. 중국에서는 탈리아텔레와 같이 폭이 조금 넓은 면과 스파게티 비숫한 것을 먹었다. 아라비아 상인들이 사막을 횡단하는 긴 여정에서 상하기 쉬운 밀가루 대신 밀가루 반죽을 건조시켜서 가지고 다니면서 건조 파스타가 생겨났다. 그러면서 이 건조 파스타가 유럽 각지로 퍼져 나갔다. 건조 파스타의 출현으로 파스타는 먹고 싶을 때 바로 조리할 수 있고 오래 보존할 수 있는 세계적인 음식이 될 수 있었다.

한식 역시 전통 음식의 본질을 벗어나는 것은 뿌리를 버리는 것이다. 이미 불고기, 비빔밥, 김치와 같은 우리의 전통 음식이 세계인의 입맛을 사로잡고 있지만 최근 들어 주목받기 시작한 장의 발효 과학 분야에서도 한식의 세계화를 위한 연구가 활발히 이루어지고 있다. 아직은 계량화 등 여러 부분이 글로벌한 음식문화로 발전하기에 부족한 점도 있지만 앞으로 보완을 통해 더욱 발전할 것으로 기대된다.

미국이 만든 가장 글로벌한 클래식 곡은 조지 거슈인George Ger-shwin의 「서머타임」이다. 거슈인은 흑인 음악에 기초한 가장 미국적인 음악을 작곡했다. 우리나라의 「난타」라는 타악 퍼포먼스 공연은 사물놀이라는 국악을 기반으로 창작되었지만 일본, 중국의 관광객들에게 통하는 세계적 콘텐츠가 됐다. 세계적인 음악 장르가 된 재즈 역시 처음부터 세계적 음악 장르는 아니었다.

재즈는 처음엔 미국 동부의 로컬 음악이었을 뿐이다. 어떤 면에서 우리나라의 로컬 음악인 사물놀이는 세계적 음악 장르인 재즈와 가장 잘 어울리는 악기의 악기다. 사물놀이의 악기와 재즈 드럼은 서로 상반된 동서양의 악기다. 하지만 재즈 음악에서는 영적 몰입과 같은 현상을 가지는 동일한 철학의 악기이다.

많은 기업에서 '글로벌 사업'이라는 말을 많이 하지만 세계화의 본질은 로컬의 반대를 일컫는 것이 아니다. 오히려 세계화는 로컬의 최대치이고 로컬의 집합체다. 기업들은 자신의 원리를 파악하지 못한 국제화라는 말처럼 유약한 개념도 없다는 점을 유념해야 한다.

로컬은 세계화보다 열등한 존재가 아니다. 세계적 미디어 그룹은 세간의 예상과 달리 로컬 기업과 비교해보면 힘이 약한 것이 분명한 사실이다. 물론 전반적인 영향력의 합이 더 높을 수는 있겠지만 글로벌 사업은 그렇게 만만한 사업이 아니다. 오히려 로컬의 영향력은 막강한 경우도 빈번하다. 미국의 미디어 산업을 분석한 『미디어그룹의 저주 The Curse of the Mogul』에서 저자들은 세계적 미디어에 대한 선입견과 달리 로컬 미디어의 진입 장벽이 오히려 가장 강력하다고 밝혔다.

국내 미디어 시장의 사례를 봐도 알 수 있다. 국내에 케이블 TV가 처음 생겼던 것이 1994년이다. MTV와 같은 우수한 외국 채널이 들어오면 국내 채널은 경쟁이 되지 않을 것으로 생각했다.

그 예상은 무참히 깨졌다. 외국 채널 사업자들은 엠넷과 같은 국내 방송채널 사업자와의 경쟁에서 대부분 밀려났다. 모든 인기 채널은 국내 채널 사업자이거나 국내 채널 사업자가 중심이 된 합작법인이었다. 세계화와 로컬은 단순히 구분될 수 없다. 그래서 요즘에는 '글로컬Glocal'이라는 합성어가 사용되기도 한다.

CJ E&M의 본질

CJ는 대기업의 무덤이라고 일컬어지는 콘텐츠 사업에서 어떻게 성공할 수 있었을까? CJ는 콘텐츠 사업에서 유일하게 성공한 대기업이다. CJ는 '설탕 공장의 대변신'이라는 평과 함께 기존의 식생활용품 제조 및 유통 사업에서 벗어나 방송과 연예오락 사업으로 진출해서 CJ E&M이라는 기업을 설립하면서 놀라운 성장세로 방송 및 영화 산업을 장악하는 데 성공했다.

그 바탕에 유통업의 DNA가 있었다. 사실 CJ는 대기업이라고 하지만 다른 대기업들에 비해 소비자를 상대로 한 소매업 분야에서 성공한 유통 중심 기업이라는 점에서 엔터테인먼트 사업 진출 시에도 자신만의 확실한 경쟁력을 갖추고 있었다. 조미료 전쟁에서 미원과 치열한 전투를 벌인 경험을 DNA에 각인하고 있다는 점이 소매업종의 상품을 경험해보지 못한 다른 대기업은 갖지 못한 장점이라고 할 수 있다.

CJ의 유통 업종 선택은 우연이 아니었다. CJ그룹의 뿌리는 건어물 및 청과류를 만주로 수출했던 삼성상회에서 시작되었기 때문에 유통에 각별한 애정이 있었다. 그런 의미에서 삼성그룹의 DNA는 최초에 창업주 이병철이 만든 아이디어 DNA라고 할 수 있다. 유통 업종 선택은 이병철 창업주가 최초 사업을 시작했던 아이디어가 가장 잘 구현된 모습인 셈이다.

삼성 그룹의 장자 역할을 했던 제일제당은 이병철의 큰 손자인 CJ의 이재현 회장에게 승계되었고 삼성에서 계열 분리된 이후 CJ는 유통에 강한 특성을 보였다. 식품뿐 아니라 방송, 영화 등 신규 사업에서도 유독 유통을 중심으로 사업을 전개하는 모습은 삼성 그룹의 유통 중심 DNA를 확연히 보여주고 있다.

유통업으로서의 속성은 경쟁사보다 먼저 멀티플렉스 극장사업에 뛰어들었던 데서 볼 수 있다. 극장 사업은 유통의 DNA가 필요한 것이기 때문에 CJ가 엔터테인먼트 사업으로 진출하는 길목이 됐다. 극장 사업 진출은 유통산업으로서의 경쟁력 기반 위에서 엔터테인먼트 사업의 주인공이 되는 데 주요한 전략이었다.

유통을 통한 영화 산업 참여는 비단 CJ만의 예외적인 현상은 아니다. 따지고 보면 우리나라뿐만 아니라 할리우드의 영화 산업 역시 유태인 자본에 의해 철저히 상업적인 목적으로 시작된 산업이다.

CJ는 극장 사업이 안정적으로 성장함에 따라 자연스럽게 한국영화 제작에 참여하면서 한국영화의 독점적 공급자로 성장했으며 그 후에는 케이블 방송에 뛰어들어 케이블 방송채널의 독과점적 공급자의 위치에 올랐다.

또한 역설적이게도 조직 관리의 경쟁력이 엔터테인먼트 산업의 경쟁력으로 작용했다. 극과 극은 통한다는 말처럼 어떠한 대기업도 휘어잡지 못한 엔터테인먼트 산업 특유의 비조직적 특성을 CJ는 강력한 조직관리 비결로 휘어잡았던 것이다. 삼성의 DNA가 물려준 CJ의 철저한 조직 관리와 사업적 판단은 엔터테인먼트 산업에서도 유감없이 실력을 발휘하면서 '관리의 CJ'라는 별명만큼 강하게 조직을 장악하는 기업문화를 형성했다.

CJ는 1999년 삼성 그룹의 엔터테인먼트 기업인 삼성영상사업단이

해체될 때 시장에 나온 인적 자원을 그대로 승계하면서 엔터테인먼트 산업에 본격적으로 뛰어들었다. 'IMF만 없었더라면 삼성영상사업단이 성공했을 것'이라는 가설처럼 삼성의 조직관리 비결은 창조적인 엔터테인먼트 산업도 줄을 세울 정도로 각이 선 날카로움을 보여주었다.

삼성이 1980년까지 보유했던 방송사인 TBC를 외압에 의해 KBS로 넘기지 않았다면 특유의 기업 문화를 바탕으로 오늘날 엔터테인먼트 분야에서도 크게 성장하지 않았을까 하는 아쉬움을 남기고 있다. 어쩌면 그를 발판으로 삼성도 소니의 뒤를 이어 할리우드 메이저 영화사를 접수했을지도 모른다. 물론 득이 되었을지 독이 되었을지는 모르겠지만 말이다.

소니와 삼성전자의 본질

한동안 서로 비슷해 보이던 소니와 삼성전자는 오늘날 매우 다른 각자의 길을 찾아가고 있다. 두 기업의 경쟁 구도는 소니의 독주로 시작되어 그 뒤를 쫓는 삼성전자의 추격으로 앞서거니 뒤서거니 하는 모습을 보였다. 그리고 이제 삼성전자의 우세가 명확해지는 모습 속에서 위대한 기업이란 무엇인지 생각해볼 수 있는 계기를 마련해주고 있다.

소니는 제2차 세계대전 패망 이듬해 전쟁의 폐허 위에서 탄생해 설립 9년 만에 트랜지스터 라디오 제품을 양산하며 외국시장을 넘본다. 어쩌면 소니는 본질에서 탄생 이전부터 전쟁이 아닌 전자제품으로 세계를 정복한다는 아이디어로 만들어졌던 것인지도 모른다. 소니의 공동 창업자로 마케팅을 담당했던 모리타 아키오盛田昭夫는 소니의 미래를 생각하면서 일본 내수 시장의 한계를 인식하고 외국시장 진출을 결정했고 미국을 유력한 시장으로 내다보고 과감히 자신의 주거지를 미국으로 옮기는 결단을 내린다.

그로부터 34년 만인 1989년 미국의 대형 영화사인 컬럼비아 영화사를 인수하면서 전자 산업과 영상 산업의 시너지를 바탕으로 세계 정복을 노린 소니의 과감한 비전은 빠르게 현실화되는 듯 보였다. 하지만 소니가 투자한 할리우드 영화는 계속 실패로 돌아갔고 할리우드의 엄격한 저작권 보호 이슈에 걸려 소니 경영진이 원했던 영상 산업과 전자 산업 간의 시너지는 발생하지 않았다.

만약 게임 시장 진출을 노리고 설립했던 SDK(소니 디지털 엔터테인먼트)가 없었다면 소니의 운명은 이미 끝나버렸을지도 모른다. SDK는 디지털 엔터테인먼트라는 새로운 비전을 제시하면서 소니 그룹을 위기에서 구해낸다. 디지털 엔터테인먼트는 소니에게 새로운 성장을 기대할 수 있는 시장을 만들어 주었다. 소니는 가전 제품업체로시의 창업, 영상산업 진출, 그리고 침체라는 매우 어려운 과정을 거친 뒤 디지털 엔터테인먼트 분야로의 진출을 통해서 소니의 탄생 순간부터 운명처럼 예고되었던 자신의 본질은 바로 디지털 엔터테인먼트와 가전제품의 시너지였다는 점을 증명해냈다.

그후 SDK는 소니 그룹의 영화와 가전제품의 시너지를 만들어내는 촉매제 역할을 충실하게 수행했다. 기존의 영상 산업이 아날로그에 한정되어 있을 때 SDK는 누구보다 앞서서 디지털 엔터테인먼트에서 비전을 발견했으며, 아날로그 영상산업을 디지털로 전환하는 데 이바지했다.

소니 픽처스가 만든 영화를 소재로 한 SDK의 게임들은 기존 닌텐도가 점령했던 세계 게임 시장을 소니로 넘어오게 했고, 플레이스테이션을 세계적으로 히트시키면서 영상 산업과 가전 산업의 시너지를 만들어냈다.

소니는 SDK의 성공에 힘입어 엔터테인먼트 산업이 단순한 분야가 아니라 소니와 다른 전자 회사를 구분하는 아이디어 DNA임을 보여주었다. 1968년 창업한 삼성전자는 삼성그룹의 전폭적인 지원 속에서 무섭게 성장해나갔다. 삼성전자는 기존의 삼성그룹 계열사와는 상당히 다른 새로운 아이디어의 탄생이었다. 고 이병철 회장은 삼성전자를 창업하면서 처음부터 세계시장을 염두에 둔 세계적 제품의 제조라는 새로운 아이디어를 품고 있었을 것이다. 그의 좌우명은 '행하는 자 이루고 가는 자 닿는다'였다. 그는 이 좌우명처럼 고난 속에서 좌절하지 않고 남들이 가지 않은 길을 가는 과감한 투자로 초일류 기업 삼성의 터전을 일궜다.

오늘날 삼성전자의 발전은 과감한 판단을 기본으로 한 선대 회장의 전통을 이어받은 이건희 회장으로 이어졌다. 그는 2010년 6월 29일 자 『중앙일보』와의 인터뷰에서 2년 만에 경영 복귀를 선언하고 과감한 신수종 사업 투자 계획을 공개하면서 다음과 같이 말했다.

"다른 세계적 기업들이 머뭇거리고 있을 때 과감하게 투자해서 기회를 선점하고 국가 경제에도 보탬이 되도록 해야 한다."

1990년대 삼성전자는 가전업계의 후발 주자로 선발 주자였던 소니의 충실한 패스트 팔로어fast follwer 전략을 취하면서 소니와 치열하게 경쟁했고 2000년대 들어서는 소니의 패스트 팔로어를 벗어나 소니와는 다른 행보를 보였다. 이는 삼성전자의 자신감에서 비롯된 선택이다. 삼성전자를 꿈꿨던 이병철의 아이디어는 반세기 가까이 흐른 지금 시대에도 청년의 기백이 넘치는 아이디어이자 애플과 경쟁하는 국제적 기업 삼성전자의 운명을 잉태한 본질적인 아이디어였다.

본질과 가치

개인이 자신만의 재능을 타고나듯이 하나의 기업이나 산업도 운명처럼 자신에게 필요한 하나의 탁월한 재능을 타고나는 듯하다. 짐 콜린스Jim Collins는 『위대한 기업은 다 어디로 갔을까?』에서 "성공과 실패, 생존과 소멸은 주변 환경보다는 자기 자신에 더 많이 의존한다."라고 말하며 위대한 기업의 성장 과정을 관찰한 결과 비전의 출발점이 본질에 있음을 강조했다.

성공한 사업과 실패한 사업의 차이는 남이 하는 일을 얼마나 빨리 좇는가에 있는 것이 아니라 자신만의 본질을 발견해서 얼마만큼 잘 구현해내는가에 달려 있다. 한 사람이 새로운 것에 놀라울 만한 집중력으로 관심을 둘 때 성공이 시작되는 것처럼 위대한 기업 역시 운명처럼 특수한 재능을 발견하면서 성공이 시작된다. 그렇기에 신설 기업이 초기의 시행착오들을 통해서 자신의 '진짜 자신'을 발견해내지 못하고 다른 일에 시간과 노력을 소비한다면 그 기업은 자신의 결정에 후회하게 될 것이다.

하지만 본질은 주어지는 것이 아니라 어떤 가치를 가지고 있느냐에 따라서 만들어질 수 있다. 세계적 기업 GE는 평소 1, 2위가 아닌 기업은 모두 매각하는 전략으로 유명하다. 그러나 GE는 상당히 오랜 기간 엔터테인먼트 부문의 NBCU를 보유했다. 엔터테인먼트 분야에서 1, 2위라고 할 수 없음에도 말이다. 그것은 NBCU가 매출규모나 수익성이라는 측면이 아닌 GE의 가치에 맞았기 때문이다.

가치는 한 제품을 기획하는 차원의 문제가 아니라 어떤 사업군을 왜 회사의 주력 신규사업으로 채택하는가 하는 차원의 문제다. '지구의 가치를 높이는 두산 중공업'이란 공고 문구를 통해 두산 중공업은 자신의 비전과 가치를 잘 드러냈다. 이렇듯 가치는 중요한 전략적 비전을 위한 기반이다.

본질과 비전

흔히 비전을 설정한다는 표현을 쓴다. 하지만 비전은 억지로 만들어지는 것이 아니다. 비전은 어원 그대로 '보이는 대로 보는 것'이다. 중요한 점은 억지로 꾸미지 않고 자신의 정체성에 기반을 두어 비전을 내다보는 것이다. 그러므로 비전은 정체성을 이해하고 이를 기초로 보이지 않는 미래의 모습을 그려내는 것이라고 할 수 있다.

비전은 그냥 상상이 되는 대로 만들어지는 것이 아니라 행성의 운동법칙을 발견하는 뉴턴의 법칙처럼 본질 위에서 보이지 않는 부분을 그리는 것이다. 흔히 비전을 건축에 비유하는데 건축은 자신의 정체성에 기반을 둔 것이지 그 주체의 정체성과 무관하게 상상의 건축을 짓는 것이 아니다. 마찬가지로 미래의 비전을 설정하기 위해서는 먼저 대상의 정체성을 파악해야 한다.

우리나라에서 '미드 붐'을 일으킨 TV 드라마가 있다. 바로 최고의 TV 드라마 시리즈라고 할 수 있는 「CSI」다. 이 드라마 시리즈를 제작한 프로듀서인 제리 브룩하이머는 영화 산업을 '관객의 꿈의 세계로 운송하는 산업'이라고 정의한 바 있다. 그에게 영화관은 영상을 보여주는 곳이 아니라, 환상을 즐길 수 있는 곳이다. 비전이 반드시 논리적인 형태는 아니다. 때로는 감성적인 접근도 필요하다. 꿈은 비전의 감성적인 형태다. 비유는 과학적이지는 않지만 문학적으로 대상의 핵심을 파악하는 중요한 역할을 하기도 한다.

어떤 기업이 자신의 본질을 정확하게 발견할 수 있다면 그 기업은 좋은 이상을 가지고 있다고 할 수 있다. 짐 콜린스는 『성공하는 기업들의 8가지 습관』에서 위대한 기업의 지속적인 성장에는 창업자의 올바른 가치가 중요한 역할을 한다고 말한다. 창업자의 가치관은 개인의 문제를 넘어 그 기업의 본질을 형성하기 때문일 것이다. 그런 점에서 최고 경영자는 자기 기업의 본질을 발견하는 본질 요리사 역할을 충실히 해내야 한다.

삼성의 이건희 회장은 대표적인 본질 요리사다. 그는 거의 출근을 하지 않으면서 온종일 어떻게 지낼까? 그는 아마도 많은 시간을 아이디어를 얻기 위해 생각에 잠겨 있을 것이다. 그는 삼성전자의 실적이 좋을 때에도 위기론을 이야기하며 더 앞선 미래를 내다보도록 주문했고 실적이 나쁠 때에는 문제점을 지적하면서 비전을 구체화하는 말들을 남겼다. '남의 뒷다리를 잡지 마라' '미꾸라지만 있는 논보다 메기가 있는 논의 미꾸라지가 더 싱싱하게 자란다' 등 그의 말은 언뜻 보면 알쏭달쏭한 선문답 같은 이야기들이 많다. 그러나 곰곰이 생각 해보면 누구 못지않게 본질을 이해하고 삼성전자의 비전을 제시하는 역할을 하고 있음을 알 수 있다.

본질과 분류

분류란 하나의 기준을 가지고 구분하는 것이다. 따라서 기준의 변화 는 분류의 변화를 의미한다. 따라서 분류는 객관성을 지향한다. 분류 의 대표적 학문은 문서정보를 분류하는 서지학, 그리고 자연과학에 서 린네Linne에 의해 정립된 생명체의 종, 류, 속, 목, 강으로 체계화 시킨 구성을 들 수 있다. 분류는 의도를 최소화해서 객관적인 형태로 사물의 본질을 추구하는 분석 중심 요리다.

분류는 정확한 구역 설정처럼 MECE(Mutually exclusive Collectively exhaustive, 상호배제와 전체포괄)하게 구분하는 방식이 있고 힘의 중심 에 따라 영역을 구분하는 아이템 중심 구분 방식이 있다. 전자가 서로 영역이 명확하다는 장점이 있다면 후자는 그 아이템을 중심으로 단 기적인 실행력이 앞서는 장점이 있다.

예전에 스와치 시계에서 시계 모양의 무선호출기 제품을 내놓은 적 이 있었다. 이 제품은 시계로 분류됐다. 당시 이 제품의 광고 문구는 '나랑 있을 때는 시계로만 써'였다. 요즘과 같이 하루가 다르게 새로운

IT 제품이 나오는 추세라면 휴대전화 시계도 불가능한 것은 아닐 것이다. 만약 앞으로 휴대전화 시계가 나온다면 이 제품은 시계로 분류될까, 휴대전화로 분류될까? 이런 구분을 위해서는 기준이 되는 원리를 이 해야 한다. 마치 '개그콘서트'에서 애매한 것을 정해주는 남자 '애정남'처럼 말이다.

대형할인점인 이마트 매장은 평균 3~5만 개의 분류 단위를 가지고 있다. 에르메스는 5만 개 이상이다. 분류가 정확하지 않다면 세부 항목에서 분류는 꼬이기 마련이다. 확장은 분류를 따라 이루어지기 때문에 본질을 파악하는 것이 중요하다. 분류를 제대로 하는 것은 확장을 정확하게 해나갈 수 있는 기반을 갖춘다는 것을 의미한다.

처음에는 작았던 차이가 시간이 흐를수록 점점 커지면서 큰 차이를 낳는다. 그러한 확장성을 고려할 때 분류의 정확성은 중대한 문제다.

한 기업이 이음새 기술을 가지고 있다면 다양한 곳에 적용할 수 있을 것이다. 예를 들어 폴더형 휴대전화와 비데는 모두 이음새 기술이 주요 품질 경쟁력 중 하나다. 그릇 장사를 하는 기업이 있다고 하자. 그 기업은 이동성과 보관성이 아수 뛰어난 제품을 가지고 있다. 만약 그 그릇의 크기를 100배로 키운다는 상상을 한다면, 컨테이너도 만들 수 있을 것이다. 이처럼 확장성은 새로운 신규 사업 발굴의 기회를 마련해줄 수 있다.

포트폴리오와 본질

포트폴리오라는 말은 한 기업의 사업 확장 전략에서 사업체의 다각적인 구성을 의미한다. 그렇다면 포트폴리오 선정 기준은 무엇인가? 기업의 포트폴리오 구성은 본질에 기초해서 자신의 강점을 강화하거나 약점을 보완하는 방식으로 구성되어야 한다.

기업이 새로운 분야로 확장하는 것은 생존을 위한 불가피한 전략이다. 만약 당신이 기업 회장의 비서실장이고 회장에게는 3명의 자녀가 있다면 어떻게 사업을 분리할 것인가를 가정해보자. 어떤 기준으로 거대한 복합 사업체를 나눌 것인가? 더군다나 이미 회장에게는 두 명의 형제가 각각 다른 일가를 이루고 있다고 가정한다면 그룹의 분할을 위해서는 향후의 확장가능성도 고려해야 한다. 아이디어가 일반적인 진화와 마찬가지로 나뭇가지의 모습처럼 진화해 나가듯 기업도 나뭇가지의 모양으로 진화할 것이다.

이도 저도 아닐 경우 문어발식 확장이라는 오명을 씻지 못할 것이다. 우리나라와 달리 미국에는 문어발식 기업이 별로 없지만 예외적인 분야가 있다. 할리우드 영화사들은 미국 사회에서 유례없는 문어발 기업들이다. 화려한 스포트라이트를 받으며 전세계 사람들에게 강한 영향력을 행사하고 있는 할리우드 영화사들은 지상파 방송은 물론 케이블 방송과 출판사까지 계열화해서 운영하고 있다. 펭귄북스가 할리우드 영화사 워너의 계열사라는 사실을 아는 사람은 많지 않을 것이다.

NBC 유니버설은 항공기를 만들던 GE가, 소니픽처스는 일본의 소니가 인수한 영화사들이다. 그렇다고 이러한 계열화가 특별히 시너지가 나는 것도 아니다. 할리우드 영화사들을 분석한 『미디어 그룹의 저주The Curse of the Mogul』에서는 이들 기업의 연간 평균 이익률이 놀랍게도 약 2퍼센트 정도에 불과하다는 점을 밝히고 있다.

문어발식 확장의 문제는 거리가 너무 멀어진 문어발 간에는 서로 시너지를 내지 못하고 엉켜버린다는 점이다. 그렇게 되면 어느 순간 소위 '계열분리'를 통해 그 문어발들을 잘라내야 하는 운명을 만날 수밖에 없다. 이런 순간에 포기되는 사업은 본질에 기본을 두지 않은 사업이다.

그래서 기업의 진화를 스스로 전략적으로 선택하려면 자신의 본질에 기반을 둔 것이어야 한다. 이랜드의 피자 사업 진출, 미스터 피자의 커피전문점 사업 진출은 겉으로 보기에는 다른 분야로 보여도 이랜드는 소매 유통업이라는 자신의 본질에 기반을 둔 것이다. 그리고 미스터 피자는 프랜차이즈 패스트푸드라는 자신의 본질에서 출발한 것이라는 점에서 문어발식 확장과는 다른 본질적 가치를 가지는 포트폴리오로 평가받는다.

본질과 공통점

현상은 달라 보이지만 본질은 같을 수 있다. 피상적으로 달라 보이는 것 속에는 공통적인 본질이 숨어있기 때문이다. 달라 보이는 것 사이에서 본질적인 공통점을 파악하는 것이 본질 요리의 특징이다. 투구의 공을 가장 잘 이해하는 것은 동료 투수가 아니라 명타자다.

투수와 타자는 달라 보이지만 핵심적인 경험을 공유한다. 달라 보이는 것 사이에 보이지 않는 공통점을 공유하는 것이다. 우리나라 ADT캡스의 브래들리 벅월터Bradley Buckwalter 사장은 오티스 엘리베이터 코리아 출신이다. 그는 2011년 10월 22일 자 『중앙일보』와의 인터뷰에서 보안업계와 엘리베이터업계가 다르지 않느냐는 질문에 이렇게 대답했다.

"겉에서 보기와 달리 내부적으로 들어가 보면 비슷한 점이 매우 많아요. 엘리베이터나 보안이나 수많은 빌딩에 반드시 필요하잖아요. 심지어 고객들도 다 같죠. 둘 다 안전이 최우선인 업종이고 문제가 생기면 얼마나 신속하게 대응하느냐 새로운 기술환경에 얼마나 잘 적응하느냐가 관건이죠"

예술과 사업 사이에도 공통점이 있다. 팝 아트의 교황이라고 불리는 미국의 미술가 앤디 워홀은 '돈을 버는 것도 예술이고 노동도 예술이지만 사업을 잘하는 것은 최고의 예술이다'고 말했다. 앤디 워홀과 함께 팝아트를 이끌었던 키스 해링Keith Haring은 '예술과 인생은 따로 존재하는 것이 아니라 하나다.'는 메시지를 남겼다. 미키 마우스와 앤디 워홀을 섞어 '앤디 마우스'라는 새로운 캐릭터를 만들 정도로 앤디 워홀은 사업가인 디즈니의 작업과 예술가의 작업에서 공통점을 찾아내려고 했다.

손 안의 TV라고 하는 스마트폰의 화면과 대형 스크린이 있는 극장 역시 중요한 공통점을 가진다. 바로 영상을 보여주는 기능이다. 그런 점에서 극장의 스크린은 커다란 TV고 스마트폰은 작은 TV라고 본질을 정의할 수 있다. 달라 보이지만 같은 공통점을 가지고 있다면 하나의 본질을 가진 것으로 볼 수 있다. 언뜻 보기에 달라 보이는 것들의 내면에 공통점이 있다면 그 공통점은 두 분야의 공통 원리를 발견하게 해준다. 그리고 그 공통원리는 새로운 기능을 상상할 수 있게 한다. 예를 들면 스마트폰을 통한 VOD 서비스가 그러한 가능성을 현실화시킨 예다.

영화와 TV의 본질적 차이

어린 시절 방송과 영화의 차이를 이해할 수 없었다. 나뿐만 아니라 누구라도 처음에는 TV와 영화가 비슷해 보였을 것이다. 커가면서 영화와 방송의 차이점을 이해하게 됐다. 영화의 주된 매출이 입장권 수입이라면, 방송의 주된 매출은 광고 수입이라는 점이 모든 차이를 만들어낸다.

따라서 방송은 프리미엄 콘텐츠를 시청자에게 무료로 제공하는 놀라운 사업 구조로 이루어져 있다. 그 비밀은 광고가 쥐고 있다. 방송은 하루 24시간 중 대부분의 시간 동안 방송을 내보내면서 많은 광고 자원을 확보할 수가 있고 소비자는 그 광고를 보는 대가로 프리미엄 콘텐츠를 매일 무료로 시청할 수 있다. 방송이 출현하기 전까지 무료 콘텐츠는 없었다. 대중 소비 사회가 도래하지 않아서 광고가 없었기 때문이다.

영화 산업과 방송 산업의 본질적 차이로 인해 영화 산업은 상업적 영화 콘텐츠의 질적인 우위를 지속해서 유지하려 한다. TV가 프리미엄 콘텐츠를 제공하는 서비스라면 영화는 슈퍼 프리미엄 콘텐츠를 만드는 서비스다. 영화는 항상 TV보다 더 많은 돈을 들여 더 높은 기술과 더 인기 있는 배우들을 모아 더 비싼 시나리오로 콘텐츠를 만든 후 더 많은 마케팅 비용을 들여서 입장권 판매를 꾀한다.

TV 드라마가 한 단계 발전하면 영화는 새로운 소재와 기술과 마케팅으로 한 단계 더 앞서 가면서 입장권이라는 수입원을 유지할 수 있는 질적 우위를 계속 지키려 한다. 결국 영화와 방송의 본질적 차이가 세부적인 차이를 만들어가는 셈이다.

미국 영화 역사에서 영화 산업의 위기를 극복한 과정을 통해서도 확인할 수 있다. 1948년 미국에서 TV 방송이 시작되면서 이제 사람들은 돈을 내지 않고도 톱스타의 얼굴을 볼 수 있게 되었고 극장 산업은 이제 사라지게 될 것이라는 섣부른 예측이 나오기 시작했다. 실제로 사람들은 영화를 보지 않기 시작했고, 영화사들의 수익률은 악화되면서 이른바 '할리우드 고전영화 시대'가 막을 내린다.

TV에 대한 영화 산업의 대응은 바로 영화 산업의 본질에서 나왔다. 기존보다 더 많은 사람이 좋아할 만한 영화를 만들어 단기간에 더 많은 사람에게 홍보하는 이른바 '블록버스터 영화'를 만드는 것이다. 더 많은 돈을 들여 더 많은 광고를 집행하고 동시에 더 많은 극장에서 개봉해서 영화사가 더 높은 수익률을 가져가도록 했다. 자연스럽게 대형 영화사, 즉 '메이저 스튜디오'들의 주인은 창업자 가족에서 복합적 대기업으로 바뀌어갔다. 제조업체로는 일본의 마쓰시타, 소니가 각각 메이저 스튜디오의 주인이 되었고 프랑스의 비방디와 같은 유럽의 미디어 그룹도 할리우드에 진출했다.

콘텐츠 면에서 무엇보다 다른 특징은 극장에서는 방송에 비해 더 수위가 높은 표현이 가능했다는 것이다. 영화는 극장이라는 공간에서 상영되는 영상이다. 장르는 상관없다. 다큐멘터리일 수도 있고 공연물일 수도 있다. 영화의 정의는 활동 영상motion picture이지 극영화dramatic feature가 아니기 때문이다.

'개선 요리'

새로운 서비스를 개발하기 위해 IT 분야의 개발자들과 일을 해보면 나오는 다른 성향의 아이디어를 발견하게 된다. 콘텐츠 업계에서 온 나의 선입견과 달리 개발자들의 작업 속에서도 창조성을 발견할 수 있었다.

개발자들은 개선점을 꼼꼼히 적어서 함께 토론하면서 개선 여부에 합의해가는 방식으로 일을 진행했다. 생각나는 대로 문제점을 해결하려는 내 방식이 논리적으로 문제점을 해결하려는 개발자들과 끊임없이 충돌했던 것도 어쩌면 당연한 일이었는지 모르겠다. 그런 과정을 거치며 생각의 차이를 좁힐 수 있었다.

⊙ 요리의 특징

개선 요리의 핵심은 사물이나 현상에서 불편하거나 부족한 점을 얼마나 잘 발견하는가에 있다. 새로운 서비스를 기획하면서 흔히 '통점'이라고 부르는 불편한 점을 찾았다면 개선 요리에서는 이미 성공한 셈이다. 즉, 개선 요리는 사물이 가지고 있는 단점을 본질에 적합하게 보완하는 분석 중심의 요리다. 스팀 청소기로 유명한 한경희생활과학의 탄생 역시 생활 속의 불편을 해결하는 아이디어에서 시작되었다는 사실은 유명한 이야기다.

발명과 발견은 '개선 요리'라는 면에서는 비슷한 활동이다. 원래 '발명하다invent'는 '발견하다discover'라는 어원을 가진 단어다. 즉 머릿속에서 무언가 찾아내는 것이 발명이고 현실 세계에서 찾아내는 것이 발견일 뿐이지 '필요한 것을 찾아낸다'는 의미에서 본질은 다르지 않다.

개선 요리의 대가는 발명왕 에디슨이다. 에디슨은 무심코 지나치는 일상생활의 불편함이 무엇인지를 찾아내는 데 천재적인 재능을 보여주었다. 그는 실용적인 성격을 띠는 특허 발명품을 무려 1,000종 넘게 남겼다.

⊙ 요리의 효과

'개선 요리'란 한마디로 요구를 해결하는 요리다. 생활의 불편함을 없애는 발명을 하거나 새로운 서비스를 개발하는 것들은 개선 요리라고 할 수 있다. 보통 만화에서 '느낌표' 표시로 표현되는 아이디어

가 바로 생활의 문제점을 해결하는 개선 요리라고 할 만큼 개선 요
리는 불편함을 해결하는 데 좋다.

⭕ 재료
평소 생활하면서 눈여겨 봐둔 문제점이나 제도, 제품, 사람에 대한
모든 문제점이 요리의 재료가 된다.

⭕ 조리 방법
1) 문제점을 찾아내서 그 사물이나 현상의 본질에 어울리는 보완 방
안을 찾아 논리적으로 요리한다.

⭕ 조리 시간
- 단기간에 조리할 수 있어 시간이 짧은 요리는 2~4개월이면 충
  분하다.

⭕ 팁
- 아이디어의 눈으로 현실을 바라보는 순발력이 필요하다. 현실의
  문제점에 대해 상상적 요소는 줄이고 분석 중심으로 개선책을
  내놓아야 하므로 이를 잘 마무리하는 집중력이 필요하다.

⭕ 주의점
- 필요는 발명을 낳는다. 하지만 모든 발명이 꼭 개선 요리인 것은

아니다. 주변지향 아이디어를 바탕으로 한 예를 들어보자. 해리 포터를 위한 투명 망토를 만들겠다고 하면 그것은 개선 요리가 아니라 하나의 상상 중심 요리법에 따른 스토리 요리에 해당한다. 만약 투명 망토를 만들겠다고 하면 그 필요성이 현실의 문제점에서 나와 그것을 개선하려는 목적으로 연결되어야 한다. 그래야만 현실의 문제를 발견하고 이를 해결하는 분석 중심 요리가 나올 수 있다.

제임스 다이슨

최초의 현대적 진공청소기는 1901년 개발되어 100년 넘게 사용되고 있다. 진공청소기에는 먼지 봉투가 들어 있어 공기에서 빨아들인 먼지가 봉투에 모이면 봉투를 교체하는 방식으로 사용되었는데, 이 방식은 청소기의 흡입력이 금세 떨어지는 단점이 있었다. 하지만 100년간 이 방식은 변하지 않았다. 그 이상 좋은 방법은 없다고 생각했기 때문이다. 또 먼지 봉투를 자주 갈아 끼면 판매회사들로서는 먼지 봉투 판매로 꾸준히 추가 수익을 올릴 수 있었다.

하지만 이런 불편함을 참을 수 없었던 젊은 디자이너가 있었다. 그가 바로 제임스 다이슨James Dyson이었다. 그는 1979년 집에 딸린 창고에서 5년간 5,127개의 시제품을 만들면서 연구한 끝에 마침내 먼지 봉투 없는 청소기의 개발에 성공한다.

그는 자신의 63년 인생 중에서 40여 년이 실패의 연속이었으며, 그가 발명한 '먼지 봉투 없는 청소기'는 5년간 5,126개의 모형이 실패하고 5,127개째의 모형에서 성공을 거두었다. 그는 그냥 특허를 팔고 원래 직업인 디자이너로 돌아갈 생각이었으나 기존 청소기 제조업체들은 새로운 아이디어를 받아들이지 않았다. 2010년 7월 16일 자 『조선일보』는 '날개 없는 선풍기에서 혁신의 바람이 불었다'라는 제목으로 다이슨에 대한 기사를 실었다.

"사람들은 지금도 청소기에 만족합니다. 왜 바꿔야 하죠?"

"먼지 봉투는 우리 회사의 주요 수익원입니다. 왜 먼지 봉투를 없애야 합니까?"

결국 다이슨은 직접 제품을 만들기 위해 회사를 세웠고 이 제품을 대히트시킨다.

전기를 이용한 최초의 선풍기는 1882년 발명됐다. 날개를 이용한 그 방식은 127년간 변하지 않았다. 제임스 다이슨은 "왜 선풍기는 꼭 날개를 써야 하지? 돌아가는 날개 때문에 날개를 청소하기도 어렵고, 더구나 아이들은 늘 손가락을 넣고 싶어해서 위험하잖아."라고 질문을 던졌다.

그는 그로부터 4년간 연구를 통해 '날개 없는 선풍기(제품명: 에어멀티플라이어)'를 발명했으며 2009년 『타임』지는 이 제품을 '올해의 발명품'으로 선정했다. 또 같은 기사에서 그는 자신의 제품 기획에 대한 철학에 대해 다음과 같이 말하며 혁신은 결코 '유레카' 하는 식으로 이뤄지지 않는다고 강조했다.

"고객의 목소리를 들으세요. 그들의 습관을 읽고 깜짝 놀랄만한 걸 내놓아야 합니다. 당신이 원하는 걸 발명하는 건 충분하지 않아요. 당신이 만든 걸 좋아하도록 이끌어야 합니다."

그에게 '실패는 성공의 어머니'다. 그는 "성공은 99퍼센트의 실패로 이뤄진다. 직원들이 실수하게 하면 일을 빨리 배운다"며 오히려 실패를 장려한다. 수많은 시행착오를 겪으며 다이슨은 자신만의 특허 기술을 대량 확보했다. 그는 디자이너 출신이면서 회사의 회장직을 마다하고 현재 수석 엔지니어로 일하고 있다. 현재 다이슨은 청소기에 관련된 특허만 1,100개를 보유하고 있으며 영국에서 롤스로이스 다음으로 많은 특허를 가진 기업이다.

한경희생활과학

미국에 살림의 여왕 마사 스튜어트Martha Stewart가 있다면 우리나라에는 한경희 대표가 있다. 하지만 ㈜한경희생활과학의 한경희 대표가 사업을 시작하게 된 계기는 우연이었다.

한경희 대표는 평범한 주부로 집에서 방바닥을 닦다 어느 날 허리가 끊어지는 듯한 통증을 느꼈다. 순간 '쪼그려 앉지 않고 걸레질을 하면 얼마나 좋을까' 하는 아이디어를 떠올렸고 '생활의 발견'에 기초한 제품을 직접 개발하기로 한다.

결과는 성공이었다. 한경희생활과학의 스팀 청소기는 홈쇼핑 방송을 통해 1시간 동안 9,000대 가량이 판매되면서 홈쇼핑 채널의 전화 주문 시스템이 멈추는 소동까지 벌어지는 등 한경희 열풍이 시작되었다. 그후 한경희생활과학은 매년 서너 개씩의 신제품을 선보이며 주부와 여성 고객들을 유혹하고 있다. 하지만 아이디어를 구현하는 과정이 뚝딱 이뤄졌던 것은 아니었다.

처음 아이디어는 전극 방식을 이용하는 것이었는데 3여 년 동안 개발을 지속하다가 전극 방식을 포기하고 히터 방식으로 전환하는 모험을 감행했다.

개발의 뒤편에는 눈물 없이 들을 수 없는 과정이 숨어 있었다. 한경희 대표의 자서전 『너무 늦은 시작이란 없다』를 보면 과정에서 온갖 어려움을 극복한 이야기가 담겨 있다.

처음 예상했던 개발비는 5,000만 원이었지만 개발비는 8억 원에 육박한 상태였고 친정과 시댁 집까지 담보로 잡으면서 개발 기간도 무려 4년이 걸렸다. 그 사이 매출은 기대할 수도 없는 상태였다.

이미 외국 스팀 청소기 제품이 있었지만 한경희생활과학의 스팀 청소기는 더 좋은 품질로 베스트셀러 제품이 되었고 외국으로 수출도 하고 있다. 하지만 혁신은 중단되어선 안 된다. 제품의 기본적인 결함은 아직도 남아 있다고 한다. 한경희생활과학은 지속해서 완성도를 높이기 위해 노력하는 중이다.

지속적인 아이디어 신제품의 기획을 위해서 요즘에는 한경희 대표 혼자만이 아니라 회사 전체가 아이디어를 내고 있다. 한경희생활과학에서는 매주 금요일 오후 4시 직원 모두가 업무를 멈추고 내부 인터넷망에 접속해 아이디어를 내놓는다. 그 달의 최고 아이디어에는 백화점 상품권 50만 원을 주고 제품으로 나오면 1년간 영업이익의 3퍼센트를 줄 정도로 아이디어를 중시한다. 아이디어를 중시하는 기업문화는 개선 요리를 잘하는 집다운 전통을 만들어가고 있다.

포드 시스템

19세기 말 어느 날 미국 미드베일 강철 회사의 관리자였던 프레드릭 윈슬로 테일러Frederick Winslow Taylor가 공장에 스톱워치를 들고 나타났다. 그는 작업장에서 '일이 어떻게 진행되는지 정확히 잴 수 있다면 생산성을 확 끌어 올릴 수 있을 것'이라는 아이디어를 생각해냈다. 그리고 스톱워치로 직공의 움직임을 과정별로 하나하나 계측한 결과 직공 한 명이 하루 적재할 수 있는 철강의 양이 최대 47톤에 이른다는 점을 알아냈다. 이 작은 아이디어는 공장의 관리가 현대적인 경영으로 변모하는 순간을 만들어냈다는 평을 받고 있고 테일러의 이름을 경영학 교재에 실리게 했다.

수십 년 후 테일러 이론에 흥미를 느낀 한 기업가가 자신의 자동차 공장에서 이 이론을 적용하기로 했다. 그는 그동안 자동차 제조의 거의 모든 공정을 한 사람이 담당하던 기존 시스템에서 벗어나 만약 '전체 공정을 가장 효율성 높은 단위로 나눈 후에 공정마다 담당자를 따로 두어 작업 과정을 진행하는 방식'을 도입하면 어떨까라는 아이디어를 떠올렸다. 그는 미국의 자동차 왕 헨리 포드였다.

포드가 새롭게 창안한 '포드 시스템'이 자동차 제조 공정에 도입된 결과, 자동차 조립시간은 10분의 1로 줄어들었다. 자동차 가격은 70퍼센트가 감소하고 판매량이 급증하는 혁명적 변화가 미국 사회에 일어났다. 만약 그가 기존의 시스템에 안주했다면 누군가 다른 사람이 결국 이 아이디어를 채택했겠지만 미국의 자동차 산업은 좀 더 늦게 발전했을 것이다.

맥도날드

맥도날드 햄버거의 창안자는 모리스 맥도날드와 리처드 맥도날드 형제다. 하지만 맥도날드라는 회사를 설립한 사람은 레이 크록이었다.

레이 크록이 맥도날드를 만나게 된 건 우연한 일이었다. 그는 시카고에서 밀크셰이크 기계 판매 사업을 하고 있었다. 그런데 저 멀리 캘리포니아에 있는 맥도날드라는 가게에서 자신의 제품을 여러 대 구매해서 사용하고 있었기 때문에 그는 '도대체 얼마나 장사가 잘되기에'라는 호기심으로 1954년 이 매장을 방문했다.

맥도날드에 도착한 그는 매장에 들어가는 대신 온종일 매장을 관찰했다. 그리고 햄버거를 사서 맥도날드 주차장에서 먹는 젊은 고객들을 확인하고는 이 식당을 전국의 도로변마다 세우겠다고 생각했다.

그 생각은 맥도날드를 인수해서 사업을 하겠다는 생각이라기보다는 맥도날드를 미국 전역에 세우면 자신의 밀크셰이크 기계가 얼마나 많이 팔릴 것인가 하는 다소 엉뚱한 생각이었다. 그는 맥도날드 형제에게 프랜차이즈 사업을 제안하고 계약을 체결했다. 계약 결과 매장 이름을 비롯해서 메뉴, 매장 구조, 운영 방식, 심지어 일종의 상징물인 금색 아치까지도 원래 주인 형제가 쓰던 것을 그대로 계승하기로 합의했다.

레이 크록은 기존의 맥도날드를 새롭게 변모시켰다. 그는 포드 시스템을 빌려 맥도날드의 매장을 규격화했다. 맥도날드 형제가 단지 햄버거와 감자튀김을 개선하는 아이디어를 냈다면 레이 크록은 새로운 종류의 식당을 만들었다. 그는 햄버거와 감자튀김을 시켜 먹던 맥도날드를 상품을 사듯이 간편하게 음식을 소비할 수 있는 '패스트푸드 프랜차이즈' 식당으로 탈바꿈시켰다.

맥도날드 사업이 안정화되면서 그는 매장을 허가하고 사용료를 받는 방식의 프랜차이즈 사업에서 매장을 허가하면서 동시에 임대료도 받는 방식으로 변경했다.

그 결과 맥도날드 사업의 정의는 부동산 사업으로 확대됐다. 또 그는 일명 '햄버거 대학'을 만들어서 전국 각지의 점주들을 모아 서비스 교육을 하고 그 과정을 마친 사람에게는 '햄버거 전공, 프렌치프라이 부전공'으로 학위도 수여함으로써 식당업에 대한 교육의 수준을 높였다.

레이 크록이 만든 새로운 개념의 프랜차이즈 식당은 미국과 현대 자본주의를 상징하는 상품이 되었고 『에스콰이어』지는 그를 미국을 발견한 콜럼버스, 존경받는 대통령 토머스 제퍼슨과 대등한 인물로 평가했다.

파나마 운하 공사의 개선

1800년대 후반 태평양과 대서양을 불과 80킬로미터의 거리로 연결하는 좁은 육지였던 파나마 지협은 서구 열강 누구나 탐내던 대운하의 후보지였다. 가장 먼저 도전장을 내민 것은 1869년 이집트에서 수에즈 운하 건설을 성공해서 인도양과 대서양을 연결한 경험이 있는 프랑스였다.

1880년 프랑스는 외교관 페르디난드 데 레셉스Ferdinand de Lesseps

를 앞세워 파나마 운하 건설에 도전했다. 그러나 공사는 9년 동안 10 퍼센트도 진전되지 못한 채 향토병으로 인부 2만여 명이 사망하면서 그는 공사비 2.6억 달러를 사용한 채 공사를 포기했다. 그후 1914년 미국이 파나마 운하를 건설하는 데 성공했다. 미국은 파나마 운하를 완성하기 위해서 반드시 선결해야 할 개선점을 신속하게 발견했다.

미국의 파나마 운하 공사 책임자는 조지 워싱턴 괴델스George Washington Goethals라는 건축가였다. 그는 먼저 실패의 원인이 무엇이었는지 살펴보았다. 그 결과 인부 2만여 명을 죽인 향토병의 원인을 찾는 것이 시급하다는 것을 파악했다.

원인은 모기였다. 그는 먼저 모기를 박멸했고 토양과 수질을 심도 있게 분석해서 1914년 파나마 운하를 완공한다. 파나마 운하 건설을 모기와의 싸움이라고 정의한 것이 운하 건설을 성공으로 이끈 비결일지도 모른다.

카페베네

프랜차이즈 사업은 대표적인 아이디어사업이다. 그중에서도 커피숍 프랜차이즈는 가장 인기 있는 업종이다. 이 분야의 전통적인 강자는 외국에서 들어온 '스타벅스'나 '커피빈'과 같은 유명 상표들이다. 이 틈새에서 토종 상표인 '카페베네'의 선전이 돋보인다.

카페베네는 단순하지만 원목 느낌을 잘 살린 외관과 매장 내 실내 장식이 자연의 느낌을 주고 프라이버시를 침해하지 않는 공간분할과 아늑한 조명으로 도심 속 휴식공간을 부각했다.

매장마다 시멘트 질감의 벽에 큰 시계가 걸려 있어 아트 갤러리나 멋진 서재에서 커피를 마시는 기분이 들게 해준다. 상업적인 측면에서 대대적인 광고의 힘을 적용했다는 것도 특징적이다. 카페베네는 신제품에 대한 TV 광고를 비롯한 광고를 통해 소비를 촉진하는 마케팅 차별화를 두었다. 이를 통해 가맹점들은 적극적인 지원을 받을 수 있었다.

카페베네에서는 서로 마주 보면서 이야기하거나 책을 읽을 수 있는 분위기를 만들었다는 점이 특징이다. 이런 분위기는 자기들만의 이야기 공간을 원하는 한국인의 특성을 살린 공간 배치였다. 마치 '민들레 영토' 같은 분위기 말이다. 이런 분위기는 카페베네가 스타벅스와의 차별화를 위해서 면밀한 조사를 통해 한국인의 정서에 맞는 프리미엄 커피전문점을 지향한 결과다.

오랄비 어린이 칫솔

디자인 회사 IDEO는 자유로운 브레인스토밍으로 유명하다. 이 과정에서 만들어내고자 하는 디자인을 연상할 수 있는 다른 사물들을 떠올리며 아이디어를 유추해낸다. 이런 방식을 통한 아이디어의 예는 수도 없이 많다.

해의 방향을 따라 위치를 조정할 수 있는 해변용 의자는 자유롭게 회전하고 각도를 조절하는 컴퓨터 모니터의 회전 기능에서 유추했다. 여러 개의 의자를 접어서 보관할 수 있는 의자의 디자인은 쇼핑카트를 서로 겹치도록 쌓아두는 것에서 아이디어를 따왔다.

어린이 칫솔이 현재 모습으로 개량된 데에도 IDEO의 역할이 컸다. IDEO가 어린이 칫솔을 개발하기 전의 어린이 칫솔은 현재와 달리 대부분 손잡이 부분의 굵기가 더 얇았다. 하지만 IDEO는 어린이들이 손이 작아서 오히려 더 굵은 몸통을 가진 칫솔이 잡기 편하다는 사실을 발견하면서 굵은 손잡이의 어린이 칫솔이 개발된 것이다. 그 결과 오늘날 어린이 칫솔의 몸통은 어른 칫솔보다 크고 둥글다.

IDEO가 개발한 디자인을 처음 제품에 도입한 오랄비 칫솔은 선풍적인 인기를 끌었고 이후 대부분의 어린이 칫솔에 적용됐다. 무심코 지나치는 현실의 불편함을 놓치지 않는 아이디어의 눈이 멋진 개선 요리를 만드는 원동력이 된다.

CNN

CNN은 24시간 뉴스를 선보였던 최초의 뉴스 전문 채널이었다. CNN의 창립자 테드 터너는 개선 요리의 장점을 보여주었다.

"왜 남들이 안 된다고 하는 뉴스 전문 채널을 만들었습니까?"

그가 1980년 6월 1일 CNN이 첫 방송을 송출했을 때 받은 질문이다. 그는 다음과 같이 대답했다.

"비행기가 발명되지 않았을 때 '날아다니는 물체를 돈을 내고 타겠느냐?'라고 묻는 것은 어리석은 일입니다. 새로운 발명은 일반 생활용품처럼 수요에 따라 공급하는 것이 아니라, 오히려 공급이 수요를 창출합니다"

그는 아버지로부터 애틀랜타의 조그만 옥외광고판 운영 회사를 물려받은 후 방송 진출을 결심하게 된다. 모두 전국 네트워크 방송사들에 대항하기란 불가능한 일이라고 했다. 하지만 그는 위성방송을 이용해서 각 지역 케이블 TV 망을 연결하고 전국 방송을 구현했다.

또한 전국 네트워크 방송과 차별화된 색다른 편성으로 시청자를 사로잡았다. 이른바 '터너 시간'이라고 불리는 시스템으로 매시 정각보다 5분 늦게 프로그램을 끝내 시청자들이 채널을 돌릴 수 없도록했다. 심야에는 돈이 드는 상투적인 토크쇼 대신 영화를 편성하는 전략을 구사하고 전 세계 최초로 24시간 뉴스채널을 설립했다.

그가 기존 방송의 관행을 개선하려는 의지를 갖추지 못했다면 그는 한낱 애틀랜타의 조그만 방송국 사장으로 여생을 마쳤을 것이다. 그는 자신의 비전을 바탕으로 세계적 미디어 그룹으로 자신의 방송사업을 성장시켰다.

트리즈 기법

"단순하게 표현할 수 없다면 아직 충분히 이해하지 못한 것이다."

아인슈타인이 한 말이다. 그뿐만 아니라 레오나르도 다빈치, 쇼팽, 스티브 잡스 모두 '단순화야말로 최고의 정교함'이라고 말했다. 단순화는 '비즈니스 트리즈Bsiness Triz'라는 문제 해결방법의 핵심 과정이다. 트리즈는 '문제를 창의적으로 해결하는 원리'라는 뜻으로 1950년대 옛 소련 해군에 근무하던 겐리히 알츠슐러Genrich Altshuller가 창안한 개념이다.

트리즈가 옛 소련에서 나오게 된 데에는 소련의 특허제도가 많은 역할을 했다. 소련의 특허 등록 방법은 미국과 달리 처음에 문제의 요구를 먼저 기술한 후 해결 방법을 제시하는 방식으로 기록된다. 이에 따라 트리즈라는 문제 해결 방법이 발전할 수 있었다. 트리즈는 복잡한 문제도 간단한 발상의 전환으로 해결 가능하다는 접근법이다.

예를 들어 초고층 건물의 엘리베이터를 저층용과 고층용으로 분리해 대기시간을 줄인 것이 트리즈 적용 사례다.

비즈니스 트리즈는 영국의 컨설팅 기업 '시스테매틱 이노베이션'의 대럴 만Darrell Mann 대표가 트리즈를 기업 경영에 확대 적용해서 창안한 방법론이다. 기존 트리즈가 복잡한 기술 문제 해결에 주력했다면 비즈니스 트리즈는 사람의 심리를 포함한 상품 기획, 투자 결정 등 복합적인 문제에 대한 해법을 모색한다. 그는 애플과 같은 기업은 시장 조사를 잘하기 때문에 마케팅에 성공한 것이 아니라 시장의 숨은 욕구, 즉 진짜 욕구를 잘 찾아내기 때문에 성공한 것이라고 주장한다.

현대 건설의 창업자 고 정주영 회장은 트리즈 방법론을 적용한 대표적 인물이다. 아산만 방조제 건설 과정에서도 트리즈 스타일의 아이디어로 유명한 일화가 있다. 현대 건설이 아산만 방조제를 건설할 때 거센 조류로 방조제의 초기 공사가 어려워졌다. 그는 그 문제를 해결하기 위해 폐유조선에 물을 담아 바다에 가라앉혀 거센 조류를 막는 아이디어를 냈다.

그리고 추운 지역에서 건물을 지을 때 온도가 너무 낮은 탓에 콘크리트가 응고되지 않아서 모두들 공사를 연기해야 한다고 했을 때, 그는 공사장 주변을 감싸는 온실을 지은 후 공사를 추진해서 건물을 지어 올린 일도 있었다. 젊은 시절 그는 부산 유엔군 묘지에 잔디 심는 공사를 맡았다. 한겨울에 푸른 잔디를 심는 것은 불가능한 일이었다. 하지만 그는 외부에서 잔디가 붙은 흙더미째 싣고 와서 잔디 공사를 성공적으로 마무리했고 그 덕에 부산 지역 미군 공사를 수주했다. 모두 문제의 핵심을 찾아 문제를 단순화시키는 방식의 발상이었다.

완주 구청의 꾸러미 밥상

대도시를 먹여 살릴 수 있는 음식재료의 시스템은 현대 사회에서 간과할 수 없는 부분이다. 건축가인 캐롤라인 스틸Carolyn Steel은 도시의 형성과정을 음식 재료가 이동하는 메커니즘을 통해 설명한다. 그녀가 발표한 바로는 토머스 모어Thomas More가 상상했던 이상향인 '유토피아'는 도심에서 얼마 떨어지지 않은 곳에 농산물과 가축들을 키울 수 있는 반 자립형 도시였다.

하지만 현재 거의 모든 대도시는 완전히 외부에 의존하는 도시 구조를 띤다. 이 때문에 도시의 자연 친화적 환경은 사라지게 됐다. 그녀는 로컬 푸드 운동과 같이 음식 재료와 도시가 조화를 이루는 노시 구조로의 전환이 필요하다고 주장하며 이를 시토스sitos = 음식food, 토피아topia = 곳place의 합성어인 '시토피아Sitopia'로 명명했다.

지역에서 생산한 음식물을 주변 대도시에 공급한다는 아이디어는 '로컬 푸드 운동'이라 불린다. 우리나라 로컬 푸드 운동의 대표 선수는 전라북도 완주군의 '꾸러미 밥상' 사업이다. 이 사업으로 인해 신선한 먹을거리가 가정으로 신속하고 안전하게 배송된다. 이를 직접

5부 이해 아이디어 레서피

먹어본 소비자들의 마음을 움직이게 되었고 서서히 입소문을 탔다.

하지만 처음부터 쉬운 시작은 아니었다. 이미 소비자들이 대형할인점에서 편리하게 먹을거리를 사는 시대에 전국의 수많은 시골 행정기관 중 하나인 완주군이 전국의 소비자에게 먹을거리를 직접 배송한다는 사업 계획이 처음에는 무모해 보였다. 전국의 많은 농촌 중에서 하필 완주군이 이 사업에 경쟁력을 가질 수 있다는 말인가?

하지만 완주군의 무모한 도전은 임정엽 군수가 앞장서고 공무원들이 의욕적으로 '완주로컬푸드영농조합법인'을 설립하면서 성공의 가능성을 보이기 시작했다. 마침내 9시 뉴스에까지 소개될 정도로 화제를 모았다. 현재는 우리나라 로컬 푸드 운동의 성공 사례로 가능성을 보여주었다.

이로도리의 나뭇잎 판매 사업

일본 남부 도쿠시마 현 가미카쓰 마을의 '요리 장식용 나뭇잎' 사업도 시골 마을이 아이디어로 도시민의 마음을 사로잡은 성공사례다. 이 지역의 '이로도리'라는 마을 기업은 나뭇잎을 요리용 장식 잎으로 상품화하는 작은 아이디어로 매년 45억 원의 매출을 마을에 안겨주고 있다. 이 회사는 각종 나뭇잎을 판매하는 아이디어 하나로 마을 인구의 절반에 가까운 49.7퍼센트의 인구가 65세 이상인 가난한 산골 마을에 성공을 가져다주었다.

이 아이디어를 처음 생각한 사람은 이 회사의 요코이시 도모지橫石知二 대표다.

"나뭇잎이 예쁘네. 집에 가져가야지." 그는 약 25년 전 오사카의 식당에서 한 손님이 라고 말하는 것을 듣고 아이디어를 얻어 사업을 시작했다. 이 사업은 나뭇잎을 모아 판매하는 방식이기 때문에 특별히 힘이 드는 일도 없어 노인들도 참여할 수 있었다.

그 결과 이 마을에는 젊은이들이 돌아오면서 마을에 활기가 살아나는 효과도 얻을 수 있었다.

아무도 주목하지 않았던 단풍잎을 도시 소비자의 마음을 움직이는 자신만의 상품으로 개발할 수 있었던 데에는 자신만의 장점을 바탕으로 도시 생활의 불편함을 개선하려는 아이디어의 역할이 컸다고 할 수 있다.

6부

함께
요리하기

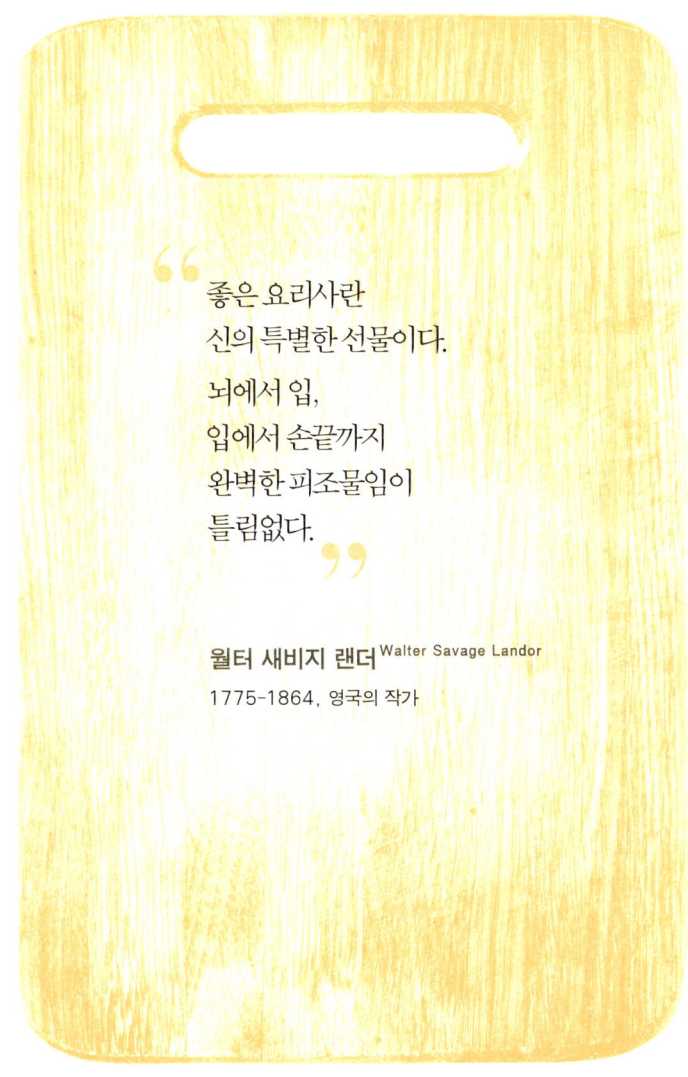

> 좋은 요리사란
> 신의 특별한 선물이다.
> 뇌에서 입,
> 입에서 손끝까지
> 완벽한 피조물임이
> 틀림없다.

월터 새비지 랜더 Walter Savage Landor
1775-1864, 영국의 작가

6부 함께 요리하기

요리사의 성향

요리사의 기본 성향은 요리를 시작하기도 전에 요리에 영향을 미친다. 어떻게 하면 자신의 좋은 성향을 끄집어내서 맛있는 요리를 만들 수 있을까? 이 장에서는 요리사가 가지는 기본적인 성향의 다양성을 보여주고 어떻게 이를 극복할 수 있는가에 관한 이야기를 들려준다.

성향의 차이

요리사의 기본 성향은 요리에 영향을 미친다. 어떤 요리사는 아주 독창적인 요리를 선보이지만 어떤 요리사는 매우 전통적인 방식을 고집한다.

어떤 요리사는 형식상의 완벽성을 중시하는 반면 적당히 타협하는 요리사도 있다. 아이디어도 마찬가지다. 날카로운 성격을 가진 판매 담당자의 아이디어는 날카로운 마케팅을 하게 되고 원만한 성격을 가진 판매 담당자의 아이디어는 사람들을 포용하는 마케팅 결과를 낳는다.

얼마나 긍정적이냐 부정적이냐에 따라, 혹은 얼마나 보수적이냐 급진적이냐 하는 성향에 의해 차이가 나타나기도 한다. 남들과 통일성 있는 아이디어를 선호하는 성향과 엉뚱하게 생각하는 성향의 차이도 조직 내에서 아이디어를 요리하는 과정에 크게 영향을 미친다.

또 얼마나 구체적이냐 추상적이냐에 따라서도 큰 의견 차이가 발생한다. 실제로 같은 분야에서 학자와 실무 전문가는 이런 이유로 사사건건 부딪히곤 한다. 똑같은 현상을 다른 관점에서 해석하기 때문이다. 조직 내의 목표가 설정되지 않은 상황에서 구체적인 활동을 해야 할 때 이런 성향의 차이는 빈번한 갈등으로 이어진다.

사람마다 아이디어를 요리하는 성향에 차이가 있는 것은 불가피한 현실이다. 어느 것이 창조적이고 어느 것이 맞는 답이라는 생각보다도 상황에 따라 필요한 방식을 함께 찾아 나가는 것이 더욱 현명한 태도다. 또한 서로 생각하는 방식을 잘 이해하고 함께 아이디어를 요리해 나가야 한다. 이를 위해서 먼저 요리사가 가진 다양한 성향을 이해하고, 자신에게 맞는 요리 방법과 자신의 단점을 보완하는 방법을 고려해서 아이디어를 요리해야 한다.

긍정적 vs 부정적

부정적인 마음으로 만든 요리는 고객에게 감동을 줄 수 없다. 잘 될지 안 될지 걱정하기 보다는 요리를 만드는 과정 자체에 긍정의 맛을 담아내는 편이 낫다. 긍정적 또는 부정적 성향은 아이디어에 깊이 영향을 미치게 된다. 긍정적으로 생각한다면 긍정적인 아이디어가 나온다. 하지만 부정적으로 생각한다면 부정적인 아이디어가 나올 수밖에 없다.

생각에 따라 우리는 보수적인 사람이 될 수도 있고 창의적일 수도 있다. 사람은 생각에 따라 모든 것이 바뀌는 존재다.

인생이 주는 문제는 누군가에게는 굉장히 쉽지만 다른 누군가는 어려울 수 있다. 병에 물이 반 정도 있다고 하자. 그럼 반병이나 남아 있다고 생각하는 사람과 반병밖에 없다고 생각하는 사람이 반드시 존재하기 마련이다. 그런 차이는 모두 자신의 생각에서 비롯된다.

패션 디자이너 폴 스미스Paul Smith는 학생 시절 전문 사이클 선수가 되는 것이 꿈이었지만 자전거를 타다 사고를 당해 선수의 꿈을 접어야 했다. 그는 좌절하는 대신 병원에서 알게 된 친구의 의류 가게에서 일하면서 패션에 관심을 갖게 되었고 낮에는 가게에서 일하고 밤에는 학원에서 재단을 배워 자신의 가게를 연다. '하루하루가 새로운 시작이다'라는 말을 신조로 한 긍정적인 생각이 바로 아이디어의 원천이 되었던 것이다. 그런 점에서 그가 기획한 향수의 이름이 '옵티미스틱 (optimistic, 낙천적인)'인 것도 우연이 아닌 듯하다.

물론 지나친 긍정은 낙관적 왜곡을 일으킨다. 신경과학자인 탈리 샤롯Tali Sharot은 자신의 저서『낙관주의적 편견The Optimistic Bias』에서 '나는 몇 살까지 살 수 있어' '나는 앞으로 경제적으로 잘살 수 있어' 등의 이런 희망을 통해 낙관적 왜곡 현상을 설명한다. 탈리 샤

롯에 따르면 이런 생각들에는 지나친 긍정에서 오는 왜곡이 개입되기 마련이다. 마치 돈키호테처럼 지나치게 문제를 단순화시켜서 보는 것도 낙관적 왜곡의 폐해다.

하지만 탈리 샤롯은 낙관적 왜곡이 반드시 잘못된 것이라고 말하지 않는다. 낙관적 왜곡은 미래에 대한 적극적 의지에서 비롯된 것이기 때문이다. 이런 왜곡으로 우리는 오늘의 문제점을 더 행복하게 극복할 수 있다. 그러나 긍정적 성향과 부정적 성향의 사람들 간의 접점을 잘 찾아내려는 노력 또한 중요하다.

완벽 추구 vs 타협적 성향

완벽한 요리를 추구하는 요리사는 스타 요리사가 된다. 반면에 완벽한 요리가 아니더라도 현실 속에서 많은 사람에게 유익한 요리를 추구하는 요리사들도 많다. 학교 급식 문제에 관심을 두는 요리사들도 그중의 한 그룹이다. 그들에게 완벽한 요리를 만드는 것보다 중요한 것은 많은 학생에게 신선하고 건강한 음식을 제공하는 것이다. 완벽성 추구와 타협적인 면 역시 아이디어의 반대뇌는 성향이다.

갤럽은 세계적인 여론 조사기관으로서 30여 년 동안 200만 명이 넘는 사람을 인터뷰하고 연구하면서 그들의 재능을 발견하는 '스트렝스 파인더Strength Finder'라는 자기 발견 프로그램을 운영하고 있다. 이 프로그램에서는 34가지 분류로 개인의 강점을 분류하고 있다. 그중 하나가 최상주의자라는 그룹이다. 이 그룹의 사람들은 일의 목표를 최상의 수준으로 둔다. 반면에 최상의 수준에는 관심이 없고 단지

지금보다 조금 더 성과를 올리는 데 관심을 두는 사람들도 있다.

거칠게 표현하자면 전자는 이상주의자, 후자는 타협주의자라고 할 수 있다. 이상을 추구하는 아이디어는 일을 체계적으로 바라보는 장점이 있지만 그렇지 못한 주변 사람을 피곤하게 만드는 단점이 있다. 타협을 추구하는 사람은 항상 현재보다 나은 것을 만들어내는 추진력이 높다. 하지만 일을 전체적으로 이해하지 못하는 한계가 있다.

이상을 추구하는 사람은 자신과 성향이 유사한 사람들과 생각을 교류할 수 있지만, 그렇지 못한 사람들과 생각을 교류하는 데 어려움을 느낀다. 반면에 타협을 추구하는 사람은 어떠한 사람의 아이디어도 잘 거두어 자기 것으로 만들 수 있다.

역으로 이상을 추구하는 사람은 소신을 지켜가는 장점이 있지만 다른 사람의 의견에 잘 귀 기울이려 하지 않는 단점이 있다. 타협을 추구하는 사람은 소신이 없는 대신 다른 사람과의 협업을 중시한다.

보수적 vs 급진적

『미슐랭 가이드』가 극찬한 스페인의 요리사 페란 아드리아는 미각 혁명가라고 불리며 틀에 박힌 것을 거부하고 늘 새로운 것에 도전하는 요리사다. 매년 75만 명이 '엘 불리'에서 식사를 하지 못하고 돌아갈 정도로 그의 요리 솜씨는 유럽 최고의 화제를 몰고 다닌다. 음식에 걸쭉함을 더하는 효과를 준 푸아그라 아이스크림, 켈로그 파에야, 연기 거품 요리 등이 바로 대표적인 '페란 아드리아 표' 요리다.

그는 음식재료를 해체해서 새로운 맛과 모양을 연구하고 최고의 맛을 찾기 위한 혁명적 방식으로 새로운 요리를 만들어낸다. 페란 아드리아처럼 아이디어에서도 기존의 전통을 벗어나 새로운 것을 추구하려는 경향을 찾을 수 있다. 그들은 남들로부터 이상한 사람 취급을 받더라도 어쩔 수 없이 새로운 아이디어를 만들어내는 '급진적' 성향의 사람들이다.

상상 중심이라고 해서 누구나 같은 정도인 것은 아니다. 다른 사람의 생각과 유사하게 생각하는 사람이 있는가하면 좀 더 혁신적인 생각을 하는 사람도 있다. 이렇게 남들과 유사하게 생각하는 성향과 엉뚱하게 생각하는 성향 중에서는 후자를 창의적이라고 말한다. 하지만 이 역시 편견일 수 있다. 상황에 따라 아주 특이한 아이디어가 필요한 상황도 있지만 때로는 누구나 쉽게 공감할 수 있는 보수적인 아이디어도 필요하다.

『성공기업의 딜레마』에서 하버드 경영대학원의 클레이튼 크리스텐슨Clayton Christensen 교수는 세계적인 우량 기업이 시장 지배력을 상실하게 된 원인을 분석했다. 이 책에서 그는 기존 고객이 원하는 성능은 충족시키지는 못하지만 전혀 새로운 성능을 요구하는 새로운 고객의 요구에 바탕을 둔 '파괴적 혁신'이라는 개념을 소개한다.

이 개념은 미국의 경제학자 조셉 슘페터Joseph Schumpeter가 처음 언급한 개념으로 기존의 시장과 제품을 말 그대로 파괴하고 새로운 시장과 제품을 창출하는 것이다. 예를 들면 스마트폰의 출시로 기존 피처폰 시장이 죽는 현상을 말한다.

파괴적이라고 나쁜 의미는 아니다. 파괴는 '문제를 재설정'하는 것을 의미한다. 파괴에 대응되는 개념은 존속이다. 아이디어도 두 가지로 나뉜다. 어떤 사람의 아이디어는 기존 질서에 충실하다. 또 다른 사람의 아이디어는 기존 아이디어를 과격하게 뛰어넘는다. 그러한 편차는 조직 내에서 기본적인 성향의 차이로 나타나 논리와 직관이라는 측면과 맞물리면서 조직의 의사결정을 어렵게 만드는 원인이 된다.

보수적인 태도가 반드시 낙후된 아이디어 성향은 아니다. 프랑스 전통 요리, 이탈리아 파스타, 우리나라의 궁중 요리와 같은 전통적인 요리도 소비자들의 입맛을 사로잡은 요리다. 전통은 한편으로는 보존하면서 한편으로는 혁신해야 한다. 이는 정치적으로도 해석될 수 있다. 기존의 성격을 주장하는 보수와 새로운 방향을 주장하는 혁신의 조화는 좀처럼 타협하기 어렵다. 보수성과 급진성은 때로는 전통과 현대로, 때로는 중심성과 경계성으로 나타나는 아이디어의 속성이다.

구체적 vs 추상적

아이디어에는 구체적 성향과 추상적 성향이 있다. 구체적이냐 추상적이냐는 상당한 생각의 차이를 만들어낸다. 시점은 한눈에 전체를 살펴볼 수 있는 추상적 시점에서부터 특정한 현상을 개별적인 사물이나 현상에 대해 꼼꼼히 살펴보는 구체적 시점까지 스펙트럼이 매우 넓다.

요리하는 요리사와 요리를 연구하는 요리학자는 같은 요리를 하더라도 요리를 바라보는 관점에 차이가 있다. 요리사의 목적은 맛이지만 요리학자의 목적은 원리의 파악이다. 이러한 관점의 차이는 갈등의 원인이 된다.

이런 차이는 회사에서 일할 때에도 크게 작용을 한다. 긍정적인지 부정적인지의 차이보다 구체적인지 추상적인지의 차이가 더 큰 의견 차이를 만들어낸다고 할 만큼 성향의 차이가 매우 크다.

'여자는 불필요한 2만 원짜리 물건을 1만 원에 사고, 남자는 필요한 1만 원짜리 물건을 2만 원에 산다'는 우스갯소리가 있다. 여자들이 구체적 가치에 주안점을 두고 비교해서 결정하는 반면 남자들은 추상적 가치에만 관심을 두고 구체적 비교를 등한시하는 것을 비꼬는 말이다.

구체적인 아이디어의 대표 분야가 이야기다. 소설을 쓰거나 영화를 만들 때에는 구체적인 아이디어가 필요하다. 이야기는 구체적일 수밖에 없으며 구체성을 잃어버리는 순간 줄거리로서의 생명력을 잃는다.

추상적인 아이디어의 대표적 분야는 이론이다. 이론은 본질을 추상적인 수준으로 명제화해 핵심을 파악하는 활동이다. 우주의 탄생에 대한 거대한 가설을 만든다면 아이디어 시점은 구체적인 것보다는 전체를 조망하는 추상적인 시점이 필요하다.

상상 중심 vs 분석 중심

요리는 즉흥적으로 재료와 방법을 바꿀 수 있는 상상력이 필요하지만, 분석적인 요리법에서는 과학적 지식도 활용해야 한다. 요리를 만드는 데 창조성과 분석력이 필요하듯 아이디어를 만드는 데에도 창조성과 분석력이 모두 필요하다. 새로운 요리를 구상할 때에는 창조성과 함께 고객에 대한 정확한 이해는 물론 재료와 영양소에 대한 이해도 필요하다.

상상력은 새로운 것을 만들어내는 창조 능력이고 분석력은 기존의 것을 이해하는 능력이다. '상상 중심 아이디어'는 새로운 생각을 만들어내는 능력으로 주로 스토리를 짜거나 극의 플롯을 짜거나 개념을 만드는 일에 적합하고 '분석 중심 아이디어'는 현상을 이해하고 잘못된 점을 개선하는 데 적합한 능력이다.

분석 중심과 상상 중심은 각각 과학과 예술에서 뚜렷한 역할을 한다. 과학science이란 영단어는 '분석하다'라는 어원을 가지고 있고, 예술을 의미하는 아트arts는 자연과 상대되는 개념으로 '인간의 창조적 능력 creative'이라는 의미가 있다.

하지만 분석과 상상은 각각 과학과 예술에 국한되지 않는다. 아인슈타인은 자신의 천재성의 비결을 상상력이라고 말한 것처럼 물리학자는 누구보다 상상력을 많이 활용하는 직업인지도 모른다. 역으로 광고 기획자들은 크리에이티브한 상상만 하는 필요한 것이 아니라 누구보다 제품에 대한 정확한 분석을 중요하게 여긴다. 이해와 상상은 모두 아이디어 속에 함께 녹아들어 있다. 다만 어떻게 배합되어 있느냐의 차이가 있을 뿐이다. 어떤 아이디어도 순수하게 상상 중심이거나 순수하게 분석 중심이 아니며 적절한 비율로 배합되어 있다.

후기 인상주의의 정립 과정에서 나타난 고갱과 고흐의 예술적 갈

등 역시 분석 중심과 상상 중심의 차이에 따른 갈등이었다. 고흐는 프랑스 남부 아를에 예술 공동체를 만들 계획으로 존경하는 고갱을 초대한다. 하지만 막상 함께 생활하자 그는 고갱과 충돌하게 된다. 고흐가 현실을 기반으로 한 창작을 중시했다면 고갱은 자유로운 상상을 중시했기 때문이다.

모차르트형 vs 베토벤형

판단력이 빠른 사람이 있는가 하면 유난히 판단이 느린 사람이 있다. 요리사의 성향에서도 그런 순발력 차이가 나타난다. 맥도날드와 같은 프랜차이즈를 만든다면, 대리점에서는 손님의 욕구에 맞는 빠른 일처리가 생명이다. 하지만 프랜차이즈 식품을 개발하는 본사에서는 순발력 있는 대응보다는 더 좋은 요리 제품을 내놓는 것이 더 중요하다.

모차르트는 하룻밤에도 오페라를 쓸 정도로 타고난 천재였던 반면 베토벤은 악보를 수정하고 수정하는 노력파였다. 모차르트 유형은 아이디어가 이미 완성형으로 나오기 때문에 아이디어를 발전시킬 필요가 없다. 반면 베토벤 유형은 아이디어가 완성되기까지 많은 시간과 과정이 필요하다. 이처럼 각각의 특징에 맞는 아이디어 요리가 필요하다.

육상 선수 중에는 순발력이 강한 100미터 선수와 지구력이 강한 마라톤 선수가 있다. 순발력이 강한 선수는 바로 아이디어를 완성하는 데 강하지만 깊이에는 한계가 있다. 지구력이 강한 선수는 시간이 오래 걸리지만 깊이 있는 아이디어를 끌어내는 데 적합하다. 순발력이 강한 사람은 현업 부서에, 지구력이 강한 사람은 전략에 강하다.

생활을 개선하거나 개그 프로그램에 필요한 아이디어들은 짧은 시간에 충분히 효과를 거둘 수 있는 순발력이 중요하겠지만 깊이 있는 생각이 필요한 경우에는 지구력이 더 중요한 요소를 차지할 것이다.

기업에서는 보통 빠른 판단을 위해 순발력이 더 중시되기 마련이지만, 중요한 점은 각자의 장점을 존중해서 적재적소에 배치해야 한다는 점이다. 요리사 간의 순발력과 지구력의 차이는 각각의 단점보다는 장점을 보완할 때 가장 큰 시너지를 낼 수 있기 때문이다.

아이디어 셰프의 리더십

지난 몇 년간 팀장과 작가라는 이중생활을 해왔다. 작가와 팀의 리더를 겸하는 것은 작가로서도 팀의 리더로서도 행운이라고 생각한다. 작가로서는 다양한 사람들의 의견을 이해하고 조정하는 경험이 새로운 아이디어를 생각해내는 데 도움이 된다. 또 팀장으로서는 창조적인 아이디어를 업무에 반영시킬 수 있어 도움이 된다.

물론 이런 팀상을 이해하는 멋진 팀원들이 있기 때문에 가능한 일이다. 앞으로도 기회가 주어진다면 다양한 생각을 조화롭게 조정해나가는 팀의 리더 역할을 계속 발전시켜보고 싶다.

만약 작은 규모가 아니라 회사의 대표와 같은 높은 위치에서 구성원을 이끄는 리더들에게 창조성을 유지한다는 것은 어떤 의미일까?

셰프 리더십

셰프는 리더다. 셰프라는 말 자체가 프랑스어로 헤드Head라는 뜻을 지닌 데서 알 수 있는 것처럼 셰프는 원래 Chef de cuisine 즉, 헤드 쿡Head cook이라는 뜻에서 온 말이다. 셰프chef는 지휘자chief와 같은 뉘앙스를 가지고 있다. 셰프는 단순한 일개 요리사가 아니라 요리의 모든 과정을 책임지는 주방의 리더를 가리킨다.

셰프는 주방에서 다른 요리사들을 진두지휘하며 요리의 모든 과정을 책임지는 리더 요리사다. 셰프가 손님의 주문을 기록한 주문표를 보고 일단 어떤 요리를 할 것인가에 관한 판단을 내리면 셰프는 일사불란하게 보조 요리사들을 끌고 가야 한다. 특급 호텔과 같은 대형 주방에서 요리 주방장은 최고의 요리를 만들기 위해 여러 명의 요리사를 거느리고 그들의 지원을 받아 동시에 많은 요리를 완성하는 주방의 사령관 역할을 한다. 대형 이벤트에서는 수십 명의 요리사를 데리고 음식을 준비하기도 한다.

'헬스 키친'의 셰프인 고든 램지는 독재자 스타일의 셰프다. 그는 일단 요리가 시작되면 큰 소리로 보조 요리사들을 독려하고, 잘못된 요리를 보면 그 자리에서 소리를 버럭 지르는 카리스마 넘치는 셰프다. 그의 호통 소리가 홀까지 들려 손님들이 놀랄 정도지만 소리를 지르는 것만이 셰프의 모든 것은 아니다. 중요한 것은 요리사들을 이끌고 완벽하게 요리를 마무리하겠다는 리더가 지녀야 할 책임감이다.

영국 왕세손 윌리엄과 캐서린의 결혼식 만찬을 맡은 앤톤 모시먼은 2012년 5월 4일 자『조선일보』에 실린 기사에서 요리사로서 성공의 비결을 묻는 말에 다음과 같이 말했다.

"요리사cook와 위대한 주방장chef의 차이는 최고의 음식을 만들어 내기 위해 얼마나 주방 요리사들에게 동기부여를 하고 의욕을 고취하느냐에 달려있다. 나는 레스토랑을 운영했던 부모님으로부터 위대한 주방장이 될 자질을 물려받았고 스스로 잘 계발한 것 같다."

아이디어 셰프는 조직적 사고 속에서 아이디어 요리의 전 과정을 책임지는 최고의 요리사를 가리키는 명예로운 명칭이다.

아이디어 셰프는 개개인의 아이디어를 뛰어넘는 조직적 사고를 지휘한다. 이를 통해 아이디어 셰프는 개인 능력 이상의 성취를 이끌어낼 수 있다. '우리가 모두 힘을 합치면 어떤 개인보다 뛰어나다'라는 디자인 컨설팅 기업 IDEO의 믿음처럼 말이다.

아이디어 셰프를 멀리서 찾을 필요는 없다. 오늘날 기업의 CEO는 현대판 촌장이자 가까이에서 볼 수 있는 아이디어 셰프들이다. 전근대 사회에서 마을을 책임지는 결정을 내리는 리더의 역할을 마을의 원로 촌장들이 해야 했다면 현대 기업에서 매일 현명하고 지혜로운 결정을 해야 하는 사람들이 바로 CEO들이다. 기업의 CEO가 아이디어 셰프인 대표적인 사례가 바로 애플의 스티브 잡스였다.

스티브 잡스는 애플에서 매 순간 새로운 혁신이 일어나도록 사람들을 움직이는 아이디어 셰프였다.

이런 리더의 모습은 『성공하는 기업들의 8가지 습관』의 짐 콜린스가 말한 '구성원의 자발적 참여 의식을 불러일으킬 수 있는 리더십'과 일맥상통한다. 짐 콜린스가 말한 최고의 리더는 천재적 아이디어를 제공하는 한 사람이 아니라 많은 구성원이 최고의 아이디어를 낼 수 있도록 이끌어주는 사람이다. 아이디어 셰프가 바로 그런 사람이다.

시계를 만드는 아이디어

1996년 만화 방송채널인 투니버스가 설립되었을 때 투니버스는 만화 방송뿐 아니라 애니메이션 기획팀을 두고 창작 작품을 기획했다. 하지만 사업 여건상 추가적인 제작을 중단하면서 당시 기획팀에 있던 우수한 인력들이 회사를 나오게 됐다.

그로부터 십여 년 후 투니버스에서 다시 만화영화를 기획하고 있다. 수정된 방송법에 따라 애니메이션 신규 제작 비율이 의무화되었기 때문이다. 그런데 이 시기에 애니메이션을 기획한 인물들은 투니버스 초창기 시절에는 애니메이션 기획 업무와는 관계가 없었던 편성팀 출신의 PD들이었다.

그럼에도 「와라 편의점」 「안녕 자두야」 등 작품을 연속 히트시키면서 투니버스는 국내 애니메이션 업계에서 파란을 일으키고 있다. 오히려 초창기 작품들이 실패했던 것에 비교할 때 큰 발전이다. 우리나라 애니메이션 업계에서 연속 히트는 전례가 없는 매우 희귀한 사례다. 투니버스는 어떻게 성공적으로 애니메이션을 기획할 수 있었을까?

기업에서 신규 사업을 성공시키기 위해 가장 중요한 것은 개인의 역량이 아니라 시스템 구축이기 때문이다.

당시 애니메이션을 기획하려던 사람들이 모두 투니버스를 떠났을 때 편성팀에 근무했던 인력들은 회사에 남아 회사의 성장과 함께 다양한 경험을 함께했고 축적된 경험과 팀워크를 바탕으로 애니메이션 기획 시대를 열었다. 바로 그것이 시스템의 힘이다. 투니버스의 새로운 사업 진출은 개인의 능력으로 성공한 것이 아니라 자신의 문화를 발전시킬 수 있는 시스템을 기반으로 목표를 달성했다. 고유의 거점을 가진 시스템은 외부로 진출할 수 있는 근본적인 힘을 길러준다.

이러한 사례는 대중음악 시장에서도 찾을 수 있다. 연예기획사인 JYP는 걸그룹 원더걸스를 데리고 단기필마로 미국시장에 진출했다.

반면 SM엔터테인먼트는 '소녀시대' '슈퍼쥬니어' '샤이니' 등 수많은 스타를 양산한 후 한류라는 시스템을 가지고 해외에 진출했다. 결과는 SM의 승리였다. 노래 한 곡은 아무리 좋아도 많은 노래 중 하나지만 SM은 한류라는 시스템을 먼저 만들어두었기 때문에 작지만 외국 팝 시장의 대안 문화가 될 수 있었던 것이다. SM의 창업자인 이수만 회장은 가수로 활동하던 30대에 이미 한류를 꿈꾸었다고 한다. 이를 현실화하기 위해 그는 오랜 시간 체계적인 외국 진출 전략을 짰다.

짐 콜린스는 위대한 기업을 만드는 것을 시계를 만드는 것에 비유한다. 그는 비즈니스의 뛰어난 업적을 만드는 것은 정확한 시간을 알려주는 리더나 1회적인 상품의 기획이 아니라 '시간을 알려준다'라는 지속적인 활동을 하는 위대한 기업이라고 역설했다.

마치 디즈니의 가장 위대한 작품은 디즈니라는 회사 자체라는 이야기와 같은 맥락이다. 디즈니는 애니메이션 기술을 개발해서 애니메이션 영화라는 새로운 장르를 만들었다. 「백설공주」「피노키오」와 같은 디즈니의 작품들은 미국 할리우드의 고전주의 시대에 크게 흥행했다. 디즈니라는 기업이 위대한 이유는 「백설공주」나 「피노키오」와 같은 시계를 만들어서가 아니라 미국인들의 가슴 속에 용기, 꿈, 희망이라는 비전을 심어주는 영화들을 지속해서 만들어낼 수 있는 디즈니라는 회사를 만들었기 때문이다.

기업에서 가장 중요한 아이디어는 뛰어난 상품을 만드는 아이디어나 뛰어난 전략을 만드는 아이디어가 아니라 기업 자체를 지속해서 존재하게 하고 성장하게 할 수 있는 아이디어다. 그렇다면 그러한 아이디어를 만들기 위해서 아이디어 셰프는 어떤 역할을 하는 것일까?

아이디어 셰프와 기업 문화

아이디어 셰프는 기업 문화를 혁신적으로 만들어줄 수 있는 개념이다. 아이디어 셰프는 기업의 혁신과 창의성을 담당하는 창조적 매니저로서 역할을 수행할 것이다. 또 곳곳에 육성된 아이디어 셰프는 조직 속에서 아이디어를 현실화시키는 힘을 만들어낼 것이다.

기업 문화는 기업의 성공을 좌우한다. 기업 문화는 공통의 가치를 공유함으로써 구성원들의 부족한 판단력을 보완해서 전체 구성원을 묶어줄 수 있는 도구다. 삼성전자나 CJ가 성공한 원인도 강력한 조직 문화로 구성원들을 하나로 묶을 수 있었기 때문이다. 삼성전자나 CJ에 다니는 사람들의 이야기를 들어보면 위에서 내려오는 부담의 강도가 다른 기업과 비교할 수 없이 커서 다른 회사에 다니다가 옮겨온 사람들은 오래 버티지 못하고 나가는 경우가 많다고 말할 정도다.

강력한 기업 문화는 중요하다. 하지만 강력한 통제만으로는 창의적인 기업을 만들기 어렵다. 오히려 경직된 기업 문화를 벗어날 때만이 새로운 아이디어를 만들어낼 수 있다.

어제와 같은 것은 이미 아이디어가 아니다. 따라서 어제와 같은 일을 오늘 반복하고자 한다면 기업에 아이디어는 필요 없을 것이다. 변화하는 환경에서 살아남으려면 기업은 혁신의 바람을 일으킬 수 있는 아이디어 셰프가 필요하다.

대기업과 같은 큰 조직은 하나의 유기체로서 조직적 사고 과정을 거치기 때문에 기업의 리더는 구성원들의 생각을 회사의 생각, 또는 리더 자신의 생각과 같은 방향으로 바라볼 수 있게 해주어야 한다.

아이디어 셰프는 개인적인 사고 체계를 조직으로 확대해서 '조직적 사고 체계' 위에 구성원들을 위치시키는 동시에 구성원들 모두가 창의성을 잃지 않게 하는 두 가지 목표의 균형을 유지할 수 있는 리더다.

팀장과 아이디어 요리사

CEO는 기업의 아이디어 셰프다. 하지만 CEO가 아무리 좋은 아이디어를 내더라도 밑에 있는 임원들과 팀장들이 그 아이디어를 실현하려고 노력하지 않는다면 아이디어는 무용지물이 된다. 기업과 같은 조직에서 아이디어가 요리되기 위해서는 먼저 임원과 팀장들의 적극적인 동참이 필요하다.

기업에서 팀장의 역할은 현장 관리자다. 팀원들이 무엇을 하는지 관여해서 방향을 잘 잡고 가야 한다. 팀장은 리더 중에서 가장 낮은 직급의 리더지만 한 구성원이 갖는 최초 리더의 자리로 기업 문화에서 중요한 톱니바퀴 구실을 한다.

비유컨대 샐러리맨은 현대의 평민이다. 자신의 주특기를 가진 자영업자가 아니라 직장 자체가 자신의 직업인 매여 있는 존재다.

신은 모든 인간을 돌볼 수 없어서 자신을 대신해서 어머니를 주었다는 말이 있듯이 Executive가 모든 샐러리맨을 챙길 수는 없기에 팀장으로 하여금 팀원들을 챙기도록 하는 것이라고 생각한다. 팀장이 기업에서 구성원에게 미치는 영향은 마치 어머니가 자식에게 영향을 미치는 것처럼 기업의 대표이사와 비교해도 손색이 없을 정도로 의미가 큰 일선에 선 리더다.

아이디어 셰프로서 팀장은 창조성을 바탕으로 팀의 임무를 체계적으로 구성하는 리더의 임무를 가지고 있다. 팀장은 자신의 의도에 따라 구성원이 일하게 하는 것이 아니라, 구성원 스스로 자신이 잘하는 것을 찾아 나가는 '창조적 구성원'을 만드는 지도자가 되어야 한다.

팀장의 역할 중 하나는 구성원 간 조정자의 역할이다. 사람들의 사고방식은 다양할 수밖에 없으므로 다양한 생각을 하는 구성원들 사이에는 갈등이 없을 수 없다. 아이디어 요리사로서 팀장은 구성원들의 생각 차이를 좁히는 데 아이디어 요리법을 사용한다.

조직 속에서 아이디어 요리법은 내 생각을 발전시키는 것뿐 아니라 서로 다른 생각을 이해시키는 효과도 볼 수 있다. 갈등은 상대방의 시각에서 생각하는 기회를 가지게 하고, 둘 사이에 있는 중간 지점의 아이디어 요리를 찾아냄으로써 조정할 수 있다.

생각의 차이를 극복하는 요리법

매일 회사에서 생활하면서 다른 사람과 이야기를 하다 보면 상대방의 생각을 종잡을 수 없을 때가 있다. 그것은 내용에 대한 차이가 아니라 생각하는 방식의 차이에서 비롯된 것들이다. 서로 생각하는 방식의 차이를 이해하게 되면 상대방을 이해할 수 있는 폭도 넓어진다. 그 결과 서로 사고방식에 차이가 있어도 함께 아이디어를 만들어 갈 수 있는 새로운 시야를 갖게 된다.

'넌 너무 방어적이야'라거나 '넌 너무 공격적이야'라고 단정 짓는 것은 자신이 편향되어 있음을 의미한다는 점을 이해해야 한다. 생각의 차이는 서로 충돌하기만 하는 것이 아니라 서로 보완이 될 수도 있다.

아이디어 요리는 생각의 차이를 극복하는 방법이 되기도 한다. 아이디어 요리법은 상대방도 동의할 수 있는 내 주장의 근거를 만드는 방법이다. 그 방법은 상대방의 방식으로 내 생각을 표현하는 것이다. 나는 A라고 생각할 때 상대방이 B라고 생각한다면 우리는 아이디어 요리를 통해서 A와 B의 중간 지점을 향해 서로 나갈 수 있다.

만약 내가 동그라미가 맞다고 하고 상대방이 네모가 맞다고 하면 나는 동그라미로 네모를 만들면 된다. 역으로 상대방은 네모로 동그라미를 그리면 된다.

서로 다른 생각의 차이를 극복하는 아이디어 요리사의 자세는 진실한 노력을 보이는 것이다. 그래서 우리는 상대방의 말에 귀를 기울여야 한다. '너는 이런 문제가 있어'라고 생각하기 전에 '우리는 이렇

동그라미로 그린 네모   네모로 그린 동그라미

게 맞출 수 있어'라고 생각하는 것이 아이디어 요리사의 자세다.

진실한 노력을 위해서는 먼저 솔직해져야 한다. TED의 명강사인 휴스턴 대학교 브린 브라운Brene Brown 교수는 우리는 자신을 솔직하게 돌아봄으로써 문제점을 극복할 수 있다고 말했다. 그 과정에서 마음의 상처를 입을 수 있다는 취약성은 인간의 약점이 아니라, 우리가 현실을 직시하고 용감한 선택을 할 수 있는 원동력이라고 했다. 생각의 차이를 극복하는 것도 서로의 차이를 인정하고 그 차이를 뛰어넘으려는 솔직함과 취약성을 극복하려는 용기를 통해서 가능할 것이다.

신뢰는 생각의 차이를 극복하는 힘이다. 『신뢰의 속도』에서 스티븐 M.R. 코비는 신뢰는 고객을 핵심 영업사원으로 만들고, 고객은 누구보다 탁월한 홍보인력으로 바뀌어 기업이 생산한 제품을 타인에게 추천하는 등 다양한 측면에서 작용하는 위대한 힘이 있다고 설명했다. 일단 신뢰가 확보된 관계에서는 서로 이해하려는 진실한 노력이 더 수월해진다. '감정 계좌'라는 용어처럼 상대방과의 관계에서 신뢰가 형성되었다면 생각의 차이를 극복할 가능성은 더 커질 것이고, 신뢰가 깨졌다면 생각의 차이는 더 극복하기 어려울 것이다.

생각의 차이를 극복하기 위해서는 상대방의 감정을 내 것으로 느끼는 공감능력을 키우는 것도 방법이다.

제레미 리프킨Jeremy Rifkin은 『공감의 시대』에서 인류를 '호모 엠파티쿠스Homo Empathicus' 즉 공감의 인간이라고 부르며 인류 문명의 수레바퀴를 돌리는 원동력으로 공감을 이야기했다. 그는 '공감 뉴런'이라고 불리는 '거울 신경세포'가 다른 사람의 느낌을 자신의 것처럼 인식하게 한다고 설명했다.

다른 사람의 몸 위로 커다란 거미나 뱀이 기어가는 것을 보면 보는 사람의 팔에도 소름이 돋게 하는 것이 바로 이 신경 조직의 작용에 의한 것이라고 한다. 이러한 공감 능력은 생각의 차이를 극복하는 좋은 방법이 될 것이다.

기업과 아이디어 요리

나는 뒤늦게 대기업에 적응하면서 기업 문화에서도 '창의성'은 중요한 가치이며 창조적 아이디어는 개인과 기업 모두에게 절대적으로 중요하다는 점을 깨닫게 됐다. 창조성은 우뇌 중심의 크리에이티브만을 의미하는 것이 아니라 현실을 이해하고 분석하는 능력을 포함한다는 사실을 인정함으로써 기업 속에서도 아이디어는 개인의 창조성과 조직의 창조성을 긍정적으로 묶어줄 수 있는 강력한 매개체가 될 수 있다는 점을 깨달았다.

기업에서 아이디어의 역할

아이디어란 새로운 기술을 의미하는 것이 아니라 기술을 뛰어넘는 독창성을 의미한다. 강신장은 『오리진이 되라』에서 기업 생활의 경험을 기반으로 독창적인 것은 운명을 바꾸는 창조의 기술이라고 주장했다. 그에게 오리진Origin은 기원起源이고 독창적인 것이다. 독창적인 것이란 기존에 없던 새로운 아이디어를 의미하지만 새로운 아이디어를 만들기란 말처럼 쉽지는 않다.

아이디어는 눈에 보이지 않기 때문에 매출이나 시험 성적처럼 명확한 결과물로 증명하기 어려운 때가 더 많지만 그렇다고 아이디어가 역할을 하지 않는 것은 아니다. 마치 음악 프로그램의 DJ가 매일 어떤 영감을 가지고 음악을 선곡하고 새로운 이야기를 담아 음악 프로그램을 만드는 능력을 갖춘 것과 같다. 아이디어는 어느 곳에서든 알게 모르게 묵묵히 자신의 역할을 담당한다.

스마트폰 산업이 급성장하면서 본격화된 삼성전자와 애플 간의 특허 전쟁도 결국 아이디어에 대한 싸움이었다.

삼성전자 측은 스크롤 중에 페이지가 끝나면 화면이 튕겨 나오듯이 이전 내용으로 돌아가는 '화면 재정렬 기능Bounce back'과 '밀어서 화면 잠금 해제Slide to unlock' 기능에 대한 애플의 특허가 단지 '아이디어'일뿐이기 때문에 특허법상 보호될 수 없다고 주장했다.

하지만 삼성의 주장은 아이디어는 기술과 무관한 생각의 차원에 불과한 것이라는 기술 지상주의에 빠질 우려가 있다. 애플과 삼성전자의 쫓고 쫓기는 사활을 건 싸움에서 삼성이 항상 듣는 말이 기술은 낮지만 창의성이 부족하다는 말이 아니었던가?

삼성전자 측은 애플의 특허는 소프트웨어가 어떻게 하드웨어와 연결되어 작동하는지 구체적으로 적시하지 못한 아이디어에 불과하다고 주장했다. 하지만 오늘날 사람들은 창의적인 아이디어를 이야기할 때 아무도 애플에 비해 삼성이 더 창의적이라고 말하지는 않는다. 애플은 소프트웨어 발명 기술에서의 창의적 아이디어를 보여주고 있기 때문이다.

아이디어 제로

"아이디어는 많지만 전략이 없고 전략은 많지만 실행이 없다."

흔히 하는 말이다. 아이디어가 많아도 실행까지 아이디어가 살아남지 못하는 것이다. 그 이유는 무엇일까? 기업의 혁신은 경영자의 선언적인 몸짓이 아니라 아이디어를 중시하는 경영자와 관리자의 헌신적인 노력과 기업문화를 통해 완성되기 때문이다. 기업은 기업 문화로 DNA를 바꾸려고 하지만 그것은 공식적인 문화일 뿐 구성원들에게 뿌리박힌 DNA를 바꾸려면 많은 시간과 노력이 필요하다. 아이디어 DNA를 기업에서 구현하기 위해서는 많은 노력을 해야 하지만 그 과실은 혁신적인 발전이 될 것이다.

혁신을 거부하고 보수적 태도를 취하는 순간 기업은 기업을 움직일 동력을 서서히 잃고 타성적으로 움직이는 거대한 바보가 되고 만다. 이러한 조직은 일해도 모르고 안 해도 모르고, 잘해도 모르고 못해도 모르는 업무의 진공 상태를 초래하는데 나는 이를 아이디어 제로라고 부른다. 대기업이 아이디어 제로 상태에 빠지는 일은 그렇게 드물지 않다. 기업이 자신의 비전을 찾지 못하고 내부 조직 간의 이해관계에 빠지게 되는 경우 그 기업은 앞으로 나갈 수도, 새로운 방향을 모색할 수도 없는 아이디어 제로 상태로 빠진다.

벌거벗은 임금이라는 우화가 있다. 이 우화 속에서 왕은 사기꾼에게 속아 착한 사람의 눈에만 보인다는 아름다운 천으로 된 옷을 입는다. 실은 왕은 아무것도 입지 않은 상태였지만 신하들은 아무도 임금님이 벌거벗은 사실을 말하지 못한다. 착한 사람의 눈에는 아름다운 천이 보인다고 하니 아무도 자신이 본 것을 인정할 수 없었던 것이다. 다른 사람의 의견을 따라가다 보면 아무도 진실을 말하지 못하게 된다.

기업의 주요한 정책 방향이 단지 윗사람의 기분에 맞춰서 움직여진다면 그 기업 역시 아이디어 제로에 빠진다. '기업에서 누가 가장 크리에이티브한 인재인가?'라는 질문에 대한 답이 '윗사람의 생각에 맞추는 사람'이라는 우스갯소리가 있다. 기업이 추구하는 혁신의 목표가 고객이 아니라 윗사람이 된다면 그 기업도 추진동력을 잃고 아이디어 제로 상태에 빠진다.

창의적인 기업 문화가 없다면 회의를 통해 함께 결론에 도달하는 집단 지성은 윗사람의 눈치를 보지 않더라도 적당한 다협안을 찾는 포퓰리즘에 휩쓸리면서 올바른 의견이 아니라 다수가 선택하는 의견을 선택할 가능성이 있다. 그런 회의에서의 결정은 잘못된 의사결정을 만들어낸다. 기업이 아이디어 제로 상태를 벗어나려면 창의적인 기업 문화를 중시하고 새로운 생각을 이야기할 수 있는 분위기를 마련하는 것이 중요하다. 또한 회의에서 나온 아이디어가 막연한 발상에 그치지 않고 구체적인 행동 아이템이 나올 수 있도록 회의 분위기를 만들어야 한다.

6부 함께 요리하기

새로운 시도를 멈추지 마라

어떠한 요리도 처음부터 완벽할 수는 없다. 시도는 처음 생각했던 아이디어의 불완전함을 보충할 기회를 제공한다. 시도해보지 않으면 아이디어는 발전할 수 없다. 인류가 하늘을 날 수 있는 물체를 발명하기까지 인류는 오랜 시간 동안 수많은 시행착오를 거쳤다.

르네상스 시대 최고의 천재라고 불렸던 레오나르도 다빈치조차 하늘을 나는 물체를 만들고 싶어 했지만 성공하지 못했다. 하지만 선각자들의 시행착오를 통해 라이트 형제가 마침내 하늘을 날 수 있는 비행기를 발명했다.

시도해보면 자신이 무엇을 모르는지 알 수 있다. 그리고 자신이 생각하는 문제에 비추어 다시 답을 찾아 나간다. 우리는 답을 알고 행동하는 것이 아니라 행동함으로써 답을 알게 되는 경험을 많이 하게 된다.

누구나 생각해보면 답에 가까이 갈 수 있다는 점이 아이디어의 매력이다. 최초의 아이디어는 시도를 통해 전혀 다른 결과로 손질되어 최상의 아이디어를 끌어내는 중요한 역할을 담당한다.

때로는 시도를 통해서 자신이 가야 할 방향이 정반대에 있다는 점을 알게 된다. 명품 화장품으로 유명한 '바비 브라운'의 사례가 그 예다. '바비 브라운'의 철학은 아름다움은 나이, 피부색, 체형, 크기 등을 가리지 않고 다양한 형태로 보이기 때문에 누구처럼 보이도록 노력한다거나 자신을 속이면서 남들을 따라 하지 않고 스스로 무엇이 맞는지를 찾아내 자신만의 아름다움을 보여주도록 도와준다는 것이다.

하지만 설립자인 바비 브라운Bobbi Brown의 경력은 그와는 상반되게 짙은 화장을 강조하는 화장법으로 시작됐다. 대학 시절부터 시작한 무대 메이크업의 경력을 바탕으로 당시 유행이 불기 시작한 '글래머러스 메이크업'에 편승한 것이다. 그런 그가 어떻게 자연스러운 화장 연출로 유명한 화장품 브랜드를 설립하게 되었을까? 역설적으로 그녀는 연극 대본을 읽고 등장인물의 성격을 떠올리며 메이크업을 하다 보니 각각의 인물이 모두 각기 다른 개성과 스타일을 지니고 있으며 이를 살리는 것이 중요하다는 점을 깨닫게 되었다고 한다.

비즈니스의 원동력은 새로운 시도에 있다. 새로운 시도를 하지 않으면 새로운 아이디어를 얻을 수 없다. 새로운 시도를 두려워하는 기업은 마치 페달을 밟지 않는 자전거처럼 언젠가는 쓰러질 것이다. 각자 자신의 일만 하면 되는 조직도를 가진 조직은 새로운 시도를 할 수 없다.

팀 하포드Tim Harford는 『어댑트』에서 급변하는 생존 환경에서 새로운 시도를 하지 않는 조직의 문제점을 경고했다. 기업은 모든 것을 시행하기도 전에 파악 가능하며 복잡한 세계는 보고서 안의 단순화된 그래프로 표시할 수 있다는 허황된 믿음에 빠지기 쉽다. 하지만 외부의 변화에 맞춰 실패를 시도하고 자기 자신을 끊임없이 바꿔나가면서 변이와 선택을 반복하는 시행착오를 통해 진화하는 것이야말로 복잡한 세상에서 변화하는 환경에 적응할 방법이 될 것이다.

경쟁을 이기는 아이디어

요리할 때 칼끝을 잡는 요리사는 없다. 요리사는 칼자루를 잡는다. 요리사가 칼끝을 잡는다는 것은 말도 안 되는 일이다. 하지만 종종 기업은 경쟁사와의 관계에서 칼자루가 아니라 칼끝을 잡게 된다. 그런 상황이 되면 빨리 칼끝에서 빠져나올 수 있도록 상황을 반전시켜야 한다.

디즈니 역대 최고의 CEO로 불리는 마이클 아이즈너 회장은 칼자루 잡기의 고수였다. 그는 영화계의 거물 조지 루카스George Lucas가 제작하고 신예 천재 감독 스티븐 스필버그가 감독을 맡은 기대작 「레이더스」의 판권을 확보하기 위해 경쟁에 뛰어들었다. 하지만 경쟁 상대는 워너브라더스의 최고의 협상가였던 프랑크 웰스Frank Wells였다. 프랑크 웰스는 영화 판권 확보에 대한 사업적인 조건에 관해 이야기했지만 마이클 아이즈너는 영화를 꼭 만들어내고야 말겠다는 자신의 의지를 보여주었다.

둘의 경쟁은 결국 마이클 아이즈너의 승리로 끝났다. 『왕국의 열쇠: 마이클 아이즈너의 부상과 다른 모든 이들의 몰락』에서 조지 루카스는 마이클 아이즈너에게 「레이더스」를 넘긴 이유에 대해 말했다.

"프랭크 웰스는 협상에 관해서 이야기하려 했지만, 마이클 아이즈너는 당장 영화를 만들고 싶어 하는 게 느껴졌지……."

마이클 아이즈너는 이 협상을 결정짓는 것은 돈이 아니라 조지 루카스를 설득할 공감대 형성이라는 점을 읽었던 것이다. 칼자루를 잡으라는 말에는 상황이 객관적으로 불리하더라도 언제든 나에게 유리한 기회로 바뀔 가능성이 존재한다는 의미가 담겨 있다. 생각 속에 답이 있다고 믿으면 비록 위기가 닥쳐도 칼자루를 고쳐 잡고 그 위기를 돌파해나갈 수 있다.

지금 당신의 회사가 칼끝을 잡고 있지는 않은지 살펴보라. 만약 그렇다면 당신에게 유리하게 상황을 바꾸어야 한다. 당신이 하는 비즈니스가 불리한 상황에 있다면 그 상황 속에서 지엽적인 문제에 대해 아등바등 헤쳐나오기보다는 상대방과의 게임을 좌지우지할 수 있는 게임의 규칙을 읽고 규칙 위에서 유리한 위치를 점하는 것이 혁신적인 아이디어를 현실화시키는 아이디어 셰프의 자세다.

기업과 휴식

사무실에서도 보고서를 만들기 위해서 직장인들이 책상에 앉아 열심히 컴퓨터 자판을 두드리는 풍경을 흔하게 볼 수 있다. 하지만 정작 아이디어가 떠오르는 순간은 열심히 문서 작업을 하는 순간이 아니라 휴식을 취하고 있는 순간일 때가 잦다. 느긋하게 침대에 누워 TV를 보고 있는 순간이나 목욕탕 안에 있는 순간일 경우도 있다.

신체적으로 휴식을 취하면 뇌 기능이 활성화되고 뇌 활동이 완전 가동 되는 현상 때문이다. 적극적 휴식을 취한 뇌에서는 세로토닌 물질이 발생한다. 그럼 뇌의 전반적 기능이 향상되면서 뇌의 기억력뿐 아니라 창의적 사고가 향상된다.

뇌과학자들에 따르면 비교 실험에서 뇌를 편안히 휴식하게 한 그룹이 휴식을 취하지 못하고 연습만 하는 그룹에 비해 곡 연주 실력이 향상되었다고 한다. 뇌가 이완되면 내면에 의식이 떠오르면서 내면과 만날 수 있는 창의적이고 직관적인 능력이 더 향상되기 때문이다.

그런 점에서 창의성을 원하는 기업들은 직원들이 사무실 책상 앞에 앉아 있기보다는 때로는 햇볕이 따사로운 공원을 수시로 걷게 하는 것이 더 현명한 관리 방법인지도 모른다.

애플을 공동 창업한 스티브 워즈니악이 한국에 방문했을 때 삼성전자의 부족한 점을 묻는 기자들의 질문에 '창의성'이라고 답하며 다음과 같이 조언했다.

"창의성은 회사 안에서 이뤄지는 것이 아니며, 조용한 곳에 연구소를 짓고 다르게 생각할 수 있도록 해야 한다."

창의적 기업의 성공 사례로 꼽히는 일본 미라이 공업은 직원들이 연간 1만 4천 건의 아이디어를 제안하면서, 모든 제품 아이디어의 90퍼센트가 사원에서 나오는 성과를 이루었다. CEO인 야마다 아키오山田昭男 사장은 2011년 9월 8일 자 『동아일보』와의 인터뷰에서 미라이 공업의 기업 문화에 대해 말했다.

"제품 차별화를 위해서 중요한 것은 직원들이 아이디어를 낼 수 있는 습관을 길러줘야 한다는 것"이라며 "아침에 일어나서 밤에 잘 때까지 다양한 상황에서 아이디어를 낼 수 있도록 습관화해야 한다."

미라이 공업의 휴가 일수는 연간 140일이다. 여성은 40일이 추가된다. 여름휴가는 한 달가량의 장기 휴가가 주어진다. 5년을 주기로 전 사원에게 외국여행 기회를 제공하기도 하며 근무 기간에도 직원들이 쉬는 시간에 좋아하는 취미에 몰두할 수 있는 시간을 많이 가진다. 그래서 이 회사에 들어가면 취미 활동을 위한 모임을 쉽게 만날 수 있는데, 취미의 수준은 매우 높아서 외국 대회에 출전하는 등의 일도 다반사다.

기업에서도 창의적인 아이디어를 만들어내기 위해서는 구성원들에게 적절한 휴식의 시간을 부여하는 것이 필요하다. 이것이 문화심리학자 김정운 교수가 이야기하는 '지속 가능한 삶을 위한 휴식'이기도 하다.

아이디어 지원 제도

월급쟁이라면 누구라도 어떤 구속도 당하지 않고 창의적으로 일할 수 있는 직장을 꿈꾼다. 하지만 그런 직장은 이 세상 어디에도 존재하지 않을 것이다. 다만 그런 직장 분위기를 비슷하게 만들기 위한 기업들의 노력이 있을 뿐이다.

기업은 아이디어 지원 제도를 통해 기업의 구성원과 아이디어의 공생 관계를 이루고자 한다. 그 공생 관계에서 개인은 창의성을 담보하고, 기업은 개인의 창의성을 북돋아 주는 역할을 담당한다.

LG 유플러스의 UIUser Interface팀은 출근 시간이 자유롭고 일과 중 수시로 공연을 즐긴다. 각종 세미나를 찾아다니며 원하는 강의를 듣는다. 이런 근무 방식은 창의적인 아이디어를 만들어내기 위한 기업 최고 경영자의 배려다. 그래서 최고 경영자 이외의 누구로부터도 최대한 간섭을 받지 않도록 한다고 알려져 있다. 그만큼 아이디어를 끌어내기 위한 최대한의 자유로운 환경을 약속한 것이다.

삼성전자는 임직원들이 다양한 아이디어를 제안해 과제로 선정되면 기존 업무에서 벗어나 태스크포스(TF)를 꾸려 활동할 수 있도록 지원하는 '창의개발연구소' 제도를 도입했다. 기획은 제품 사업뿐 아니라 조직 운영 등 다양한 분야에서 제안할 수 있다. 또한 SK텔레콤은 '두드림'이라는 아이디어 제안 제도를 시행하고 있는다. CEO에 의해 최종 선정된 아이디어는 팀을 구성해서 추진할 수 있도록 지원하고 있다. 그러나 우리나라 기업의 아이디어 지원제도는 성공 사례를 찾아보기 쉽지 않다. 그 이유는 아직 우리나라 기업에는 창의적 기업 문화가 뿌리내리지 못해서가 아닐까?

착한 아이디어가 착한 기업을 만든다

세계적인 요리사 제이미 올리버Jamie Oliver는 요리를 통해 청소년 문제를 해결하는 사람이다. 그는 직접 '피프틴'이라는 이름의 레스토랑을 열어 빈곤층의 불우 청소년들에게 수습 요리사로 참여할 기회를 제공했다. 이들의 성장 과정은 영국의 방송사 채널4에 의해 '제이미스 키친'이라는 TV 프로그램으로 제작되어 방영되기도 했다.

청소년들은 이 과정을 통해 삶의 희망을 품게 되었으며 이 요리 수업은 불우 청소년들에게 단지 교육이 아니라 삶을 변화시킨 기적이었다. 청소년들은 전국의 주요 식당에 스카우트됐다. 제이미는 피프틴 재단을 세워 이들을 지속해서 지원하고 암스테르담, 호주 등에 지점을 공개하면서 외국에 퍼뜨리고 있다.

나아가 그는 학교 급식의 질을 높이는 캠페인과 학교에서 아이들에게 요리를 가르치도록 교육 당국을 설득하는 캠페인을 벌이고 있고, 어린 학생들에게 신선한 음식재료로 된 음식을 먹여야 한다고 주장한다. 또한 그는 요리가 현대인의 불균형한 식생활 문제를 해결할 수 있다고 확신한다. 그는 현명한 식생활을 하면 건강해지고 수명이 증가할 수 있으며 음식과 관련된 질병이 현대인의 가장 큰 사망 원인이라고 주장하면서 패스트푸드를 규제할 방안을 함께 찾자고 역설한다.

건강한 요리가 건강한 몸을 만들 듯 건강한 아이디어는 건강한 사회를 만든다. 우리나라에도 착한 아이디어를 바탕으로 한 많은 사회적 기업이 생기고 있고 SK와 같은 대기업들도 사회 공헌 차원에서 사회적 기업을 설립하고 있다. 하지만 아직도 대중적인 성공을 거두는 사회적 기업들은 많지 않다. 그런 점에서 신발 브랜드인 '탐스'는 착한 아이디어를 바탕으로 대중적인 성공을 거둔 사례다.

블레이크 마이코스키Blake Mycoskie는 스물아홉 살이 되던 해에 아르헨티나를 여행하던 중 아이들에게 신발을 나눠주던 자원 봉사자를 만나게 된다. 그는 그때 '탐스'의 신발 한 켤레를 사면 빈곤국 아동도 한 켤레를 신게 된다는 아이디어를 생각해냈다. 그는 이 아이디어를 실천할 기업을 직접 설립했고 회사의 이름을 '내일을 위한 신발Shoes for tomorrow'이라는 의미가 있는 '탐스'로 결정했다.

그리고 그는 창업 첫해에 1만 켤레의 신발을 아르헨티나 어린이들에게 나눠줌으로써 자신의 약속을 실현했다. 탐스는 착한 아이디어가 착할 뿐 아니라 똑똑하기까지 했을 때 어떻게 사회를 건강하게 바꿀 수 있는지를 입증한 사례다.

COOKING

7부

아이디어
요리 'I'

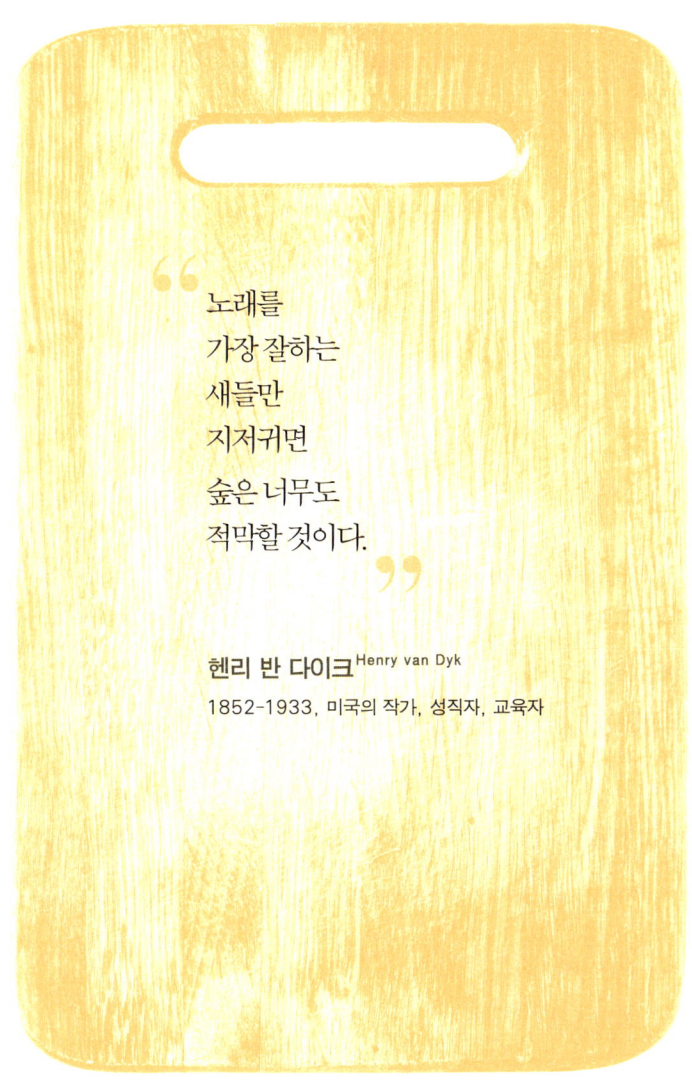

노래를
가장 잘하는
새들만
지저귀면
숲은 너무도
적막할 것이다.

헨리 반 다이크 Henry van Dyk
1852-1933, 미국의 작가, 성직자, 교육자

자기 자신의 성향 파악

엠넷에서는 예능 프로듀서로, 투니버스에서는 만화영화 콘텐츠를 기획하는 프로듀서로 일했고 지금은 TV 서비스를 디자인하는 업무를 담당하고 있다. 내가 지향해 온 본질적 가치가 바뀐 것은 아니었지만, 내가 하고자 하는 일은 계속 바뀌었다. 하지만 그 속에서 나 자신의 본질과 가치는 얼마나 반영되어 있는 것일까?

자신의 아이디어 유형을 파악하는 것은 개인에게 있어 어떤 문제보다 중요하다. 만약 누군가 나에게 자신의 진로를 상담해온다면 나는 먼저 진로를 결정하기 전에 먼저 자신의 아이디어 유형을 알아보라고 조언해줄 것이다. 아직도 자신의 진짜 모습을 발견하지 못하고 있을지도 모르기 때문이다.

What is your 'IDEA I'?

개인이 행복해지는 작업은 먼저 자신의 본질을 파악하는 데서 시작되어야 한다. 세상의 모든 아이디어 중에서 그 무엇보다 당신에게 소중한 아이디어는 다른 무엇도 아닌 '나 자신'이라는 아이디어다. 매일 바쁜 일상생활에서 자신이 추구하는 외부의 목표에 대한 아이디어에 묻히기 쉽지만 자기 인생에서 가장 중요한 아이디어는 무엇이냐는 질문을 생각할 수 있는 시간을 가지라고 말하고 싶다.

인생의 목표를 정할 때 중요한 것은 객관적인 수치가 아니다. 오직 자신의 본질에서 추구하는 가치를 달성했는지가 중요하다. 즉 각자의 인생에서 성공의 목표가 자기 아이디어인지가 중요하다. 그러므로 "나는 내 삶의 주인공인가?" "나는 복제물의 삶을 사는가, 원본의 삶을 사는가?"를 자문해보는 것이 중요하다.

모르는 영어단어의 뜻을 알기 위해 사전에서 찾아보면 하나의 단어에 수많은 뜻이 있는 경우가 있다. 인간의 생애 역시 다양한 활동을 하더라도 사전 속 단어 한 개의 위치처럼 위대한 인물을 움직인 아이디어도 결국 삶을 관통하는 한 개의 아이디어로 압축될 수 있지 않을까?

노벨 평화상을 수상한 의사이자, 음악가이자, 철학자이자 신학자였던 독일의 알베르트 슈바이처Albert Schweitzer의 다양하고도 위대한 삶은 '생명에 대한 경외'라는 아이디어로 요약될 수 있다.

자신의 본질을 설명하는 아이디어는 무엇일까What is YOUR idea? 질문해보면 쉽게 대답하기 어렵다는 것을 알 수 있을 것이다. 그만큼 자기 자신에 대해 알지 못하기 때문이다.

자기 자신에 대해 정확하게 본질을 파악하지 않으면 자신이 어디로 가는지 알지 못하게 된다. 그만큼 자신의 정체성을 알기란 쉬운 일이 아니다. 자신이 무엇을 좋아하는지조차 알기가 쉽지 않다. 그러므로 현상 밑에 숨겨진 자신의 본질을 깨우치기까지는 많은 관심과 노력이 필요하다.

자기 자신이 누구인가를 알기란 쉬운 일이 아니므로 '너 자신을 알라'라는 소크라테스 Socrates의 외침은 고대와 현대를 막론하고 시대를 뛰어넘는 명언이 아닐 수 없다. 원래 '너 자신을 알라'라는 말은 델파이에 있는 신전에 새겨진 문구이며 그 이전에 피타고라스 Pythago-ras가 말했다고 전해진다. 또한 이 말은 3인칭을 탐구하던 헬레니즘적 전통이 아니라 인간 자아인 1인칭에 대한 깨달음을 추구했던 고대 인도 문화가 고대 그리스에 전파된 역사적 배경이 있다는 주장이 있을 정도로 역사와 장소를 불문한 위대한 질문이다.

자신의 정체성이 무엇인가 생각할 때에는 먼저 소크라테스의 말을 떠올리기 바란다. 자기 자신을 알라는 말은 시공간을 뛰어넘는 울림이 있는 말이라고 생각한다. 소크라테스는 궤변을 불사하던 소피스트들에게 이 말을 하며 자기 자신을 알라고 크게 꾸짖었다. 자기 자신을 발견하는 방법 역시 소크라테스가 말해 주었다.

"나는 현존하는 사람들 가운데 가장 현명하다. 나는 내가 모른다는 것을 알기 때문이다."

자신에 대해 모른다는 것을 인정하는 순간, 자신의 독창적인 아이디어를 발견하게 되는 현명함에 한 발짝 다가설 수 있다는 이야기다.

자신에게 맞는 요리를 발견하라

요리사도 경쟁의 시대다. 모든 요리를 이것저것 다 잘하는 요리사가 되기는 어렵다. 중식을 잘하든지 일식을 잘하든지 한식을 잘하든지 프랑스 요리를 잘하든지 특기인 요리가 있어야 한다. 그리고 경쟁에서 이기기 위해서는 각자 자신만의 요리에 집중해야 한다.

자기가 잘하는 것도 중요하지만 남보다 더 잘하는 것을 찾아 집중하는 것이 더 중요하다. 자신의 주특기를 지속해서 발전시키지 못한다면 무한 경쟁의 시대에서 생존하기 어렵다. 그 점 때문에 요리사도 자신의 전문 분야를 지속해서 발전시켜 그 분야의 대가가 되어야 한다. 요리사가 자신의 특기를 개발할 때에는 자신에게 맞는가를 살펴보아야 하는 것처럼, 아이디어 요리사는 자신의 유형에 맞게 아이디어를 요리해야 한다.

"재능을 타고난 사람은 재능을 사용할 때 가장 큰 행복을 느낀다."

괴테가 한 말이다. 그 말처럼 자신의 재능에 맞는 일을 한다면 더욱더 행복을 느낄 수 있을 것이다. 재능이 없는 사람은 없다. 인간은 누구나 무엇인가에 천재이거나 무엇인가에 바보다. 다만 그것을 발견하느냐에 달려 있을 뿐이다.

『해리 포터』의 성공으로 무명작가에서 1조 원의 거부가 된 작가 조앤 롤링은 한때 심각하게 자살을 생각할 정도로 실패를 겪었다. 그녀는 대학에서 불문학을 전공 후 앰네스티에서 잠시 근무하다가 포르투갈로 건너가 영어를 가르치던 중 남편을 만나 결혼했다. 하지만 결혼이 실패하면서 애 딸린 이혼녀되어 영국으로 돌아왔다. 그녀를 기다린 것은 직업도 없이 딸을 키워야 하는 우울한 삶이었다. 하지만 그녀는 자신이 가진 재능에 대한 확신으로 성공을 거머쥘 수 있었다. 그녀는 2008년 하버드 대학교에서 했던 연설에서 "실패는 불필요한 걸 없애준다. 나는 내게 가장 중요한 작업을 마치는 데 온 힘을 쏟아 부었다. 만약 내가 성공한 인생을 살고 있었다면 내가 진정 원하는 일에서 성공하겠다는 결심을 하지 못했을 것이다. 나는 살아 있었고 사랑하는 딸이 있었고 오래된 타자기가 있었고 크나큰 아이디어가 있었다. 그런 견고한 바탕 위에서 나는 인생을 재건하기 시작했다."라고 말했다.

요리사가 자신의 특기를 개발하듯 자신의 아이디어 유형을 파악하는 것은 자신의 적성을 파악하고 자신에게 맞는 전문 분야를 찾아 나가는 데 큰 도움이 된다. 자신의 장점을 살려 자신에게 맞는 아이디어를 요리할 수 있을 뿐 아니라 창의적인 진로 찾기에도 도움이 되며 자신 안에 숨겨진 잠재력을 극대화할 수 있는 효과가 있을 것이기 때문이다.

자신에게 솔직해져라

자신을 안다는 것은 어려운 일이다. 공자는 사람의 나이 오십이 지천명이라고 말했다. 하지만 많은 어른은 나이를 먹어도 자신도 몰랐던 모습을 발견하게 된다고 말한다. 우리는 하루하루 나이를 먹는다. 그래서 우리는 오늘에 익숙하다.

그래서 그동안의 관행의 틀을 과감히 깨고 우리가 정말 잘할 수 있는 재능은 무엇인지 스스로 진지하게 물어봐야한다.

어느 날 당신의 나이가 십 년을 건너뛰어서 그 이후의 나이가 되었다고 가정한다면 당신은 자신의 남아 있는 삶에 대해 어떤 생각을 할 것인가? 바로 그런 상상을 해보면 자신이 무엇을 하고 싶은지 유추해볼 수 있을 것이다.

정말 내가 원하는 것은 무엇인지 생각하기 위해서는 정말 자신이 무엇을 원하는지를 직시할 수 있는 솔직함이 필요하다. 인간은 죽음 앞에 직면했을 때 정말 자신이 원하는 것을 솔직하게 생각하게 된다고 한다. 스티브 잡스는 스탠퍼드 대학교 졸업식장에서 젊은이들의 마음을 울리는 명언을 남겼다.

"갈망하라, 바보짓을 두려워 말라Stay hungry, stay foolish."

그는 이 말을 통해 자신이 살날이 얼마 남지 않았다고 생각하고 진심으로 자신이 하고 싶은 일을 하라고 조언했다. 그러한 상상은 잊혔던 자신의 진심과 직면할 수 있는 용기를 불러일으킨다. 실제 이 연설은 그가 암 선고를 받은 후에 그 사실을 숨기고 한 말로 밝혀져서 더욱 큰 진정성을 느끼게 해 주었다.

좋아하는 것과 좋아한다고 생각하는 것도 다른 문제다. 우리는 자신을 잘 모르기 때문이다. 때로는 좋아한다고 생각하는 것이 좋아하는 것과는 정반대를 의미할 수도 있기 때문에 그러한 판단은 신중을 기해야 한다. 의도하지는 않았겠지만 한때의 치기 어린 재미일 지도 모르니 말이다.

자신이 정말 좋아하는 것인지 아니면 좋아한다고 생각하는 것뿐인지 그 답은 언제나 다른 사람이 아닌 당신 스스로 쥐고 있다. 왜냐하면 필요한 정보를 이미 어느 정도 가지고 있는 사람은 다른 누구도 아니라 자신이며, 무엇이 옳고 무엇이 그른지에 대한 판단 또한 자신의 몫이기 때문이다.

좋아하는 것은 미래이고 지금 잘하는 것은 현재다. 현재를 사는 것보다는 미래를 위해 사는 편이 낫다고 생각한다. 지금 당장은 경험이 부족할 수도 있다. 하지만 남이 좋아하는 요리를 할 필요가 없다. 남이 아닌 자신의 관점에서 판단하면 된다.

당신은 좋아하는 일과 잘할 수 있는 일 중에서 어느 쪽을 선택하겠는가? 그동안의 고정관념을 깨고 자신의 재능은 무엇인지 스스로 진지하게 물어보길 바란다. 그리고 자신의 재능을 바탕으로 다른 사람의 재능을 발견하도록 도와줘라. 그것이 함께 행복한 사회를 만드는 아이디어 요리사의 길이다.

자신의 아이디어 유형을 발견하라

개인의 성격 유형을 알아보는 효과적인 테스트가 있다. MBTI(Myers-Briggs Type Indicator) 테스트다. 칼 융의 분석심리학 이론에 기초해서 캐서린 쿡 브릭스Katharine C. Briggs와 그의 딸 이사벨 브릭스 마이어스Isabel B. Myers가 개발한 MBTI 테스트는 주의 초점, 인식기능, 판단기능, 생활양식이라는 네 가지 기준에 의해 개인의 성격 유형을 명확하게 구분한다.

성격 유형처럼 자신의 아이디어 유형을 파악해보면 장단점을 파악할 수 있게 되어 아이디어 요리를 만드는 데 자신의 장점을 살릴 수 있다. 대표적으로 스토리 요리는 작가에게 알맞은 요리이고 개선 요리는 발명가에게 맞는 요리이다. 그렇지만 스토리 요리나 개선 요리도 존속과 파괴 사이의 스펙트럼이 있기 때문에 반드시 이 요리들이 작가나 발명가라는 직업에 한정된 것은 아니다.

　이해가 빠른 사람과 상상이 강한 사람은 처음에는 단지 성향에 불과했던 차이일지 몰라도 점차 각자가 자신의 활동 경험을 바탕으로 전문적인 경험을 쌓아 가면 변경할 수 없는 뚜렷한 진화의 결과가 나타난다. 바로 그 점이 자신의 아이디어 유형을 먼저 명확히 파악해야 하는 이유다.

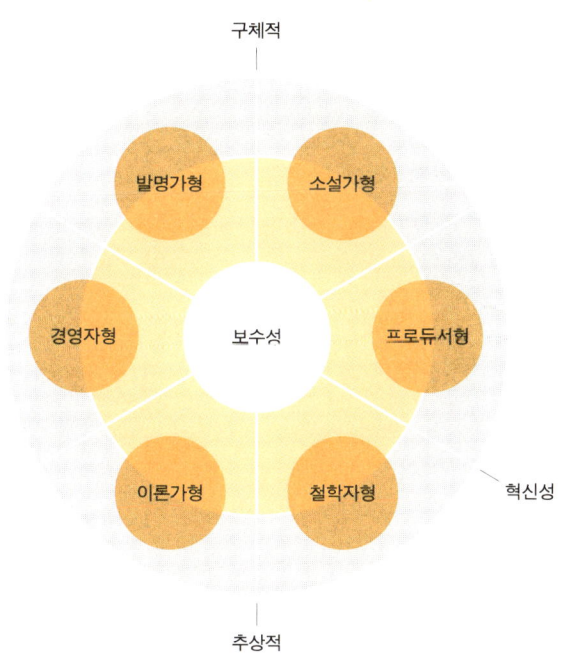

개인별 아이디어 유형

다음과 같은 아이디어별 직업 유형 구분은 자신의 아이디어의 장점에 기반을 두고 자신을 파악할 수 있고, 다른 적성 검사와 비교하면 더욱더 정확하게 진로를 판단하는 데 도움이 될 것이다.

가. 분석 중심 유형

ㄱ. 이론가형

A. CTH(Conservative Theorist)

보수적 이론가형. 기존의 이론을 발전시켜 이론을 만들어낸다.

대표 인물 : 피터 드러커

적합한 직업 : 이론 과학자

적합한 활동 : 기존 이론을 발전시키는 학자

B. RTH(Radical Theorist)

급진적 이론가형. 새로운 시각으로 파괴적 이론을 만들어낸다.

대표 인물 : 칼 마르크스

적합한 활동 : 사회 체제를 변화시키는 혁신적 이론 구축

ㄴ. 경영자형

A. CEX(Conservative Executive)

보수적 경영자형. 상식에 기초해서 대상을 정확히 파악하고 구분할 수 있다.

대표 인물 : 잭 웰치(GE의 前CEO)

적합한 활동 : 대기업 경영자

B. REX(Radical Executive)

급진적 경영자형. 새로운 시각으로 대상을 구분해서 새로운 기회를 만들어낸다.

대표 인물 : 빌 게이츠

적합한 활동 : 벤처기업 경영자

ㄷ. 발명가형

A. CIN (Conservative Inventor)

보수적 발명가형. 기존의 제품을 개선해서 문제점을 해결한다.

대표 인물 : 제임스 다이슨(날개 없는 선풍기의 발명가)

적합한 활동 : 기존 제품 보완 발명

B. RIN (Radical Inventor)

급진적 발명가형. 제품 자체를 새로 발명해서 문제점을 해결한다.

대표 인물 : 토마스 에디슨

적합한 활동 : 기존에 없던 새로운 상품 발명

나. 상상 중심 유형

ㄱ. 철학자형

A. CPH(Conservative Philosopher)

보수적 철학자형. 기존 전통 사상으로부터 새로운 개념을 탄생시킨다.

대표 인물 : 쿠베르탱

적합한 활동 : 기존 사상 발전

B. RPH(Radical Philosopher)

급진적 철학자형. 새로운 시각에서 기존에 없던 급진적 개념을 만들어낸다.

대표 인물 : 피카소

적합한 활동 : 개념을 바꾸는 혁신적 예술 활동

ㄴ. 프로듀서형

A. CPD(Conservative Producer)

보수적 프로듀서형. 상식에 기초해서 넓은 공감대를 얻을 수 있도록 구성한다.

대표 인물 : 팀 쿡Timothy Cook (스티브 잡스의 후계자)

적합한 활동 : 기존 전통 위에서 발전된 제품 기획

B. RPD (Radical Producer)

급진적 프로듀서형. 새로운 시각에서 새로운 방식으로 구성한다.

대표 인물 : 스티브 잡스

적합한 활동 : 혁신적 제품 기획

ㄷ. 소설가형

A. CNO (Conservative Novelist)

보수적 소설가형. 전통적 소재와 방식으로 이야기를 만든다.

대표 인물 : 신경숙

적합한 활동 : 기존 문학계 전통에서 자신의 성향에 맞는 작품 창작

B. RNO (Radical Novelist)

급진적 소설가형. 새로운 시각에서 이야기를 만들어낸다.

대표 인물 : 셰익스피어

적합한 활동 : 기존에 없던 새로운 창작 활동

자기 관찰 노트를 써라

우리는 종종 자신의 사고 성향을 제대로 이해하지 못하는 경우를 발견한다. 상상 중심 성향이 있는 사람이 자신을 분석 중심 성향이 있는 것으로 착각하거나 분석 중심 성향이 있는 사람들이 자신을 상상 중심 성향이 있는 것으로 착각하는 때도 많이 있다. 아이디어 요리는 이두 가지 능력이 모두 필요하므로 그런 혼동은 종종 벌어지는 일이다.

자신에 대해 잘 알 수가 없어서 뒤늦게 다른 사람에 의해서 자신의 장점이 발견되는 경우도 많다. 영국인 빅터 세리브리아코프Victor Serebriakoff는 17세까지 주변 사람들로부터 바보 취급을 받는다.

하지만 2차 세계대전이 발발하면서 군대에 입대하기 위해 받게 된 IQ 검사에서 자신이 바보가 아니라 오히려 IQ 161이라는 최고의 지능지수를 가진 사람이라는 것을 알게 됐다. 그 일이 있은 후 그는 군대에서 능력을 인정받았을 뿐 아니라 제대 후에도 사회에서 뛰어난 능력을 인정받으며 후에 국제 멘사 협회의 명예회장이 되는 등 전혀 다른 인생을 살게 된다. 당신이 할 일은 당신이 가지고 있는 재능을 놓치지 않고 찾아내는 것이다.

그래서 먼저 자신의 아이디어 성향을 정확히 파악하는 것이 무엇보다 중요하다. 만약 아이디어 요리사가 자신의 성향을 깨닫지 못하고 요리를 만든다면 아이디어 요리사의 진화는 더뎌질 것이고 진화가 더디면 성장은 정체되고 말 것이다.

자신을 알기 위해서는 자신에 대한 자기 관찰 노트를 만들어서 업데이트하는 것도 도움이 된다. 자기 관찰 노트를 통해 자신의 장점과 결점을 계속해서 파악해 나가야 한다. 『아프니까 청춘이다』의 저자 김난도 교수는 인생의 오답 노트를 작성하라고 말했던 것처럼 자기 관찰 노트도 오답 노트처럼 자신의 잠재력을 자신에게 알려줄 좋은 방법이 될 것이다.

어린 시절 강낭콩을 유리병에 심은 후 매일 콩에서 싹이 터서 흙 위로 머리를 내미는 모습을 주의 깊게 관찰해서 기록했던 것처럼 해보

자. 자신도 알지 못했던 자신의 장점이나 단점을 발견하면 즉시 그 내용을 기록해야 한다. 실제 노트든 노트북이든 휴대전화든 자신이 가장 쉽게 메모할 수 있는 곳이라면 어떤 방법이든 상관없다.

처음에는 별 내용이 없더라도 1년이 지나고 2년이 지나면 누적된 메모의 내용은 마침내 당신의 인생 진로를 바꿀 만큼 강력한 힘을 가지게 될 것이다. 매년 자기소개서를 업데이트해보는 것도 다른 각도에서 자신을 바라보는 데 참고가 된다.

그러나 남에게 설명할 필요 없는 자신만의 언어로 시시콜콜하게 자신을 들여다보는 자기 관찰 노트는 자기소개서를 넘어서는 유효성을 보여줄 것이다.

개인별 요리 발전

나는 현업에서 아이디어를 만들어내는 것에서 더 큰 기쁨을 느낀다. 실학의 실사구시 정신처럼 현업에서 아이디어를 만들고 만들어진 아이디어를 다시 현업에 반영하고 싶을 뿐이다.

책을 쓰는 것은 좋아서 하는 일이다. 머릿속에 생각이 떠오르고 그 생각을 표현하고 싶은 것뿐이다. 다만 책을 쓰는 일이 나를 발전시키는 좋은 계기가 된다고 생각한다. 궁금한 것에 대해 계속 생각하고 그 궁금증을 풀기 위해 자신에게 맞는 방법으로 자신을 발전시키는 것이 자신을 사랑하는 방법이 아닐까?

꿈을 향해 걸어가라

바닷가에 가면 많은 돌이 있다. 그 돌들은 잘나고 못난 것이 없다. 각자 자신의 위치에 있을 뿐이다. 인생 역시 각자의 목표를 향해가는 과정일 뿐이다. 목표를 향해가는 과정이 빛날 수도 있고 지루할 수도 있지만 다른 돌과 비교할 필요는 없다. 오직 자신의 꿈을 향해 우직하게 자신의 길을 가면 된다. '간절히 원하면 꿈은 이뤄진다'는 말처럼 오직 자신의 꿈을 기억하고 의미를 생각하라.

프랑스의 미술가 앙리 루소Henri Rousseau는 평생 밀림을 그려 현대 원시 예술의 아버지라는 별명을 가지고 있다. 그러나 그는 한 번도 밀림에 가본 적이 없었다. 정식으로 미술 교육을 받아본 적도 없이 오직 독학으로 미술을 공부했다. 그것도 무려 마흔이 넘은 나이에 혼자 루브르 박물관에서 몇 시간 동안 명작을 감상하고 우편엽서의 사진을 보고 그림을 그리며 시작된 공부였다. 그의 직업은 그림과 전혀 상관없는 파리의 세관 공무원이다.

그렇다면 그는 어디에서 영감을 얻어 원시 예술이라는 독창적인 장르의 그림을 그리게 되었을까?

바로 파리의 센 강변에 자리한 식물원에서 받은 미술에 대한 강한 영감 때문이었다. 루소는 식물원에 펼쳐진 식물들을 보면서 원초적인 힘을 느끼며 마치 꿈의 세계에 들어선 듯한 기분이 들 정도로 이 식물원에 매료됐다. 그는 하루가 멀다 하고 식물원을 찾아가 식물을 관찰하면서 자신만의 작품 세계를 창조해냈다. 현대 원시예술의 아버지로 일컬어지는 그의 탁월한 재능은 일상생활에 찌들지 않고 자신만의 꿈을 발견하고자 했던 고집스러운 노력에 있었다.

소설가 프란츠 카프카는 생애 대부분을 전업 작가로 살지 못했다. 그렇다고 그가 자신의 꿈을 포기한 것은 아니었다. 그는 완전한 전업 작가가 되는 꿈을 유보해야 했다. 대신 성실하고 꾸준한 집필 작업으로 자신의 꿈을 추구해나갔다. 그는 법학 박사 학위를 받았지만 법조계가 아니라 보험 회사 계통의 직장에서 근무했다. 이 직업을 선택한 데는 노동자의 편에 서고자 하는 정치적 입장의 영향도 있었지만 문학사가들은 자신의 꿈이었던 소설을 쓸 수 있는 시간을 벌기 위해서였다고 분석한다.

마지막 직장이었던 보험 공단 성격의 직장에서는 2시에 근무가 끝나기 때문에 카프카가 소설을 쓸 수 있는 시간을 충분히 낼 수 있었다. 카프카는 평일 퇴근을 하면 먼저 휴식을 취한 후 밤 11시부터 새벽 2~3시까지 글을 썼다. 폐결핵으로 완전히 직장을 그만둘 때까지 그는 이곳에서 성실하게 근무했다.

그의 직장 생활 경험은 오히려 작품 속에 등장하는 인물들의 사실감을 불러일으키는 영향을 미치기도 했다. 『소송』에서는 은행 간부 K가 주인공으로 나오는데 이는 카프카 자신으로 이해되기도 한다.

그의 대표작 『변신』에서는 주인공 그레고리가 어느 날 벌레로 변신한다. 그의 상사는 결근 사유를 알기 위해 찾아왔다가 혹시 그가 벌레가 된 것이 회사 책임으로 의심받을까 봐 미리 해고하려고 한다. 오늘날의 노동 문제에서도 낯설지 않은 장면이다.

미운 오리 새끼가 되라

안데르센의 동화 『미운 오리 새끼』는 오리 사이에서 길러진 백조 새끼가 미움을 받고 자라지만, 결국 자신의 정체성은 그들보다 우월한 멋진 백조라는 것을 알게 된다는 이야기다. 동화 속의 오리 새끼도 자신이 오리보다도 미운 존재라고 생각하는 동안에는 하나의 미운 오리 새끼에 불과했다. 하지만 자신이 그들과는 본질적으로 다른 백조라는 믿음과 확신이 선 순간 화려하게 백조로 변신하는 마법의 순간을 경험했지 않은가?

이 이야기는 작가의 이야기라고 전해진다. 그는 볼품없는 외모를 가진 남자였다. 작가로서의 재능도 상대적으로 늦게 인정을 받았다. 그 과정에서 안데르센은 많은 좌절을 했지만 동화 속 미운 오리 새끼처럼 자신도 언젠가는 사람들에게 인정받는 우수한 작가가 될 수 있다는 꿈을 잃지 않는 자신의 모습을 이 동화에 감정이입해서 만들었다.

그래서 이 동화는 어른이 되어서 읽어보아도 현실감 있게 다가오는 것이 아닐까? 미운 오리 새끼가 자신의 비전을 잃어버렸다면 백조가 될 수 없었던 것처럼 자신의 미래에 대한 일이라면 아무도 인정해주지 않아도 자기가 하고 싶은 일을 인정받을 때까지 주변의 이목에 신경 쓰지 말고 자신의 정체성을 형성해 나가는 데 집중해야 한다.

아웃사이더라고 기죽을 필요는 없다. 아웃사이더라는 점은 어쩌면 자신이 선택받은 존재라는 사실을 입증하는 것인지 모른다. 영화감독 제임스 캐머런은 2010년 8월 14일 자 『중앙일보』와의 인터뷰에서 자신의 재능에 대해 다음과 같이 말했다.

"내게 특출한 재능이 있다고 생각하지 않는다. 남과 다른 아웃사이더 기질에서 모든 훌륭한 아이디어가 나온다"

어린 시절 그는 낮에는 망원경으로 온종일 물속의 미생물을 관찰했고, 밤에는 망원경을 들어 광활한 우주를 바라보았다. 버스 통학 시간에는 좋아하는 SF소설에 심취해서 상상의 나래를 펼쳤다고 한다. 그의 이런 아웃사이더 기질은 훗날 특이한 소재를 찾아내는 영화 작업의 자양분이 되었을 것이다.

아인슈타인은 뉴턴의 대를 잇는 천재 물리학자로 평가받고 있다. 하지만 어릴 적 그는 암기 과목에서 저능아라는 평을 받을 정도로 형편없는 실력을 보였다. 수학과 라틴어만 좋아하던 고집불통 유대인이었을 뿐이다. 그는 독일 학생들과 어울리지 못했고 어렵게 학교를 포기하고 이탈리아로 이사한 부모를 따라 취리히 공과대학에 지원하지만 한 차례 실패 끝에 힘들게 대학에 진학했다.

대학에 진학한 후에도 그는 얼간이 취급을 받으며 물리와 화학 과목 외에는 학교에 흥미를 두지 못했다.

만약 그가 자신을 열등생이라고 생각하고 자신의 목표를 포기했다면 그는 위대한 학자가 되기는커녕 평범한 삶도 살지 못했을지 모른다. 하지만 그는 자신만의 장점을 정확히 찾아내는 순간 마법을 경험하게 될 것이라고 믿어 의심치 않았던 것으로 생각된다.

네트워크를 만들어라

상상력이 많은 사람은 내성적인 사람이라는 선입견이 있다. 하지만 내성적이라면 상상을 발전시키기가 어렵다. 내성적인 아이디어맨은 자신의 생각을 남들에게 전파한다. 그래서 주변의 도움으로 아이디어를 실행시키지 못하는 한계를 보이고 혼자만의 세계에서 고립되어 결국 잊히고 사라진다. 아이디어를 혼자만 간직하면 아이디어는 현실화될 수 없다.

사교적인 성격일수록 아이디어가 풍부하다. 많은 사람과의 이야기를 통해 자신의 아이디어를 다듬을 수 있기 때문이다. 그러다 보면 행운이 찾아올 수도 있다. 내성적인 아이디어맨의 한계를 벗어나려면 먼저 자신만의 세계에서 빠져나와 다른 사람과 소통하면서 아이디어를 다듬을 줄 알아야 한다.

다윈이 진화 현상을 관찰했던 섬 주변에는 산호초가 많았다. 이 산호초 주변에서는 산호초 경계의 밖과 달리 수많은 생명체가 다양하게 진화했는데 그 이유는 산호초 주변에는 생태계가 조성되면서 끊임없이 생녕제들이 재활용될 기회가 있었기 때문이다. 마치 순대에 당면이 들어가게 된 이유가 당면을 만들면서 생기는 부스러기를 재활용할 방법을 찾게 되면서였던 것과 마찬가지다. 모두 생태계 속에서 자연스럽게 새로운 진화가 발생한다.

엔터테인먼트 업계와 같이 사람이 자원인 산업은 많은 중요한 아이디어가 관계에서 나온다. 『격을 파하라』의 저자 송창의 PD는 엔테테인먼트 기업의 CEO로 어떤 분야보다 더 창의성이 뛰어난 분야인 예능 프로그램의 스타 PD 출신이다. 그런 그가 창의성의 세 가지 요소 중 하나로 꼽는 것은 인적 네트워크였다. 인적 네트워크를 활성화하기 위해서는 먼저 다른 사람의 이야기를 받아들이고 공감할 수 있는 능력을 갖춰야 한다. 이러한 공감 능력을 통해 아이디어는 한 개인의 아이디어에서 집단의 생각을 대변하는 아이디어로 발전할 수 있다.

아이디어는 자신이 속한 관계 안에서 다른 사람들과의 끊임없는 교류를 하는 가운데 나온다. 인맥은 말하자면 인적인 생태계다. '부자가 되려면 부자와 밥을 먹어라'라는 말처럼 함께 어울리는 것은 좋은 정보를 얻는 방법이다.

당신의 아이디어는 이미 100만 달러짜리일 수 있다. 문제는 그 100만 달러가 당신 나라의 화폐일 뿐이라는 점이다. 다른 사람과의 대화를 통해 당신의 아이디어가 좋은 아이디어로 평가받을 수 있도록 공통으로 통용될 수 있는 변환 작업을 통해 당신의 아이디어를 발전시켜야 한다. 세 사람이 모이면 그중에 내 스승이 있다는 말처럼 주변의 동료로부터 의견을 들어본다면 최초의 아이디어는 자신만의 생각에서 벗어나 좀 더 다듬어질 수 있을 것이다.

마음의 양식을 쌓아라

독서도 자신을 개발하는 좋은 방법이다. 손에서 책을 놓지 않으면 꿈을 지킬 수 있다. 헬렌 켈러는 눈이 보이지 않아도 책을 읽었다. 책은 가장 경제적인 배움의 장이기 때문이다.

책은 참고자료에 그칠 수도 있지만 좀 더 나아간다면 좋은 책은 인생의 반려자가 될 수도 있다. 책이 정답을 알려주는 것은 아니며, 자기 스스로 정답을 찾아간다면 말이다.

마치 신문을 읽으면 많은 세상 돌아가는 것을 알 수 있지만 자기 나름대로 시각을 가지고 비판적으로 읽었을 때 이면에 깔린 세상의 법칙을 이해할 수 있는 것과 같다. 무조건 정보를 받아들이는 것이 아니라 자신의 관점에서 '왜?'라는 질문을 해야 한다.

'왜?'라는 질문을 유지하기 위해서는 주위의 이야기를 듣고 아무 책이나 읽는 것을 지양하고 하나의 주제를 찾아서 책을 읽어야 한다. 쏟아져 나오는 책들을 남을 따라 읽는 것은 어리석은 짓이다.

대신 한번 주제를 정하면 끝장을 보는 '끝장 독서'를 해야 한다. 끝장 독서는 책을 읽는 과정에서 하나의 주제에 대해 새로운 호기심을 키우고 자신의 궁금증을 풀어나가면서 전문가가 되는 독서방법이다. 다시 말하자면 이 방법은 '기획 독서'다. 기획 독서를 통해서 미지의 세계를 탐험하듯 관심 있는 주제를 향해 미지의 여정을 계속하면 예상치 못한 새로운 세상을 만나게 될 것이다.

주제를 정해놓는 끝장 독서는 공부하듯이 독하게 마음을 먹는 방식이 아닌 자유로운 독서법이다. 질문이 책을 읽게 하는 것이지 의무감으로 책을 읽어서는 안 된다. 따라서 자신이 책을 선택했다고 해서 반드시 마지막 페이지까지 정독해야 할 필요는 없다.

자신의 느낌대로 읽고 싶은 만큼 읽고 읽기 싫으면 잠시 접어둠으로써 읽기의 '즉시성'을 유지하는 것이다. 굳이 한 권을 다 읽지 않고

7부 아이디어 요리 T

동시에 여러 권의 책을 띄엄띄엄 보면서 '왜?'라는 질문을 찾아 나가는 것이 '끝장 독서' 방법이다. 즉 끝장 독서는 한 권의 책을 마치고 다음 책을 읽는 것이 아니라 하나의 주제를 중심으로 여유 있게 여러 권의 책을 즐기듯이 읽는 방법이다.

COOKING

8부

오류 점검
툴 키트

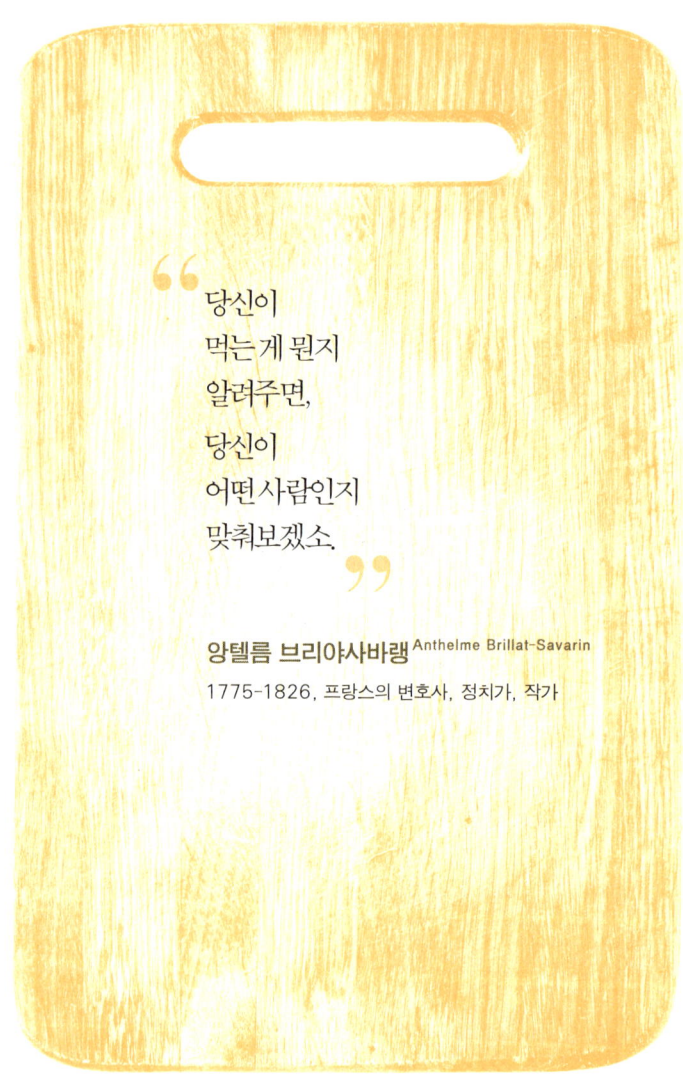

**당신이
먹는 게 뭔지
알려주면,
당신이
어떤 사람인지
맞춰보겠소.**

앙텔름 브리야사바랭 Anthelme Brillat-Savarin
1775-1826, 프랑스의 변호사, 정치가, 작가

생각을 요리하라! 아이디어 쿠킹

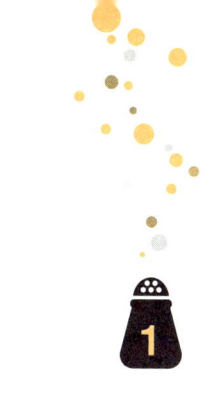

오류를 점검하자

오랫동안 애니메이션 기획 PD로서 직접 기획한 아이디어로 애니메이션 작품을 만들어보기를 원했지만 꿈은 실현되지 못했다. 애니메이션은 위험이 큰 산업이었기에 투자자는 돈이 되지 않는 콘텐츠 창작 대신 기존에 잘 만들어진 일본 애니메이션을 들여와서 사업하는 프로젝트를 선호했다. 그때로 되돌아간다면 미리 오류의 가능성을 점검해보며 더 나은 방안을 찾을 수 있지 않았을까 하는 생각이 든다.

오류 점검 리스트

새로운 상품을 기획하는 것은 많은 아이디어가 필요하다. 특히 새로운 '서비스'를 기획하는 것은 대중에게 새로운 행동양태를 유도하는 것이기 때문에 완벽한 아이디어를 얻기 위한 수많은 오류가 나타나기 마련이다. 그것도 누구에게 하소연할 곳도 없는 자신의 판단 실수

8부 오류 점검 툴 키트

로 덫에 빠지는 것이다.

우리가 아이디어를 요리하면서 어떤 오류들에 빠지는지, 다음 문제점 항목을 점검해보면 요리가 잘못될 가능성을 사전에 예방하거나 발생한 문제점을 조기에 진단할 수 있을 것이다. 따라서 잘못된 방식에서 어떻게 벗어나는지를 알려줄 원포인트 점검 장비를 마련하고자 했다. 아래의 리스트는 아이디어 요리를 만들면서 실패의 가능성을 먼저 점검해볼 수 있는 오류의 유형들이다. 새로운 아이디어를 검토하고자 한다면 아이디어 요리 프로세스에 따라 작성된 아래 항목들을 점검해보고 우측 네모 박스에 해당 여부를 체크해보기 바란다.

1) 이상적인 요리 □

2) 재료 과다 투여 □

3) 기발하기만 한 요리 □

4) 잘못된 요리 순서 □

5) 지나친 단순화 □

6) 목적을 상실한 요리 □

7) 틀에 박힌 요리 □

8) 손님을 생각하지 않는 요리 □

9) 간 맞추기 실패 □

10) 보기에만 좋은 떡 □

11) 잘못된 요리 이름 □

이상적인 요리

정치인의 공약은 충분한 준비 시간도 없이 이상적으로 요리되는 경우가 많다. 이상적이라는 것은 현실성이 고려되지 않았다는 부정적 의미다. 요리책이나 TV 요리 프로그램에 나온 대로 요리하였다는 뜻이기도 하다. 한 지자체 선거에서 한 후보는 자신의 공약을 요리로 비유하며 '시민을 위한 추천메뉴'로 표현하기도 했다. 그 메뉴판에는 '사람이 중심인 △■△■, 마음 놓고 아이 낳아 키우는 △■△■, 동네마다 작은 도서관 있는 △■△■, 아침 출근 저녁 퇴근이 즐거운 △■△■, 아이 하나 더 낳고 싶은 △■△■' 등의 공약이 아이디어 메뉴로 표현되어 있었다. 만약 그런 선거 공약들이 아무런 검토 없이 떠오른 아이디어들을 적어놓은 것이라면 그 공약들이야말로 무책임한 선거 공약이 될 것이다.

아이디얼Ideal이라는 표현은 15세기 초 '이상적인'이라는 의미로 사용되기 시작해서 1610년대에 '완벽한'이라는 의미로 기록됐다. 실제로 이 단어는 일상생활에서 잘 사용되지 않는다. 아이디얼하게 말하는 것 역시 이이디이와는 다른 말이다. '현실적인 것을 고려하지 않고'라는 의미다. 현실적인 것을 고려하지 않는 아이디어는 잘못된 아이디어다. 아이디얼은 도그마가 된다.

19세기 아시아에는 공산주의 사상이 유행했다. 하지만 항일 독립운동가였던 단재 신채호 선생은 '역사는 자신과 자신이 아닌 것과의 싸움'이라고 말했다. 이러한 주장은 당시 유행하던 공산주의 사상에서 역사 발전의 원동력은 '생산력과 생산관계의 모순'이라는 주장에

8부 오류 점검 툴 키트

대한 도그마적 해석을 경계하고, 우리나라 현실에 맞는 원리를 찾고자 할 것이 아니었을까?

다른 사람이나 기업의 성공 사례에 대한 추종 역시 이상적인 요리의 한계다. 물론 성공 사례는 막연한 모방에 대한 유혹을 불러일으킨다. 애플의 대성공 이후 우리나라의 IT 업계는 오픈 플랫폼을 추종하지만 사실 애플의 개업이 아이폰, 아이팟에서의 폐쇄 구조를 전제로 했다는 결정적인 차이를 무시하는 오류에 빠졌다. 애플의 모든 서비스는 폐쇄가 전제되어야 한다는 역설적인 사실에서 IT 업계의 오픈 열풍은 대부분 애플에 대한 콤플렉스에 불과하다는 생각이 든다. 그보다는 각자의 위치에 맞는 서비스 기획이 콤플렉스를 이기는 방법이다.

자신의 상황을 고려하지 못하고 다른 사람의 성공을 피상적으로 따라 하는 경향은 수시로 나타난다. 지하철에서 무료 배포되는 신문인 『메트로』는 유럽에서 시작된 세계 신문이라는 이미지를 바탕으로 우리나라 소비자들에게 무가지라는 새로운 상품에 대한 호감을 주며 성공적으로 진출했다. 그후 『메트로』를 본뜬 수많은 무가지가 양산될 정도로 메트로의 인기는 지속되고 있다.

『빅이슈』는 영국에서 처음 시작되었지만 국내 시장에 진입하면서 소비자 반응은 그다지 성공적이지 못했다.

이 잡지는 노숙자들이 직접 소비자에게 판매하도록 함으로써 그 수입을 통해 노숙자의 자활을 유도하는 사회적 기업의 사업으로, 영국에서는 영화 「원스」의 첫 장면에서 여주인공이 품에 들고 있을 정도로 대중화되었지만, 우리나라에서 『빅이슈』는 '빅 이슈'가 되지 못했다. 대중화에 실패한 것이다.

이유는 간단하다. 우리나라에서 생각하는 노숙자와 영국에서 생각하는 노숙자의 의미가 다르기 때문이다. 기독교 국가에서 거지는 전통적으로 이른바 마음이 부자인 사람들이다. 그들은 가진 것이 없어서 좀 더 천국에 가까운 사람들이기 때문에 우리나라와 비교하면 그들이 자존심 상할 일은 훨씬 더 적었다. 하지만 전통적인 유교 문화를 가진 우리 사회에서 노숙자는 자존심 상할 일이 더 많은 존재다. 그런 사람들이 아무리 좋은 취지를 가진 잡지라고 하더라도 시민에게 직접 판매를 한다는 것은 무언가 잘 맞지 않는 일이다. 『빅이슈』를 판매하는 노숙자들은 더 부끄러워했고 그들을 바라보는 소비자 대중 역시 쉽게 이를 받아들이지 못했다.

『빅이슈』와 『메트로』의 차이는 똑같은 유럽산이지만 우리나라에서는 하늘과 땅의 이미지를 만들고 있다. 아무리 좋은 취지라고 해도 자신의 상황에 맞는가를 먼저 고민해보는 새로운 발상의 전환이 필요할 것 같다.

재료 과다 투여

어쩌다 부대찌개라도 끓여주는 남편의 요리에서 가장 흔하게 나타나는 오류가 너무 많은 재료를 사용하는 것이다. 의욕 과잉이 빚어낸 오류인데 너무 많은 요리 재료를 투여하는 것도 실패로 가는 지름길이다. 너무 많은 재료가 들어가는 요리는 결코 맛있는 요리가 될 수 없다. 요리에 필요한 재료의 양은 요리의 목적에 맞는 양이어야 한다.

스콧 벨스키Scott Belsky는 『그들의 생각은 어떻게 실현됐을까』에서 아이디어가 많다고 성공적인 기획을 하는 것은 아니라고 말했다.

이 생각에서 저 생각으로 옮겨 다니는 아이디어 과잉상태는 아이디어가 부족한 것 못지않게 위험하다. 오히려 아이디어가 많다는 사실 자체에 만족하면 자기 착각에 빠진다.

그는 '프로젝트의 고원'이라는 개념으로 프로젝트가 길을 잃어버리게 되는 지점을 정의한다. 일이 진행되지 않고 막다른 길에 봉착하면 새로운 아이디어가 '이봐, 잘 되지도 않는 그 아이디어는 포기하고 나랑 다시 시작해보지'라고 꼬드긴다고 한다. 그렇지만 프로젝트의 고원에서 포기하면 어떤 성과도 얻지 못하기 때문에 이곳을 이겨내야 한다는 것이다.

그는 아이디어의 조직화가 1퍼센트의 아이디어를 실현하게 하는 중요한 동력이라고 칭한다. 아이디어의 조직화란 모든 프로젝트를 행동, 참조, 뒷순위 항목이라는 3개의 기초 요소로 구분해서 행동 항목에서는 '구체적으로 해야 할 일', 참조 항목에서는 '관련 자료나 회의록처럼 행동으로 옮길 수 없는 것', 뒷순위 항목은 '당장은 아니라도 언젠가는 행동으로 옮길 수 있는 것'으로 구분했다. 아이디어를 조직화하고 관리함으로써 산만한 아이디어의 위험성을 방지하는 것이다. 그렇게 하지 않으면 아이디어는 큰 맥락에서 길을 잃어버리고 샛길로 빠지게 된다. 그러므로 아이디어 요리사는 지나치게 많은 재료를 넣지 않도록 주의해야 한다.

기발하기만 한 요리

아이디어라고 하면 사람들은 툭툭 던져보는 생각을 아이디어라고 말한다. 그래서 하나의 문제에 다양한 아이디어가 나올 수도 있다. 하지만 그런 아이디어는 그다지 가치 있는 것이 아니고 굳이 아이디어라고 부를 이유도 없다.

때로는 기발하다는 것이 오히려 결격사유가 된다. 문제를 정확하게 해결하기는커녕 문제를 복잡하게 만들기 때문이다. 그러므로 창의성은 기발하지 않더라도 그 상황에 맞는 정확한 해답을 제시할 수 있어야 한다.

평소 고양이의 위협을 느껴온 쥐들이 어떻게 하면 고양이의 위협으로부터 자신들을 보호할 것인지 회의를 한다. 오랜 토론 끝에 한 쥐가 고양이 목에 방울을 달자는 의견을 제시했다. 고양이 목에 방울을 단다면 고양이가 접근했을 때 그 방울 소리를 듣고 안전한 곳으로 대피할 수 있기 때문이다. 모든 쥐가 그 멋진 아이디어에 손뼉을 쳤다. 하지만 누군가 이렇게 말했다.

"근데 누기 고양이 목에 방울을 날지'?"

아무도 대답하지 못했다. 과연 이런 오류는 어떻게 나오게 된 것일까? 질문의 해결책은 고양이들이 스스로 방울을 다는 것뿐이었다. 자신의 능력과 현실을 생각하지 못한 요리의 오류가 치명적인 결함으로 나타나 아무도 먹을 수 없는 요리가 되고 만 것이다.

종종 기업이 하는 의사결정 역시 탁상공론이 되곤 한다. 아이디어라고 하면 아무도 생각하지 못한 것을 떠올리는 것으로 여긴다. 혁신적 아이디어는 많다. 하지만 그런 아이디어들은 실현되지 못하고 그저 그런 것으로 사라져버리고 만다. 만약 소설이나 영화대본이라면 그런 상상은 독자들이나 관객의 관심을 끌어갈 수 있는 장치가 되겠지만, 아무도 생각하지 못한 생각은 현실 속에서는 그다지 좋은 효과를 발휘하지 못하는 경우가 많다.

잘못된 요리 순서

어느 날 나무꾼이 천사를 도와주었고, 천사는 나무꾼에게 세 가지 소원을 들어주겠다고 말한다. 나무꾼은 배가 고파 소시지가 먹고 싶다고 말한다. 정말 천사는 소시지를 나타나게 한다. 그때 나무꾼 옆에 있던 나무꾼의 아내는 금은보화를 달라고 하지 않고 소시지를 달라고 한 남편에게 화가 나 "그 소시지 코에나 가서 붙어라."라고 말한다. 그것이 두 번째 소원이 되어 남편의 코에 소시지가 달라붙었다. 이제 마지막 남은 세 번째 소원은 꼼짝없이 소시지를 떨어지게 해달라는 것이 될 수밖에 없었다.

이 우화는 상황에 맞춰 아이디어의 경중을 가리고 순서를 잘 정하는 것의 중요성을 보여준다. 우리는 중요한 것과 중요하지 않은 것, 시급한 것과 시급하지 않은 것을 잘 구분하지 못한다. 순서와 방법도 중요하다. 잘못된 순서와 방법은 소중한 기회를 날려버린다. 기업의 규모가 크면 클수록 이런 오류는 치명적인 손상을 유발한다. 대기업에서 이런 일이 일어나지 않으리라는 보장은 없다. 다음은 흔히 있을 수 있는 어느 기업의 사례다.

S 기업은 특정 서비스를 분리해서 자회사를 분사시켰다. 그런데 얼마 있지 않아 S 기업은 많은 자금을 들여 다른 기업을 인수하게 되면서 자회사에는 많은 투자를 할 수 없는 상황에 부딪쳤다. S 기업과 자회사는 많은 논의를 벌인 끝에 자회사의 업무를 축소했다. 그 과정에서 자회사의 사업 방향은 혼란에 빠지고 직원들은 의욕을 잃었다.

만약 먼저 기업 인수를 진행한 다음에 자회사 분리를 진행했다면 순조로웠을 일이 순서가 뒤바뀜에 따라 뒤죽박죽 되어버렸다. 마치 이솝우화의 세 가지 소원을 연상시키는 이러한 혼선은 원인이 무엇이었건 간에 좀 더 상황을 지켜보고 요리의 순서를 지켰다면 하는 아쉬움을 남기는 사례다. 과연 이러한 오류가 이 회사만의 문제라고 말할 수 있을까?

지나친 단순화

자연계에는 복잡계라는 것이 존재한다. 인간의 생각만큼 자연 현상이 단순하지는 않다. 뉴스의 일기예보 코너를 보면서 가장 아이러니하게 생각하는 점은 이런 식의 설명이다.

'내일은 북쪽의 찬 기온이 내려와서 기온이 떨어진다.' 하지만 정작 왜 북쪽의 찬 기운이 내일 내려오는지는 설명하지 않는다. 아마 설명할 수 없을지도 모른다. 단순화하기에 자연은 더 복잡하기 때문이다.

아마존에서 나비가 날갯짓을 하면 북미에 허리케인이 일어난다는 말이 있다. 그 말처럼 자연은 복잡한 과정을 통해 우연에 우연을 겹치면서 결과를 만들어낸다.

미국에서는 한때 바다표범이 늘어서 대구의 개체 수가 감소했으므로 바다표범을 사냥해서 개체 수를 줄여야 한다는 주장이 나온 적이 있었다. 하지만 생태 과학자들에 따르면 바다표범과 대구 사이에서 무려 2억 2,000만 개의 먹이 사슬이 존재한다고 한다. 자연의 복잡계를 무시하는 단순화는 재앙을 가져올 수도 있다.

자연의 복잡성은 인간의 단순한 인위적인 조치를 무력화한다. 자연 현상은 그보다 훨씬 더 복잡하고 섬세하기 때문이다. 마치 아무리 훌륭한 성형외과의사의 수술도 신이 만든 자연 미인의 아름다움을 따라갈 수 없는 것과 같다. 그래서 인공적인 목표와 계획을 세우고 시작되는 건설 공사 역시 이러한 복잡성을 충분히 고려하지 못해 때때로 예상치 못한 폭우와 같은 자연 현상 앞에서는 오히려 큰 피해를 안겨주는 경우도 있다. 물론 완벽한 준비가 있었더라면 달라졌을 수도 있겠지만, 어리숙한 인간의 개발 행위가 대자연 앞에서 속수무책으로 무너지는 경우를 자주 볼 수 있다.

지나친 단순화는 기업에서도 가장 흔히 발생하는 오류다. 스타벅스가 일본에 진출하기 직전 스타벅스는 컨설팅회사에 의견을 의뢰한 적이 있었다. 그런데 그 대답이 걸작이었다. 일본은 다도 문화에 심취한 곳이므로 종이컵이 실패할 것이라는 답변이었다. 도대체 왜 이런 착각에 빠지는 것일까? 이처럼 어떤 아이디어는 무척 혁신적이고 당연한 것처럼 보이지만, 사회적 손가락질의 대상이 되곤 한다.

그러므로 고객이 원하는 것이 무엇인지 제대로 알아보지 않고 자기 생각을 말하지 말아야 한다. 일을 시작하기 전에 질문을 많이 하는 게 중요하다. 대개 아이디어가 있으면 빨리 실행하고 싶어서 다른 사람에게 물어보지 않으려 하는 것이 인간의 심리다. 직관력은 지나친 단순화의 오류를 예방하는 능력이다.

목적을 상실한 요리

자동차 기술이 발전하면서 소음 없는 차를 만들 수 있게 됐다. 하지만 그런 기술이 실제로 유의미한 상품을 만드는 데 도움이 될까?

2011년 미 하원에서는 보행자보호를 위해 자동차가 일정 수준의 소음을 내도록 하는 법안을 압도적인 지지로 통과시켰다. 특히 전기 모터를 사용하는 하이브리드 자동차는 보행자의 안전을 위협한다는 지적을 받아왔다. 이에 따라 자동차 업계는 오히려 인위적인 소음을 내도록 하는 연구를 하고 있다.

이처럼 부분의 완성도가 최종 목적이 되어서는 안 된다. 전체적인 목적에 맞는 요리를 만들어야 한다. 숲을 보지 못하고 나무만 본다는 말이 있다. 자신의 위치에서만 보는 경향을 말한다. 아이디어 요리사는 전체를 책임진다는 생각으로 목적에 맞는 요리를 만드는 사람이다.

개의 꼬리가 몸통을 흔드는 상황을 '왝더독Wag the dog'이라고 지칭한다. 주객이 전도되는 현상을 말한다. 목적은 세부적 방법을 알려주는 나침반이다. 목적에 따라 요리는 달라진다. 공식적인 연회를 위한 요리, 편하게 함께 즐기는 요리, 배를 채우기 위한 요리 등 목적에 따라 요리는 다르다. 따라서 요리를 하기 전에 목적에 맞는지를 고려해야 한다.

애플과 삼성전자의 태블릿 PC 크기 논쟁의 중점사항도 제품의 목적이었다. 하지만 삼성전자에서는 그러한 점은 중요하게 고려하지 않았다. 애플의 아이패드에 대항해서 삼성전자가 갤럭시탭을 출시했다. 10인치의 아이패드의 부피가 커서 불편하므로 갤럭시탭은 양복 안주머니에 들어갈 7인치로 만들었다고 보도자료를 배포한 적이 있다.

크기를 7인치로 결정한 데에는 애플이 선점한 특허를 피해가고자 하는 내막이 있었는지도 모른다. 하지만 두 회사가 제품을 바라보는 본질적 접근이 달랐다는 점에 주목할 필요가 있다.

애플은 기존 태블릿 PC의 기능이 향상된 '작은 PC'라는 관점에서 아이패드를 출시했지만 삼성은 갤럭시탭을 출시하면서 양복 주머니 안에 들어가는 크기의 휴대성 좋은 '커진 스마트폰'으로 보았다. 애플은 아이패드가 PC를 대체해서 폭넓게 학습이나 비즈니스 업무에 활용될 것으로 기대했지만 삼성전자는 갤럭시탭이 PC가 없는 이동 중에 한정적으로 사용되는 제품이라고 인식했다.

하지만 갤럭시탭을 양복 주머니에 넣고 다니는 사용자는 거의 찾아보기 어려웠다. 모두 가방에 넣어 다니면 되기 때문이다.

그럼 도대체 7인치의 의미는 무엇일까? 삼성전자의 기획의도는 단지 상업적인 수사이거나, 잘못된 기획이었다. 물론 아이패드는 곧 작은 치수를 출시했고 갤럭시탭은 커진 크기를 후속 모델로 출시함으로써 치수 논쟁은 일단락되었다. 애플과 삼성전자의 치수 논쟁은 제품의 본질을 파악하는 것이 얼마나 중요한가를 보여준 사례다.

이후 삼성의 '갤럭시 노트'는 기존 태블릿 PC보다 작은 크기로 돌아가면서 애플에 대한 수세적 대응을 벗어나 제품력에 대한 자신감을 나타냈다. 한동안 스마트폰에서 사용이 터부시되었던 터치펜까지 등장시키면서 과감한 승부수를 띄웠다.

틀에 박힌 요리

우리나라에서는 '미드'(미국 TV 드라마 시리즈) '프리즌 브레이크'를 둘러싸고 잘못된 흥행 예측이 있었다. '미드' 열풍의 출발점이었던 'CSI' 시리즈에서 시작된 2000년대 미드 열풍이 서서히 약해지자, 다음 동향은 '일드'(일본 드라마)일 것이다, '중드'(중국 드라마)일 것이라는 말들을 하기 시작했다. 하지만 실제로 그런 일은 일어나지 않았다. 다만 '프리즌 브레이크' 열풍이 조용히 사라졌을 뿐이었다. 그리고 일드와 중드를 전략적으로 선택했던 미디어들은 섣부른 판단에 쓴웃음을 삼켜야 했다. 매일 새로운 상품이 출시되는 마케팅 현장은 어쩌면 새로운 스타의 탄생을 예고하는 치열한 현장이다. 새로운 트렌드에 대한 기계적인 예측은 대중문화뿐 아니라 어느 분야에서라도 기획자에게 재앙을 안겨준다.

대중의 마음 밑바닥에 흐르는 흐름을 생각하지 않는 섣부른 예측에 기댄 상품 기획은 악어가 득실거리는 강으로 멋진 다이빙을 하다가 뒤늦은 후회를 하는 어느 증권사 광고 속 주인공처럼 재앙 수준의 결과를 맞이할 수도 있다.

이러한 기계적 예측은 다른 분야에서도 마찬가지다. 특히 대중의 안전을 다루는 교통 분야에서는 섣부른 아이디어의 시도로 수많은 목숨을 잃을 위험성이 늘 존재한다. 모든 요리가 그렇듯이 아이디어를 요리하려면 어떻게 잘못된 오류에 빠지지 않고 잘 마무리하느냐가 훨씬 더 중요하다.

틀에 박힌 요리는 자신이 무엇을 요리하는지 망각하게 한다. 요리를 먹는 사람과 요리의 목적을 생각하면서 요리하지 않는다면 어느새 무슨 목적으로 누구를 위해서 요리하는지 잊어버리고 감동을 줄 수 없는 틀에 박힌 요리가 만들어지고 만다.

손님을 고려하지 않은 요리

우리는 벤처 버블 시대를 겪으면서 종종 좋은 아이디어라고 생각했던 많은 신규 사업들이 실패하는 것을 보았다. 어쩌면 야구 선수의 타율처럼 10개 중 3개만 성공해도 성공률이 높다고 할 수 있을 정도다.

한 대학 병원에서는 현금지급기와 같은 무인 조의금 납부기가 있다고 한다. 계좌이체나 카드 결제를 통해 조의금을 내는 서비스다. 현금이 없는 문상객들이 자동입출금기를 찾아다니는 불편을 덜게 하자는 취지였다. 그러나 이 서비스는 현금을 찾으러 가는 불편을 덜 법도 한데 운영을 지속하기 어려울 정도로 고전을 면치 못하고 있다.

포털 사이트 파란이 개발한 경조금 계좌이체 서비스나 한 대학병원이 개발한 조의금 카드 결제 시스템도 마찬가지다. 파란의 경조금 서비스는 시행 이후 3년 만에 서비스를 중단했고 대학병원 조의금 카드 결제 시스템도 이용객이 늘지 않는 상황이다. 왜일까? 편리함만을 추구한 채 장례식장이라는 민감한 상황에서 사람들이 직접 애도를 표하고 싶어 하는 심리를 고려하지 못했기 때문이다.

온라인으로 사진 파일을 올리면 오프라인 매장에서 사진을 인화해 주는 서비스가 있었다. 그런데 그 서비스는 오래가지 못했다. 생각만큼 편하지 않았기 때문이다. 그만큼 새로운 서비스를 만드는 것은 어렵다. 왜냐하면 소비자의 행동을 변화시키는 것이기 때문이다. 소비자는 자연스럽게 행동을 할 뿐이지, 새로운 서비스에 자신의 행동을 인위적으로 맞추지 않는다.

편리함을 주는지 그렇지 않은지는 중요하지 않다. 그 아이디어를 쓰는 사람이 불편함을 느낀다면 그 서비스는 실패할 것이기 때문이다. 우리가 소중하게 생각할 것은 새로운 기술에 대한 열광도, 번지르르한 마케팅에서 만들어낸 용어도 아니다. 그것은 바로 인간을 위해 '어떤 가치를 새로운 기술에 담아 소비자에게 제공하느냐'에 달려 있다. 하지만 그러한 점은 종종 무시되곤 한다.

간 맞추기 실패

이솝 우화에 '개와 말' 이야기가 있다. 주인의 미움을 받는 말이 있었다. 주인의 사랑을 받는 개를 부러워하던 어느 날 말은 주인이 집에 들어오자 개가 주인에게 꼬리를 치며 반갑게 짖으며 앞발을 들어 주인을 반기자 주인이 개를 귀여워 해주는 모습을 본다. 말은 '바로 저거야.' 하고 생각했다. 다음날 주인이 집에 들어오자 말은 입을 벌려 콧소리를 힘껏 내며 앞발을 들어 주인을 반겼고 주인의 환대를 기대했다. 하지만 돌아온 것은 주인의 매였다.

이 우화는 분별력 없이 남의 처지를 자신의 상황에 무조건 대입하면 잘못된 결론에 도달한다는 이야기다. 분별력은 요리에서 간을 맞추는 역할이다. 아무리 화려한 요리 실력도 간을 못 맞춘다면 소비자의 호된 질책을 받을 것이다.

실제로 세계적 가전업체 필립스의 강령은 더 잘 만들자Let's make things better이다. 상품이 성공하느냐 실패하느냐는 아주 작은 차이에서 비롯된다. 이런 작은 차이를 깨닫는 것이 호감과 비호감을 예측하는 지름길이 될 것이다. 그렇다면 상품을 성공시키기도 하고 실패시키기도 하는 '작은 차이'는 어떻게 만들어지는 것일까?

현실에서 정서를 고려하지 않은 오류는 종종 벌어진다. 모 호텔에서 발생한 한복 착용 금지 사건이 대표적인 예다. 모 유명 호텔은 한복을 입었다는 이유로 손님을 들여보내지 않아 여론의 뭇매를 맞고 끝내 사과했다. 2011년 4월 17일 자『헤럴드 경제』에 따르면 회사 측은 이번 사건에 대해 밝혔다.

"뷔페식당은 특성상 다른 손님이 한복에 걸려 넘어지거나 소매에 음식이 묻어 위생 문제가 제기되는 등 한복과 관련된 고객 불만 사례가 발생해왔다."

뷔페식당에서만 고객에게 주의를 환기했을 뿐 호텔 내 다른 시설에서는 한복에 대한 제한이 전혀 없는데 정책적으로 금지되고 있는 것처럼 왜곡되고 있다는 것이다.

호텔신라 측은 같은 기사에서 한복은 규제하면서 기모노 착용자를 입장시켰다는 논란에 대해서는 다음과 같이 밝혔다.

"2004년 일본대사관이 행사를 위해 뷔페식당이 아닌 호텔 별관에 있는 영빈관을 예약했다. (중략)우리는 고객이 어떤 복장으로 오는지 사전에 모른다."

하지만 기모노 복장은 허용하고 한복은 금지했다는 소비자들의 불만은 풀리지 않았다. 만약 호텔 측이 상황을 고려해서 좀 더 분별력을 가지고 유연하게 적용했다면 이런 망신은 당하지 않았을 것이다.

'오얏나무 아래서는 갓끈도 고쳐 쓰지 말라'는 말처럼 호감은 엉뚱한 곳에서 비호감으로 터질 수 있다. 대중의 호감을 예측하기 위해서는 아이디어의 간이 맞았는지 끊임없이 살피는 자기 경계가 필요하다.

보기에만 좋은 떡

누구나 한 번쯤 경험해본 적이 있을 것이다. 뷔페에서 가장 원망스런 음식은 겉은 그럴듯해 보이지만 먹어보면 입맛을 버리는 수준이다. 뷔페에서는 여러 음식을 고를 수 있는 자유가 있기 때문에 겉만 그럴듯하고 맛이 없는 음식은 차라리 없는 게 나은 음식이다.

그렇지만 뷔페는 한 가시라도 가짓수를 늘려서 책임을 면히기 위해 맛없는 음식을 맛있어 보이도록 색깔을 조절해서 다른 음식들과 함께 진열하기 때문에 손님은 꼼짝없이 당하게 된다. 보기 좋은 떡이 먹기도 좋다지만 보기만 좋은 떡은 가장 나쁜 떡이다.

아이디어도 마찬가지다. 보기에 좋지만 실제 형편없는 아이디어가 가장 큰 문제다. 음식은 먹고 맛없다고 생각하면 그만이지만 아이디어를 취하게 되면 정말 중요한 결정이 잘못될 수도 있기 때문이다.

어떤 기업은 보고서를 잘 쓰기로 유명하다. 보고서만 보면 완벽하다. 하지만 기존 사업 외에 신규 사업은 늘 실패한다. 보고서를 만드는 사람들은 윗사람의 지적을 피하려고 그럴듯한 논리와 자료로 보고서를 꾸미기 때문이다. 그게 정말 맞는 보고일까? 형식 논리만 그럴듯한 기획서는 보기만 좋은 떡이다. 그럴듯한 아이디어는 시행착오로 빠지는 가장 확실한 방법이기 때문이다.

불완전한 아이디어는 불완전해 보이도록 해라. 불완전한 아이디어가 완전해 보이려고 할 때, 그 아이디어는 정확한 해답을 제시하지 못한다. 그리고 새로운 문제점을 잉태하는 타협안에 불과하므로 오히려 하나의 장애요소가 될 뿐이다.

잘못된 요리 이름

비즈니스의 세계에서도 이름은 중요한 역할을 한다. 오늘날 세계적인 규모의 사업을 전개하는 버진 그룹이 처음 사용한 이름은 우스꽝스럽게도 '미끄러진 디스코 레코드Slipped Disco Records'이었다. 만약 계속 그 이름을 사용했다면 버진 그룹은 오늘날과 같은 성장을 하지 못했을지도 모른다.

"나는 이 모든 것이 단 한 마리의 생쥐 때문에 이루어졌다는 사실을 모두가 절대 잊지 않기 바란다."

월트 디즈니가 노년에 즐겨 사용했다는 말이다. 미키 마우스의 원래 이름은 미키Mickey가 아니라 모티머라는 이름이었다. 그러나 월트 디즈니의 부인인 릴리는 그 이름을 좋아하지 않았고, 그녀에 의해 미

키라는 이름이 나왔다. 『75가지 위대한 결정』에 따르면 디즈니 자신
도 "미키 마우스라는 이름은 보다 친근하고 격식이 없는 이름으로 누
구에게나 쉽게 친근감을 줄 수 있는 이름이다"고 말했다. 모티머라는
어려운 발음보다 미키라는 명확한 발음은 전 세계 어린이들의 사랑
을 받게 될 미래를 생각했을 때 아주 탁월한 결정이었다.

잘못된 이름은 요리 자체를 맛없게 만든다. IPTV 업계에서 일한
다고 하면 가장 자주 듣는 질문이 '스마트TV는 IPTV와 뭐가 다른
가요?'라는 질문이다. 방송 통신이 융합된 새로운 서비스로 선보인
IPTV는 인터넷을 이용해서 TV 시청 도중 인물 및 배경 관련 정보를
검색하거나 관련된 캐릭터 상품 구매나 주제곡 내려받기 등 다양한
부가서비스를 받을 수 있는 뉴미디어 서비스임에도 초기 소비자의
관심을 끌어들이는 데 충분한 성공을 거두지 못했다.

'IPTV'라는 명칭의 단점은 '스마트TV'라는 명칭과 비교해보면 금방
차이를 알 수 있다. 가전업계는 스마트폰의 성공에 힘입어 스마트폰의
작동 체계를 TV에 적용한 '스마트TV'라는 개념의 상품을 내놓았고 이
는 빠르게 소비자의 호감을 얻었다.

이같은 '스마트TV 증후군'은 이미 소비자에게 검증받은 스마트폰
이라는 상품의 후광 효과에 의한 것이기도 하지만, '스마트'라는 단어
의 뉘앙스가 소비자에게 그렇게 '복잡할 것 같지 않다'라는 이미지를
주는 데 성공했기 때문이다. 대중에게 이미 소개된 이름을 바꾸기는
쉽지 않다. 이미 그 이름으로 대중에게 이미지와 정체성이 형성되기
때문이다.

삶이란
생각하기에 달렸다

이 책은 누군가에게 보여주겠다는 생각보다는 과거의 나를 만나 들려주면 좋겠다는 생각으로 쓴 이야기다. 대학 졸업 후 창조적인 삶을 지향하며 방송 프로듀서와 콘텐츠 기획자의 삶을 살았지만 그다지 성공적이지 못했다. 나는 우연한 기회에 대기업으로 직장을 옮기게 되면서 새로운 환경에 적응하지 못하고 고민과 방황을 하게 되면서 이 책을 구상하게 되었다.

처음 글을 쓸 당시의 생각은 '아이디어란 창조적인 아이디어와 분석적인 아이디어로 구분되는데 창조적인 아이디어를 가지고 있는 유형의 사람들은 분석적인 아이디어 유형의 사람들과 구분되는 이러이러한 특징을 가진다'라는 나 자신과 다른 사람들 간의 '차별성'에 대한 것이었다. 하지만 자료를 조사하면 할수록 그렇게 구분을 짓는 것은 자만심에 사로잡힌 결론이라는 깨달음을 얻었다. 그보다 더 중요한 것은 자신의 성향이 어떻든 간에 얼마만큼 성숙하게 아이디어를 구체화하느냐에 달려있다는 결론에 도달했다.

그런 과정을 겪으면서 내가 가진 문제점도 발견하게 됐다. '나는 크리에이티브한데 내가 맡은 일이 그렇지 않아서 아이디어를 펼칠 수 없었다'라고 말해봐야 그것은 변명일 뿐이었다. 아무리 내 아이디어가 맞더라도 현실 속에서 구현하지 못했다면 창조적이지 못한 것이었다.

그만큼 이 책을 쓰는 과정은 나 자신을 객관적으로 돌아보는 소중한 시간이었다. 솔직한 반성을 통해 그동안 덮고 있었던 상처들을 위로받을 수 있었다. 그리고 크리에이티브만을 중시하던 우뇌 중심의 생활을 벗어나 균형적으로 사고하게 되면서 오랫동안 멈춰 섰던 생각의 용광로가 다시 가동하는 듯한 느낌을 맞이했다.

그런 시간이 없었다면 아직도 나는 편협한 생각에서 벗어나지 못하고 있었을지도 모른다. 또한 아이디어 유형을 분석하다 보니 상상 중심이라고만 생각했던 나 자신에게서 뜻밖에 논리적인 면모를 발견하게 된 것도 이 책 작업의 성과라고 할 수 있을 것이다.

아이디어 쿠킹이라는 관점에서 바라본다면 나는 이제 겨우 무엇이 문제였는지를 느끼고 문제점을 고쳐보려는 용기를 갖게 된 초보 요리사에 불과하다. 하지만 나 자신이 아이디어 구체화의 필요성을 인정한 후 새로운 변화를 경험했던 것처럼 여러분도 아이디어 쿠킹을 통해서 자신의 아이디어를 숙성시켜나가는 방법을 익히고 자신과 다른 아이디어 요리 방식을 이해하면서 멋진 아이디어 요리사로 성장할 수 있기를 기대한다.

그리고 자신의 삶을 성찰하면서 자신만의 아이디어를 발견할 수 있는 지혜와 용기를 찾기를 기원한다. 아직 '당신'이라는 'Idea I'를 찾지 못했다면 오늘 밤 "나라는 아이디어는 무엇일까?"라는 질문에 대해 생각해보길 바란다.

디저트

IDEA LUX TAS MEA(아이디어는 나의 빛)이라고 믿으면, 아이디어가 머릿속에서만이 아니라 당신의 삶에서도 현실화될 것이다. 아이디어는 어디에서든 당신을 자유롭게 할 것이므로.

KI신서 4413

아이디어 쿠킹

1판 1쇄 인쇄 2012년 11월 30일
1판 1쇄 발행 2012년 12월 5일

지은이 조성기
펴낸이 김영곤 **펴낸곳** (주)북이십일 21세기북스
부사장 임병주 **MC기획2실장** 안현주
브랜드기획1팀장 정혜원 **브랜드기획2팀장** 이현정
기획 손인호 조영갑 오미현 이지혜 **디자인** 표지 twoes 본문 김진디자인
마케팅영업본부장 최창규 **마케팅** 김현섭 최혜령 김다영 이은혜 강서영 **영업** 이경희 정병철
출판등록 2000년 5월 6일 제10-1965호
주소 (우 413-120) 경기도 파주시 회동길 201(문발동)
대표전화 031-955-2100 **팩스** 031-955-2151 **이메일** book21@book21.co.kr
홈페이지 www.book21.com **트위터** @21cbook **블로그** b.book21.com/book_21

ISBN 978-89-509-4370-7
책값은 뒤표지에 있습니다.